与作者、同行一起聊STEM教育

中国新样态学校探索丛书·课程

陈如平　主编

美国STEM课例设计

小学卷

课　例　设　计

陈如平　李佩宁 ◎ 主编

教育科学出版社
·北京·

出 版 人　李　东
责任编辑　殷　欢
版式设计　宗沅书装　沈晓萌
责任校对　贾静芳
责任印制　叶小峰

图书在版编目（CIP）数据

美国 STEM 课例设计．小学卷／陈如平，李佩宁主编．—北京：教育科学出版社，2018.4（2023.9 重印）
（中国新样态学校探索丛书／陈如平主编．课程）
ISBN 978-7-5191-1471-8

Ⅰ.①美… Ⅱ.①陈… ②李… Ⅲ.①科学知识—教案（教育）—小学 Ⅳ.① G623.62

中国版本图书馆 CIP 数据核字（2018）第 053551 号

中国新样态学校探索丛书·课程
美国 STEM 课例设计（小学卷）
MEIGUO STEM KELI SHEJI

出版发行	教育科学出版社			
社　　址	北京·朝阳区安慧北里安园甲 9 号	市场部电话	010-64989009
邮　　编	100101	编辑部电话	010-64981269
传　　真	010-64891796	网　　址	http://www.esph.com.cn
经　　销	各地新华书店		
制　　作	宗沅书装		
印　　刷	中煤（北京）印务有限公司		
开　　本	787 毫米 ×1092 毫米　1/16	版　　次	2018 年 4 月第 1 版
印　　张	20.25	印　　次	2023 年 9 月第 8 次印刷
字　　数	291 千	定　　价	59.80 元

如有印装质量问题，请到所购图书销售部门联系调换。

编 委 会

主编：陈如平　李佩宁

编委：孙连成　郭玉珊
　　　魏　来　高大伟

写给读者的话

一、本书的由来

我国基础教育偏重分科教学的现状不利于学生综合运用所学知识解决问题，不利于学生寻找学习的动机与兴趣，也不利于学生多元智力的发展。《基础教育课程改革纲要（试行）》明确指出，"改变课程结构过于强调学科本位、科目过多和缺乏整合的现状"，"设置综合课程，以适应不同地区和学生发展的需求，体现课程结构的均衡性、综合性和选择性"，"加强课程内容与学生生活以及现代社会和科技发展的联系，关注学生的学习兴趣和经验"。

伴随跨学科整合课程的巨大需求，美国的 STEM 教育理念进入公众视野，并得到了中国教育界的巨大关注。但是，广泛关注的背后也存在一些问题，例如：

- 很多学校知道 STEM 教育理念，也知道 S、T、E、M 的含义和学科特点，但是整合课程无处获取；
- 很多教师只是根据自己对 STEM 的片面理解来改造现有的科学课、劳技课，结果成了"四不像"；
- 很多学校认为 STEM 课程必须要有物态的学生成果产出，并且将结果作为唯一的评价标准；
- 一些学校从社会机构购买了 STEM 课程，但是实施后发现课程及教学质量水平无法保障，并且本校教师的理念和教学水平均没有改观；
- 不少人片面地以为机器人、编程、机械加工就是 STEM 课程的全部，很多做这方面课程的培训机构摇身一变，用 STEM 教育为自己打广告；

·我国的 STEM 教育没有形成合力，没有适合本国的标准，没有成体系的 STEM 课程。

2015 年，美国教育联合会（American Education Federation）常务副主席麦克·乔治先生访问中国教育科学研究院，双方共同探讨了 STEM 教育的未来和目前的这些乱象。最后大家共同决定将美国的 STEM 课程与教学实例编撰成书，帮助我国的教育工作者深入理解 STEM 教育，并为愿意尝试 STEM 教育的教师提供用于教学的课程。本书中所列的课程主题均来源于美国中小学，书中所呈现的教学流程或是我们在美国跟班听课后对课堂的再现，或是我们对美国教师的教学计划的翻译，或是我们与美国教师共同备课后的成果产出。

二、对 STEM 的深入认识

许多了解 STEM 的教育工作者都能说出 STEM 的基本含义，即 STEM 是科学（Science）、技术（Technology）、工程（Engineering）和数学（Mathematics）四门学科的英文首字母缩写。它是一个偏重于理工科的领域，强调多学科的交叉融合。但是人们对四门学科以哪个为主以及整合的方式方法等问题很少能说清楚。这种现象很正常，STEM 是一个新的概念，而且是一个快速发展的概念，这样的特征使得我们很难用准确而简洁的语言将其描述清楚。为了便于读者对 STEM 有更深入的认识，我们接下来探讨以下五个方面的问题。

·第一个问题：四门学科以哪个为主？

这个问题从美国 2013 年颁布的《下一代科学课程标准》（Next Generation Science Standards）中可以找到答案。《下一代科学课程标准》作为美国科学课程的专项课程标准，其重要性可与《州立共同核心标准》（Common Core State Standards）比肩。这份科学课程标准从三个维度对各年级的科学教育进行了界定，即学科核心概念、科学与工程实践和跨学科思维。其中，学科核心概念相当于我们教材中的各个知识点；科学与工程实践是关于如何将所学的知识应用于现实生活、研究现象或解决问题；跨学科思维则是让学生体会学科之上的思维方式，如因果思维、结构性思考、系统化思维、模式化解决、规模比例与数量思维等。显然，《下一代科学课程标准》期望教师将学科核心理念与科学研究的内容或工程相结合，进而转化为学生的能力与素养。综上所述,问题的答案呼之欲出,四门学科要以科学或工程作为整合的核心。

- 第二个问题:科学如何整合其他学科?

这个问题的答案我们可以从科学家的故事中寻找。每一个人也许不止一次观察到高处坠物这一现象,却只有牛顿这位伟大的科学家深入研究了这一现象,并发现了万有引力。高处的物体坠落是一种自然现象,因此,科学家就是以研究现象为主要工作的人。他们研究现象,提出问题和假设,寻找变量,控制变量,进行实验,得出规律并验证,这就是科学家的工作思路。科学就是靠这样的研究流程来整合其他学科内容的。

- 第三个问题:工程如何整合其他学科?

同样,这个问题我们可以从工程师的工作中找到答案。工程师是一个很广泛的职业类型,有IT(互联网技术)工程师、石油工程师、航天工程师等。但是我们发现,即便是IT工程师,也有软件工程师和硬件工程师之分,而这两类工程师的工作存在巨大的差异。到底是什么要素使得这些来自不同行业的人都被称为工程师呢?答案显而易见,这些人都是解决问题的人,他们解决问题的思路是基本相同的,即提出问题、界定问题、制定解决方案、落实方案、落实过程中发现的新问题、再次界定问题、制定新的解决方案……直到问题彻底解决。这是一个多次循环的过程,叫作工程设计循环。工程就是靠工程设计循环来整合其他学科内容的。

- 第四个问题:技术是什么?

技术在当今社会中广泛存在,我们并不陌生。在课堂上,我们可以将技术狭义地理解为通用技术和信息技术,广义地理解为帮助教师和学生达成STEM课程学习任务所使用的各种实体或非实体工具,它是教师提升学生信息素养的重要实现方式。

- 第五个问题:美国教师是如何理解STEM的?

什么样的课程是STEM课程?这个问题我们同许多美国教师和校长探讨过,结果发现,课程的主题并不是判断的标准,教师对STEM课程的理解也有狭义与广义之分。对STEM课程的狭义理解就是指那些体现科学研究流程或工程设计循环的整合课程,还包括由科学现象和工程问题衍生出的培养学生想象力和创造力的课程。

对 STEM 课程的广义理解就是那些在 STEM 相关学科中设计了动手环节（动嘴、动耳都不一定动脑，但动手一定动脑），并设计了足够的或想象，或挑战，或创新，或创造的学习环节的课程（目的是让学生将所学快速转化，学以致用）都可以视为 STEM 课程。STEM 教育的目的是让更多学生对科学和工程产生浓厚兴趣，以便将来攻读 STEM 相关专业，毕业后成为相关行业的从业者。因此，从动机角度出发，让学生有充分的兴趣是在设计 STEM 课程时必须要考虑的。

三、建构主义、认知的深度等级工具与 STEM 课程设计

STEM 教育是建构主义学习理论的产物。建构主义认为，知识不是通过教师传授得到的，而是学习者在一定的情境即社会文化背景下，借助其他人（包括教师和学习伙伴）的帮助，利用必要的学习资料，通过意义建构的方式获得的。因此，建构主义学习理论认为，"情境""协作""会话"和"意义建构"是学习环境的四大要素或四大属性。这四大属性与 STEM 教育理念相吻合，并和美国的 4C 核心素养（沟通交流 communication、合作协作 collaboration、批判性思维与问题解决能力 critical thinking & problem solving、创造创新 creativity）紧密联系。因此，在 STEM 课程中，学生获得知识的多少取决于学生在头脑中建构有关知识的能力，而不取决于学生记忆和背诵教师讲授内容的能力。这与传统以教师讲授为主的教学形式大相径庭，所以我们不能把 STEM 课程当成传统的科学课或劳技课来教。

不过，虽然学习是学生的自我建构过程，但是单纯的学生自我建构是不可能完整的，教师的引导作用非常重要。教师需要通过向学生提问进行引导，使学生积极思考；学生通过回答问题使思考的深度逐渐增加，最终完成建构。我们注意到，美国 STEM 教师非常善于使用认知的深度等级工具（depth of knowledge levels，简称 DOK Levels）来构建 STEM 课程中的提问。这一工具是诺尔曼·L.韦伯博士在布卢姆教育目标分类法基础上生成的，用于检验学生对所学内容是否达到应有的认知水平和知识深度。本书附录中介绍了韦伯博士的认知的深度等级工具，请读者阅读体会。如果你熟悉布卢姆教育目标分类法，那么你设计的提问可以更加细分和精确。

四、本书如何使用

STEM课程的效果取决于STEM教师的知识储备和跨学科整合、设计能力，同时还需要不断启发学生，使之具备开放的思路、沟通合作能力以及较强的动手能力。STEM教育知易行难，需要我们在实践中解决问题。

在本书中，每个STEM主题都以教案的形式呈现，STEM新手教师可以直接参考教学过程完成备课和讲授。在这个过程中，教师要关注以下问题。

（1）STEM课程主题跨越多个学科，一名教师不可能做到样样精通，因此优秀的STEM教师首先是一个学习者，能够快速学习，熟悉该主题领域尽可能多的知识，同时借助互联网的资源进行资料整理和备课。所以，快速地检索、收集、整理、学习未知领域的信息，是一名优秀STEM教师的必备素养。

（2）每个主题的导入是学生构建知识的基础，教师需要重视。导入内容越宽广，学生的知识构建就越有效，而这些都能够很好地反映在学生的最后产出中。

（3）每份教案中教师的提问都是经过深思熟虑的，教师要结合认知的深度等级工具来看待每一个问题，深入体会问题属于哪一个等级，然后逐步学习自己设计高阶问题，促进学生思维发展。

（4）每个主题至少有一个任务。对于这些任务，有的教师凭想象认为难度很大，学生不容易完成，因此在教学实践中降低难度。我们通过实际的课程实施发现，难度下降与否与学生的产出并无太大关联，因此不应随意降低任务难度。

（5）每一个任务都会有一句简洁的语言来描述任务内容，教师要带领学生逐字逐句地审读。这和平时学科教学中的审题不同，不但要思考任务条件的限定要素，还要得出任务条件的不限定要素，如此才能更好地完成任务。

（6）学生对实验材料的好奇心往往是巨大的，在传统实验课上，教师不发话，学生不能动实验器材。我们认为，堵不如疏，STEM教师不但要尊重学生这种好奇心，而且要利用学生的好奇心带领学生仔细分析每一个任务所提供的材料的可能用途与用法。

（7）为便于STEM教师对课程进行评价，本书每个主题都预制了评价量规。这种形成性的评价方式能够帮助教师对STEM课程实施效果进行评价，教师不能忽略评价量规。在熟悉评价量规的内容后，教师可以对其进行适当的调整，甚至可以和学生一起制定评价细节和要求。

（8）在STEM课程中，反思的环节至关重要。反思时不能泛泛地谈情感上的体会，而要具体地说成功的原因与需要改进之处。允许失败、允许犯错是STEM课程的特色，学生需要从失败中总结经验来获得未来的成功。

（9）许多主题可以重复讲授，学生再次挑战会有更多的收获。

（10）基于东西方文化的差异与本土化的考量，一些主题内容在编辑的时候做了少许本土化的改良，教师在实际授课时可以做更多的思考与调整。

（11）本书为了面向更广泛的学校群体，在课程选择上有所取舍，课程所使用的材料都是身边容易获得且较为廉价的，甚至是校园中、生活中的回收品，这也符合环保的理念。此外，STEM教育是一个内涵快速发展的概念，所以本书并不能百分之百地反映STEM教育的全貌和各种新进展。

（12）本书中给出的建议年级是参考年级，学校可以根据本校教师水平、学生情况酌情调整。

（13）本书列举了一至六年级的50个课例，各位教师对书中STEM课例的学习和课堂的复现并不是最终目的，我们希望这些课例能够让教师对STEM教育有更深刻的理解，转变教育教学方式，促进学生的创造性学习和自身的专业发展。

编　者

目 录
CONTENTS

第 1 章　一年级 STEM 课例　/　001

一、黑暗中的艺术品——感知世界的触觉　/　002

二、慢下来与停下来——摩擦现象的定量测定与应用　/　007

三、舌尖上的色彩——视觉、味觉的感知与创造　/　012

四、谁咬了我的柠檬蛋糕——感知世界的嗅觉　/　016

五、仔细听，咚咚响——初探振动发声的规律　/　021

六、纸造型设计——初识材料与受力　/　026

七、制作轮子——从身边现象探索本质　/　032

八、助我扬帆——你的设计实用吗　/　036

第 2 章　二年级 STEM 课例　/　041

一、玻璃球轨道——掌控速度与时间的规律　/　042

二、光和影——寻找与控制科学现象中的定量与变量　/　047

三、火山喷发——运用科学现象，发现科学规律　/　053

四、轻轨消声——设计制作消声屏障　/　058

五、外星动物——环境如何塑造生命形态　/　065

六、纸牌屋——识别边界，不断改进　/　070

七、撞上之前停下来——初探减速运动　/　075

八、隐藏自己——保护色与仿生应用　/　082

第 3 章　三年级 STEM 课例　/ 087

一、太阳科学家——对照实验的设计与实施　/ 083

二、超级跷跷板——平衡极限挑战　/ 093

三、盒子吉他——弦的振动频率与音调　/ 098

四、建造高塔——严格条件下寻找最优解　/ 103

五、跨越河道——解决问题的多种思路　/ 108

六、气象学家——设计并制造研究工具　/ 112

七、你听我说——声音的定向传递　/ 120

八、创设一个外星人故事——创造性写作　/ 125

九、创造外星人物品——打破常规思考　/ 130

十、遮风挡雨——材料性能测试　/ 134

第 4 章　四年级 STEM 课例　/ 141

一、究竟是液体还是固体——非牛顿流体初探　/ 142

二、防震高塔——地震和建筑物设计探究　/ 147

三、海上航行Ⅰ——模型设计中的不断改进　/ 152

四、漂浮的胡萝卜——密度变化的规律与应用　/ 158

五、设计游乐场——想象并动手付诸实践　/ 163

六、神奇的植物——科学实验的设计思路　/ 168

七、水乳交融与油水分离——环境与人类活动的平衡　/ 174

八、硬纸板自动机——初探机械和艺术的交集　/ 180

第 5 章　五年级 STEM 课例　/ 185

一、纸飞机——工程技术文档写作　/ 186

二、海上航行Ⅱ——力的分解与应用　/ 195

三、绘制校园地图——STEM project　/ 201

四、桥梁悬臂——像工程师一样思考　/ 206

五、去火星——探讨宇宙飞船安全着陆的方法　/ 212

六、设计热卖的音乐盒——人人都是产品经理　/ 219

七、物竞天择 "噬" 者生存——从鸟喙的功能看进化之旅　/ 224

八、拯救企鹅——热传导系列课　/ 231

第 6 章　六年级 STEM 课例　/ 251

一、保护鸡蛋——工程设计中的冗余与容错　/ 252

二、方寸之间，稳如泰山——运动与平衡　/ 257

三、风力使者——我是小创客　/ 263

四、海上航行Ⅲ——创客初探　/ 269

五、接骨手术——STEM+X，我是医生　/ 275

六、小工具与大问题——精确量具的设计、制作和标定　/ 281

七、信息的加密与传递——密码学初步　/ 287

八、星星有多远——苍穹上的几何　/ 297

附录：认知的深度等级工具简介　/ 303

参考文献　/ 312

第1章

一年级 STEM 课例

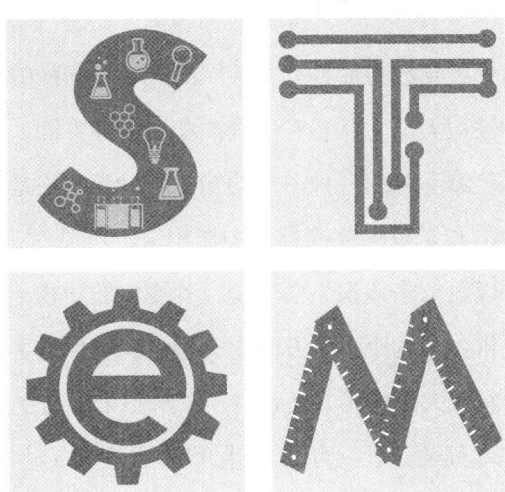

一、黑暗中的艺术品
——感知世界的触觉

★ **课程背景与目标**

相对于其他感觉,触觉是很容易被忽视的一种感觉,但是很多特殊情形需要使用触觉,许多特殊的群体也依赖触觉,如进行攀岩和石窟探险的探险家、盲人等。此外,由于触觉独特的特点,不同的人对于同样的物体、同一个人对于不同的物体的感知差异性很大,尤其是在准确性和记忆性方面。事实上,触觉是不断进化的生物从祖先那里延续下来的一种古老的知觉。触觉往往是动物重要的定位手段,这可从被除掉触须的猫和老鼠的莽撞行为中看出来,可见对于这两种哺乳动物来说触觉极其重要。而主要以触觉来认识生活环境及其变化的动物(如丝蚓)称为触觉动物。在蜜蜂通过蜂舞报告蜜源的距离和方向中,触觉刺激也是主要因素。了解触觉,不仅对于了解人类本身有极大的作用,而且对于了解整个生态也是十分必要的。

本课程通过让一年级学生了解触觉和以触觉为主的思维,启迪学生发展感知力与感悟力,了解多种感官的运用与表达。从触觉出发,本课程要求学生发挥想象力创造触觉所能涵盖和表达的艺术品,在动手实践中深入感受和理解。

★ **课程领域**

工程、物理、生物、艺术。

★ **建议年级**

一年级。

★ **建议时间**

120分钟。

★ **课程任务**

引导学生认识和感知触觉，学习触觉与感受的关系，比较二者的异同；激发学生关注现象、学习科学的兴趣；引导学生尝试用语言文字描述触觉，并使用相关材料制作盲文及人脸模型，培养艺术创意。

★ **教学过程**

一、导入（15分钟）

1. 简述触觉和神经细胞的概念（10分钟）

（1）简述触觉的概念。触觉是接触、滑动、按压等机械刺激的总称。此处应当让学生列举出触觉可以带来的不同感受，比如软与硬、光滑与粗糙，以及压力感、痛感、毛茸茸、弹性形变感。

（2）简述神经细胞的概念。可以介绍我们的触觉是由于身体的神经细胞受到接触物的刺激形成信号，大脑综合这种信号并自动具体化而形成的。

2. 询问学生对艺术的认识（5分钟）

根据之前举例说的不同种类型的触觉感受，询问学生如何对触觉感受归类，例如，光滑与粗糙（玻璃与砂纸）、软与硬（橡皮与石块）、虚与实（肥皂泡沫与沙子）。该问题是开放性问题，教师可以进一步询问学生压力感和痛觉的关系。

二、任务执行与反思（105分钟）

（一）第一个任务的执行与反思（55分钟）

1. 出示任务和评价量规（10分钟）

（1）任务：学生以小组为单位用材料为盲人设计数字1~9的盲文。每个小组设置一名观察员，对小组活动进行观察、记录。

（2）材料：画纸、剪刀、笔。

（3）评价量规：见表1-1-1。

表 1-1-1　数字 1~9 盲文设计评价量规

分数 项目	1 分	2 分	3 分
触感变化	没有体现任何触觉变化，或者变化微小无法分辨	有一定的触觉变化，但是这些变化不是通过设计者有意实现的，或者实现的意图不明确、表现不规整	有明确的触觉变化，并且这些变化是设计者有意为之的，感触的变化分明清晰
作品适用性	按照视力良好的人进行数字的制作，缺乏针对盲人的特点的设计或设计缺少章法和规则	针对盲人的特点进行了一定的设计，但是设计缺乏规范或造成了少量的学习沟通障碍	针对盲人的特点进行了设计，恰当地使用材料并充分考虑了盲人的生活特性，便于其学习使用
意见收集	个别成员贡献了意见	大部分成员贡献了意见	所有成员都贡献了意见，并经过充分的讨论和分工
展示说明	在展示中，小组没有说明自己制作的艺术品的特点或者含糊其词，缺乏表达中心	小组进行了部分作品的展示，展示较具体，但是部分显得混乱和无意义	展示清晰明确，有效地体现了作品的意图和特点

注：出示任务和评价量规后给少量时间让各小组进行沟通准备。

2. 执行任务（20 分钟）

执行任务时，教师要求学生依照评价量规思考以下问题。

- 盲人是怎样思考问题的？
- 盲人除了看不见以外还有什么特点？盲人和盲人之间有什么不同？
- 触觉有什么特点？如何利用触觉的这些特点设计盲文？
- 你们小组设计的盲文有多少个触碰点？对于盲人来说是否过于复杂？
- 你们小组是如何发起讨论的？

3. 总结和反思（25 分钟）

全部小组完成任务后，教师组织学生讨论。

- 你们小组是怎么分工的？
- 你们小组在制作过程中考虑了多少问题？是什么问题？为什么要考虑这些问题？
- 你们小组最后选用的设计优势在哪里？相比被舍弃的设计，它有什么样的优点？

(二)第二个任务的执行与反思(50分钟)

1. 出示任务和评价量规(10分钟)

(1)任务:各小组用橡皮泥和纸盘捏三张人脸模型并标号(推荐使用测量工具),分别表现组内的不同同学。完成作品后,各小组进行测试。先对小组选取的三名同学的面部特征进行充分的观察,然后在黑暗中通过触觉来猜每个作品表现的是谁。每个小组的观察员记录大家判断的准确率。

(2)材料:橡皮泥、纸盘、尺子、塑料刻刀、蒙眼布条。

(3)评价量规:见表1-1-2。

表1-1-2 人脸模型制作评价量规

分数 项目	1分	2分	3分
测量	没有进行测量	进行了粗略的测量,并针对测量结果在作品中进行了设计	进行了细致的测量,并针对测量结果在作品中进行了设计和改进
适当夸张	没有考虑对人物的特点进行夸张,或者进行了错误的夸张	考虑了对人物特点的夸张,但是夸张的效果由于不成比例而对人物判断造成障碍	考虑了对人物特点的夸张,夸张的效果得当,为人物的分辨起到了决定性的帮助作用
判断准确率	正确判断出来的人不足五分之一	正确判断出来的人不足二分之一,但在五分之一以上	正确判断出来的人在一半以上
分工合作	分工不明确,每个成员不知道自己应该做什么	有基本的分工,但是分工不系统,或执行分工不彻底,或出现没有承担任务的成员	有明确的分工且贯彻实施,每个成员都安排了相应的任务,并且每个人明确自己的任务,有组织地执行
展示说明	在展示中,小组没有说明自己制作的艺术品的特点或者含糊其词,缺乏表达中心	小组进行了部分作品的展示,展示较具体,但是部分显得混乱和无意义	展示清晰明确,有效地体现了作品的意图和特点

2. 执行任务(20分钟)

执行任务时,教师要求学生依照评价量规思考以下问题。

• 应当选取哪三名学生作为模特?为什么?

• 进行测量之后,是否可以完全按照测量的精确数据来进行人脸模型构造?为什么?

• 适当的夸张可以起到什么作用?

- 有没有什么巧妙的办法可以提高他人对这些模型辨识的准确度?

3. 全班讨论（20分钟）

所有的小组完成制作后，教师挑选判断准确率第一名的小组进行总结汇报。在时间允许的条件下，教师可以让尽可能多的小组展示作品，让尽可能多的组员发言。发言内容可以基于以下问题。

- 你们如何形容触觉感受到的东西？又如何评价其他小组的作品？
- 通过触觉，你们觉得盲人和正常人对事物的认识有哪些不同？
- 扩展（较难）：可以通过触觉帮助盲人体会视觉表达方面的内容吗？尤其是对颜色和远近的感觉，如何表达？如何做到？
- 如果我们没有触觉，世界会变成什么样子？

如果还有剩余时间，请各组设置的观察员做各个小组的观察汇报。

二、慢下来与停下来
——摩擦现象的定量测定与应用

★ **课程背景与目标**

本课程属于让低龄段儿童使用五感[①]深入认识世界的系列课程之一。低龄段儿童对材料的不同性质已经形成了概念上的认识，但是并不是每一个儿童都会仔细观察材料，分辨与比较各种材料之间的异同。本节课通过对"玻璃球滚下坡"这一简单物理现象的观察，通过在路面上放置具有不同表面性质的材料，让学生对不同材料影响下玻璃球滚出的距离进行定量测定，强化学生的观察力、类比思维、总结和归纳能力，以及设计科学实验的初步能力。

在现实生活和工作中，我们也会经常面临如何选择材料这样的实际问题。通过这个看似简单的实验，学生设计解决方案，熟悉解决问题的思路。选择测试参数、设计实验方案、通过多次实验减少误差、在多个因素中选择最重要的因素作为选择依据，以及尝试联系生活中的现象来进行思考和类比，可以拓展学生思维，帮助学生掌握更有逻辑的思维方式。

★ **课程领域**

工程、科学、数学、物理。

---

① 在美国《州立共同核心标准》的指导下，K-1 的课程设计中专门有强调学生认识五感并利用五感进行观察的主题课程。

★ **建议年级**

一年级。

★ **建议时间**

90分钟。

★ **课程任务**

学习辨认并解释生活中的摩擦现象,认识摩擦力;感受并比较不同表面材料下的摩擦力大小,思考影响摩擦力大小的因素有哪些;强化设计实验的能力。

★ **教学过程**

一、导入(15分钟)

教师播放一段玩滑板的人在U形道上表演的视频,提出以下问题请学生思考。

- 为什么滑板的速度逐渐慢了下来?
- 滑板从U形道的一头滑下去,在没有外力的帮助下,能不能滑到对面同样高的地方?
- 从坡上冲下来的汽车能够在平地上滑行多远?
- 在其他条件没有变化的情况下,是重的车滑行得远还是轻的车滑行得远?

教师还可以借助一些教具,如单摆、有轨道的小球等来向学生展示这一现象。部分学生可能会回答:因为摩擦力的存在,物体的运动会逐渐慢下来。

二、执行任务(40分钟)

1. 出示任务和评价量规(5分钟)

(1)任务:每个小组将会在玻璃球行进的路上安装一段减速装置,使小球在滚动一段距离后停下来。在实验之前需要各组学生了解各种材料的性质,对小球停止距离的远近做出预测并给出预测的理由,之后通过实验验证预测的准确度。在最后的总结报告中应该对"准确预测的原因"或"没有预测准确的影响因素"做出详细的分析。

(2)材料:卷尺;作为坡面的木板;作为小球滑行轨道的木板;玻璃球;气泡膜、砂纸、毛巾、铝箔纸、蜡纸、瓦楞纸等表面材料;双面胶或胶带;图钉或曲别针。

(3)评价量规:见表1-2-1。

表 1-2-1　摩擦力测试评价量规

项目 \ 分数	1分	2分	3分
预测准确性	没有做出预测	预测不太准确	预测较准确
材料使用情况	材料使用不合理，把小车挡住了，不是通过摩擦力减慢了小车的速度	材料使用较合理，在坡道上安装不太平整	材料使用合理，在坡道上安装平整
材料测试方案设计	没有测试方案	测试方案设计较合理，但有漏洞	测试方案设计合理，记录完整准确
总结展示	对实验的过程和结果表达不完整，没有对预测和实验结果做出分析	基本描述清楚了实验的过程，列举出了一些假设，并对预测和结果的差异进行了分析	准确描述测试方案的设计和实验过程，以及最后的安装方案和分工协作情况，对预测和结果的比较进行了详尽的分析

2. 材料摩擦力排序（10分钟）

教师将材料发给每个小组，让各小组进行观察和测试，并把特征记录下来。要求各小组设计一个记录表格，如表 1-2-2 所示。

表 1-2-2　表面材料观察、测试记录表

表面材料	触感	其他手段测试结果	摩擦力排名预测
气泡膜	有小气泡		
砂纸			

各小组可以进行讨论，对不同种材料的摩擦力大小做出排序。在每个小组都完成后，教师请一至两个小组进行分享，要求说出排序的理由。其他小组可以提出不同意见，并给出意见理由。

教师可以用以下问题对学生进行引导。

- 你是否触摸过材料？
- 材料的重量如何？对摩擦力有无影响？
- 材料的表面是什么形状的？对摩擦力有无影响？
- 如果用不同物体，如手、笔在材料上推动，能感觉到什么？

请学生发挥想象力，提出不同测试方法并进行测试，对材料摩擦力的排名进行预测。预测不要求精确，但要有足够的依据和分析。

3. 设计实验方案（10 分钟）

教师出示坡道和玻璃球，在没有放置任何表面材料的情况下，将玻璃球放在坡道上向学生演示，看玻璃球能滑多远。演示三次，并将滑出的距离进行记录，取平均值作为最后的结果。

请各小组思考并设计实验方案，测试并记录在不同表面材料下玻璃球能够滑出的距离。各表面材料应该平整地安装在坡道结束玻璃球进入水平滚动的位置，这样可以保证玻璃球的初始速度是大致相同的。每种材料的测试都应该重复三次，取平均值。请学生设计出表格（见表 1-2-3）并对数据进行记录。

表 1-2-3　玻璃球在不同表面材料上滑行距离记录表

	第一次实验距离	第二次实验距离	第三次实验距离
材料 A			
材料 B			
材料 C			

数据记录表格制作完成后，各小组在教师处接受检查并领取坡道和玻璃球。小组可以选择图钉、胶带、双面胶等将材料安装在滑行轨道上。

4. 进行测试（15 分钟）

在教室中心分配各小组的实验地点，注意不要让学生踩到玻璃球而滑倒。

三、展示和总结（25 分钟）

在各小组实验完毕后，教师给每个小组至少 5 分钟的时间到讲台上分享实验的结果。教师可以用以下问题进行引导。

· 玻璃球在哪种材料上滑行的距离最远？在哪种材料上滑行的距离最近？

· 实验结果和之前的假设一致吗？如果不一致，哪些地方是你一开始没有预见到的？

· 你觉得是什么因素导致了不同种材料产生的摩擦力大小不同？

· 仔细观察每一种材料的表面，尝试总结影响摩擦力大小的因素。

小组分享完成后，接受其他小组的提问并给出回答。

四、拓展思考（10分钟）

教师引导学生思考：如果我们的世界没有摩擦力，那将会是什么样子？

课程最后，教师应当进行总结：在我们的生活中只要物体相互接触就会产生摩擦力。玻璃球停下来是因为摩擦力，但是我们能够向前走路也是因为摩擦力的存在。摩擦力和"阻止物体前进的力"是两个不同的概念。教师尝试让学生列举，哪些摩擦力是帮助我们的，哪些摩擦力会阻碍我们。

三、舌尖上的色彩
——视觉、味觉的感知与创造

★ **课程背景与目标**

将颜色和食物的属性联系起来、用颜色来分辨环境的安全与危险,是人类重要的生存能力之一。人在幼年时期,对颜色和味觉的刺激是十分敏感的。丰富的颜色会激发儿童认识世界的兴趣,培养儿童的美感,发展儿童的智力。

本节课将颜色和味道结合起来,通过制作不同颜色的食物汁、品尝不同颜色食物汁的味道、将各种颜色混合起来得到新的颜色、运用新的颜色来创造图画,加深学生对颜色和味道的认识,锻炼学生的感知能力、观察能力和沟通能力。

★ **课程领域**

艺术、语言、物理、数学。

★ **建议年级**

一年级。

★ **建议时间**

90 分钟。

★ **课程任务**

教师将学生分为几个小组,发给各小组不同颜色的食物汁。学生以小组合作的形式,对不同颜色的食物汁进行探究,并发挥想象预测颜色和味道、颜色和物体之间的联系。接下来,各小组可以按照一定比例将不同颜色的液体进行混合,得到新的颜色，并将配方进行记录。最后，各小组使用自己创造出来的颜色汁创造新的图画。

★ 教学过程

一、导入（15 分钟）

给学生观看一些彩色物体或彩色食物的图片，如彩虹、红色的胡萝卜、黄色的橙子、绿色的菜叶等。向学生提问：大家是否认识这些颜色？

接下来学生进行小组讨论，各小组列举生活中常见的不同颜色的食物，并将小组讨论的结果记录在纸上。教师可以出示一个记录表格示例，如表 1-3-1 所示。

表 1-3-1　食物的颜色

食物	颜色
红苹果	红色
香蕉	黄色

看看哪个小组列举的食物和颜色最多，对颜色的描述最准确。教师可以先让一个小组介绍自己组的讨论结果，然后让其他小组补充。教师应该帮助学生对相同颜色的不同食物进行归类，列举在黑板上。

二、执行任务（55 分钟）

1. 出示任务和评价量规（10 分钟）

（1）任务：各组要使用三种颜色的食物汁，创造出尽量多的颜色，并将配方记录下来以便下次制作。各种颜色的食物汁制作好以后，小组内成员相互合作，使用食物汁创作一幅图画，并向全班展示。

（2）材料：饮用水；红色、黄色和蓝色的蔬果汁（可以用彩虹糖泡水得到可食用的食物汁）；塑料勺；塑料杯；塑料滴管；海报纸或绘图纸；毛笔、水彩笔或蜡笔。

（3）评价量规：见表 1-3-2。

表 1-3-2　颜色制作与画图评价量规

分数 项目	1 分	2 分	3 分
颜色	只制作出一种新颜色	制作出二至四种新颜色	制作出五种及以上的新颜色
配方记录	配方记录不全	配方记录较完整	配方记录完整并准确
图画	没有完成图画	能够完成简单的图画，颜色不多	充分使用各种颜色创造出新的图画
团队分工合作	没有分工合作，任务由少数组员完成	有基本的分工合作，合作效率一般	分工合理，协作流畅
展示	展示不完整，讲解不清晰	展示较完整，讲解较清晰	团队讲解思路清晰、叙述生动

2. 讨论实验方案（10 分钟）

在将实验材料发给学生以前，教师应当要求各小组讨论设计好实验方案。之后，教师向全班出示各种颜色的食物汁，给每个小组三杯不同颜色的食物汁。各小组设计好将食物汁按一定比例混合的方案，并在实验时将实验结果记录下来。教师鼓励小组成员品尝食物汁的味道，并将味道也记录下来。

在各小组基本完成设计后，教师可以出示表 1-3-3，作为例子供学生参考。

表 1-3-3　食物汁混合记录表

混合量			颜色	味道	比例
食物汁 1	食物汁 2	食物汁 3			
一勺	一勺	—	橙色	鲜美	食物汁 1 和食物汁 2 的比例为 1:1

所有小组都完成实验方案的设计后，教师将原材料发给各小组开始实验。

3. 进行实验（15 分钟）

各小组按照原定的设计方案开始实验，教师巡视观察，并用以下问题引导学生思考。

- 怎样进行实验才能够找到混合得到的颜色之间的规律呢？
- 这种规律是怎样的？
- 能不能按照某种顺序将混合后的颜色进行排列？进行这种排列的原因是什么？
- 固定一种颜色的数量，改变另一种颜色的数量是不是一个好的实验方法？
- 怎样表述混合后的颜色里面各组分的多少？

教师可以在这里引入比例的初步概念，以帮助学生理解不同的量之间的关系。

4. 创作图画（20分钟）

在混合完成后，教师应当检查各个小组制作的不同颜色的数量。先完成的小组可以在教师检查完毕以后开始自由创作图画。

教师可以提示学生，当某一种颜色的混色颜料用完以后，应该按照实验记录表中的配方重新进行配制。只有两次配制的颜色是相同的，才说明实验记录是准确无误的。

绘画除了使用食物汁，还可以使用水彩笔和蜡笔勾线或者进行点缀。绘画的主题不限，教师可以进行启发，如果园主题、菜园主题、彩虹主题、校园生活主题、家庭生活主题等。原则是使用尽量多的颜色来进行创作，不局限于图画本身的合理性，鼓励学生大胆想象，拓展思维。

三、展示和总结（20分钟）

给每个小组至少5分钟的时间就两个方面进行总结：（1）实验的设计思路，小组如何进行合作，实验过程和实验成果如何，有哪些发现；（2）绘画的创意、制作，分工合作的过程，以及最后的成果展示。

应当综合考虑两方面的展示效果进行评价。小组展示完成后给小组之间互动的时间。

四、谁咬了我的柠檬蛋糕
——感知世界的嗅觉

★ **课程背景与目标**

在五感之中,嗅觉是很特别的。这种特点体现在四个方面:第一,嗅觉具有很强的适应性,很刺鼻的味道在适应一段时间后在感觉上会变得不那么刺鼻;第二,嗅觉具有很大的差异性,如对某种类型的气味敏感而对其他的气味不敏感;第三,嗅觉感官的结构会随着年龄的变化而改变,从而影响嗅觉的灵敏度,通常情况下,人在幼儿、少年阶段对气味尤其敏感,这也是本课程选择在这个年级和年龄阶段开设的原因;第四,嗅觉是引起最深刻记忆的知觉,某种气味被记住后会在很长的时间跨度后依然被记起或者触及相关时期的记忆。基于这些特点,在该年龄段教给学生有关嗅觉的科学知识,向学生强调嗅觉对外部世界的反应,是本主题的核心内容。

★ **课程领域**

工程、物理、生物。

★ **建议年级**

一年级。

★ **建议时间**

115 分钟。

★ **课程任务**

了解气味现象,学习物质和气味的关系,引起了解现象、学习科学的兴趣,尝试用语言文字描述气味和物质特征。

★ **教学过程**

一、导入（20分钟）

1. 简述气味的概念和形成原理（10分钟）

（1）简述气味。气味是物体本身或散发的味道通过人体的嗅觉器官使人感受到的一种印象。在简述该概念的时候，教师不妨让学生多举一些例子，如列举气味的种类，教师要在黑板上一一列出。

（2）简述嗅觉。让学生猜想自己为什么能闻到气味，然后讲解嗅觉产生的原理。

（3）简述分子的概念。分子是物质中能够独立存在的相对稳定并保持该物质化学特性的最小单元。在这里，教师让学生知道分子是由原子紧密构成的即可，不必介绍得太详细。

2. 简述气味分类（5分钟）

询问学生如何把刚才列举的气味进行归类。该问题是开放性问题，目的是了解学生对气味的认识所达到的层次。

3. 讲述情境故事（5分钟）

有一天，你在放学的路上买了一个美味可口的柠檬蛋糕。回到家后，你将柠檬蛋糕遗忘在了客厅，去书房写作业了。等你想起这件事的时候，再去查看，发现蛋糕的盒子敞开着，大部分的蛋糕被吃掉了。从各种痕迹来看，像是小动物偷吃了蛋糕。你锁定了几种小动物和它们的家，但是这些动物的家里充斥着不同的气味，这些混合的气味导致分辨具有一定的难度。那么，究竟是谁偷吃了蛋糕呢？

二、任务执行与反思（95分钟）

（一）第一个任务的执行与反思（45分钟）

1. 出示任务和评价量规（10分钟）

（1）任务：小组间按照一定的流程将具有气味的液体材料混合产生新的味道，请其他小组闻气味，判断混合的是什么物质。

（2）具体操作（以三个小组为例）：每个人领取一个号杯，假设每个小组派出一半的人去与其他小组的派出者混合液体（每人仅与他人混合一次），各自闻一闻味道，记忆味道的特点并记录实际混合的液体名称；然后回到自己的小组，拿混合物与另一半组员的液体混合，记忆味道的特点并记录实际混合的液体名称，填写在任务单上（见附件1-4-1）。请其他组来闻已经混合好的成品，并判断组成，将结果填写在任务单上。各小组公布答案并判断分数。

（3）材料：纸杯、食用香精（柠檬味道）溶液、辣椒水、孜然水、酒精、醋、白纸。

（4）评价量规：见表1-4-1。

表1-4-1 辨别气味成分评价量规

分数 项目	1分	2分	3分
记录	没有记录或记录不完整	记录完整，但是记录不够清晰，其他人难以辨识	记录完整、有序、工整，其他人容易辨识
判断	全部猜错	没有完全判断准确，判断出一或两种混合物中的物质	判断完全正确

注：出示任务和评价量规后给少量时间让小组进行沟通准备。

2. 执行任务（15分钟）

正式执行任务，教师要求学生依照评价量规思考以下问题。

- 怎样记录才能又快又好？
- 如何用文字记录和描述你所闻到的气味的特点？

3. 总结和反思（20分钟）

全部小组完成任务后，教师组织学生讨论。

- 在小组判断其他组的混合物的组成成分的过程中是否有差异？出现了什么样的差异？
- 用文字记录和描述闻到的气味的特点对你们小组的判断是否有帮助？

（二）第二个任务的执行与反思（50分钟）

1. 出示任务和评价量规（10分钟）

（1）任务：教师将具有不同混合气味的物品放在学生面前，物品分别被贴上标签，代表不同的动物。每组派出代表通过闻气味的方法辨识代表每种动物的物品分别是什么气味，从而分析究竟是哪种动物偷吃了柠檬蛋糕。最终，指出该动物。

（2）评价量规：见表1-4-2。

表 1-4-2　寻找偷吃蛋糕者评价量规

分数 项目	1分	2分	3分
嗅觉描述	无	没能很好地用语言描述出闻到的味道	对闻到的味道描述准确、生动
判断	没有通过逻辑说明来判断谁偷吃了蛋糕	说明是谁偷吃了蛋糕，符合逻辑，但是缺乏细节和条件说明	说明是谁偷吃了蛋糕，符合逻辑，抓住了细节，详尽地说明了偷吃蛋糕者是谁和相应的理由

2. 执行任务（20分钟）

该任务的重点是观察和分析，教师要求学生依照评价量规思考以下内容。

- 你们闻到了什么味道？你们怎样形容这种味道？
- 如果在实际生活中发生了这样的事情，还可以寻找哪些线索来证明偷吃者的身份？
- 继续发挥想象，通过气味，你觉得其他动物做过什么？

3. 全班讨论（20分钟）

所有小组完成任务后，教师请评价得分最高的小组进行汇报总结。在时间允许的条件下，教师要让尽可能多的小组发言。发言内容基于以下问题。

- 你们如何形容闻到的气味？
- 用气味来破案，这个条件是否足够准确？为什么？
- 通过气味，你觉得其他动物做过什么？去过哪里？这种行为反常吗？
- 如果我们闻不到味道，世界会变成什么样子？

附件1-4-1：第一个任务的任务单

1. 物品代表符号

（1）食用香精（柠檬味道）溶液用"□"表示。

（2）辣椒水用"▲"表示。

（3）孜然水用"○"表示。

（4）酒精用"☆"表示。

（5）醋用"×"表示。

2. 使用以上符号完成下列表格

混合物	杯号	成分
我的混合物	_____号杯	
我们组其他人的混合物	_____号杯	
	_____号杯	
	_____号杯	
_____组的混合物	_____号杯	
	_____号杯	
	_____号杯	

结论：我判断偷吃了柠檬蛋糕的动物是_____。（不会写的汉字用拼音代替）

五、仔细听，咚咚响
——初探振动发声的规律

★ **课程背景与目标**

眼睛和耳朵是我们人类与物质世界相接触取得感性认识的工具，它们所反映的是视觉和听觉现象。其中，视觉是大量的直接经验的来源，但是听觉也起到突出信息获得的作用。尤其是在语言的学习和记忆方面，听觉比视觉有效得多。自古以来，人们为了研究发声规律和声音现象进行了大量的工作。

本课程通过让一年级学生了解声音现象及其产生原理，从感性到理性逐渐了解声音和听觉感官，并通过动手操作，探索振动发声的规律。

★ **课程领域**

工程、物理、数学。

★ **建议年级**

一年级。

★ **建议时间**

125分钟。

★ **课程任务**

认识声音的概念及产生的原因，知道生活中的发声现象和发声物体；认识鼓的构造，利用给定材料学习设计并制作简易小鼓；思考并讨论如何使制作出的鼓发出不同的声音，探究不同材料的鼓面在发声上有何不同；通过了解现象，提高学习科学和动手制作的兴趣。

★ 教学过程

一、导入（20分钟）

1. 简述声音的概念和形成原理（10分钟）

（1）简述声音的概念。声音是物体发出的振动通过人体的听觉器官所产生的一种印象。在简述声音概念的时候，教师不妨让学生举例说明日常生活中的一些声音和发声物体。

（2）简述听觉。先让学生猜想自己为什么能听到声音，然后讲解：人之所以能听到声音、理解言语，是因为整个听觉通路的完整性。声波震动鼓膜，刺激听觉神经元细胞，产生神经冲动进而进行传导。然而，有关听觉产生的细节过程依然有待进一步的科学研究和发现。

（3）请学生思考：什么是振动？是不是世界上所有的物体都有振动、都可以产生振动？然后讲解：理论上所有的物体都在振动，也都可以产生振动，只有处在绝对零度的物质才完全没有任何振动。

2. 简述声音的分类（5分钟）

列举不同种类型的声音，并询问学生如何把声音归类。该问题是开放性问题，目的是了解学生对声音的认识所达到的层次。例如，教师提示可按照声音大小、高低、好听与否进行分类。

3. 声音的扩展知识：噪音和乐音（5分钟）

（1）噪音：音高和音强变化混乱、听起来不和谐的声音，是发音物体做无规律的振动而产生的。

（2）乐音：有一定频率，听起来比较和谐悦耳的声音，是发音物体做有规律的振动而产生的。乐音有三个主要特征，即响度（又称音强）、音调（又称音高）和音色，它们被称为乐音三要素。

二、任务执行与反思（105分钟）

（一）第一个任务的执行与反思（55分钟）

1. 出示任务和评价量规（10分钟）

（1）任务：学生以小组为单位用提供的材料制作一面小鼓。各小组设置一名观察员。

（2）材料：大纸杯或牙缸、普通白纸、铝箔纸、塑料薄膜、蜡纸、玻璃纸、橡皮筋、绳子、胶带、热熔胶枪、胶棒、笔、剪刀。

（3）评价量规：见表1-5-1。

表1-5-1　鼓的制作评价量规1

项目＼分数	1分	2分	3分
声音质量	鼓不能发声，或者声音质量极差	鼓的声音不干净，鼓面振动状态尚可，但混杂着材料弹性形变以外其他形变产生的声音	鼓的声音饱满干净，鼓面振动情况良好
外观及工艺	外观粗糙，鼓各部分的连接非常随意	某些部分注意了美观，并考虑用现有的材料进行美化，但是部分细节处理失当	外观良好，做工精致，恰当地使用材料进行了美化处理
分工合作	分工不明确，每个成员不知道各自应该做什么	有基本的分工，但是分工不系统，或执行分工不彻底，或出现没有承担任务的成员	有明确的分工且贯彻实施，每个成员都安排了相应的任务，并且每个人明确自己的任务，有组织地执行

注：出示任务和评价量规后给少量时间让各小组进行沟通准备。

2. 执行任务（20分钟）

正式执行小鼓制作任务，教师要求学生依照评价量规思考以下问题。

• 用什么材料做鼓面？为什么？

• 鼓面应该如何固定？具体如何操作？需要注意什么细节？

• 如何进行分工？

3. 总结和反思（25分钟）

全部小组完成小鼓制作后，教师组织学生讨论。

• 你们组是怎么分工的？

• 你们组在小鼓制作中是否出现了问题？什么问题？为什么会出现这样的问题？

• 假如需要改变鼓的声音，有什么方法？在不改变现有材料的前提下只是增加一种材料，是否能让鼓的声音变得不同？怎么做？

（二）第二个任务的执行与反思（50分钟）

1. 出示任务和评价量规（10分钟）

（1）任务：用现有的材料再做出四面鼓，要求其发出的声音有别于第一面鼓。之后，各小组展示制作的五面鼓，并比较不同。组员用笔做鼓槌，敲打出有一定乐感的声音。各小组设置一名观察员。该任务评分可以由大家投票决定。

（2）材料：大纸杯或牙缸、普通白纸、铝箔纸、塑料薄膜、蜡纸、玻璃纸、橡皮筋、绳子、胶带、热熔胶枪、胶棒、笔、剪刀。

（3）评价量规：见表1-5-2。

表1-5-2　鼓的制作评价量规2

分数 项目	1分	2分	3分
材料分析	无材料分析	对制作所用材料的特点分析不够清晰	对制作所用材料的特点分析准确清晰，观点明确
声音变化	新制作的四面鼓所发出的声音与第一面鼓没有变化	声音有变化，但是不明显	声音有明显变化
声音质量	敲打鼓面无法发声，或者声音质量极差	能发声，声音质量一般	声音饱满干净，鼓面振动情况良好
乐感	鼓音没有乐感，嘈杂而无规律	鼓音有一定的乐感，但是鼓手缺乏节奏感和表现力	鼓音乐感良好，鼓手演奏优秀
分工合作	分工不明确，每个成员不知道各自应该做什么	有基本的分工，但是分工不系统，或执行分工不彻底，或出现没有承担任务的成员	有明确的分工且贯彻实施，每个成员都安排了相应的任务，并且每个人明确自己的任务，有组织地执行
展示	展示混乱，无法说明为什么不同的鼓声音会不同，或没有做出任何说明	展示有一定的条理，但是不充分，对两面鼓的声音不同的原因说明较含糊，没有重点	展示有条理且充分，对制作工艺和过程说明细致，对两面鼓声音不同的原因有完整的解释说明

2. 执行任务（20分钟）

执行第二个制作任务时，教师要求学生依照评价量规思考以下问题。

- 你们组是怎么分工的？
- 关于声音的改变，你们小组从几个方面做了相应的工作？为什么要这么做？
- 在制作过程中是否考虑到了材料的节约？

- 所提供的材料具有什么样的特点？你觉得这些特点使材料在发声上有什么不同？

3. 全班讨论（20分钟）

所有小组完成制作后，教师请票数最多的小组进行汇报总结。在时间允许的条件下，教师应让尽可能多的小组发言。发言内容基于以下问题。

- 你们组是怎么分工的？
- 你们是如何看待和使用提供的材料的？
- 怎样固定鼓面才能保证发声质量？
- 你们小组尝试了用什么敲击鼓面？敲击的物体不同是否导致鼓音不同？
- 在鼓的内部是否能做出影响声音的装置？
- 为了让发音不同的鼓产生良好的乐感和节奏感，在打击演奏时有什么窍门？
- 如果没有声音，世界将变成什么样子？生活会发生哪些变化？

如果还有剩余时间，请各组的观察员做各个小组的观察汇报。

六、纸造型设计
——初识材料与受力

★ **课程背景与目标**

  丰富多彩的大千世界是由各种各样的材料组成的。材料在我们的生活中无处不在。每个人的身边都会有诸如金属、橡胶、塑料、半导体等众多材料，小到一根针、一张纸、一双鞋子，大到交通工具、医疗器械、各类建筑，处处都有材料的身影。可以说，材料关系到每一个人的生活，材料科学关系到每一个国家的发展。

  光有材料还不够，不同的材料有哪些性质？这些性质如何应用到我们的生活中？因此，我们不但要研究材料的组成、结构、加工工艺，还要研究材料的物理和化学性质，研究各种条件下的力学、电学、磁学以及分子性能。事实上，人类文明的发展史就是一部如何更好地利用材料和创造材料的历史。时至今日，一些特种功能材料在高精尖领域的制造和应用成为大国竞争力的体现。基于这样的现实，我们需要让学生从身边最简单的材料出发，理解材料的力学性质，进而学会把这些力学性质应用到身边的世界中。此外，认识材料对于学生了解立体几何的有关知识并理解力学理论很有帮助。

★ **课程领域**

  物理、数学、工程。

★ **建议年级**

  一年级。

★ **建议时间**

105 分钟。

★ **课程任务**

学生通过直观感受不同的材料,了解材料的一些性质,尤其是部分力学性质;观察和记录不同材料的不同受力表现;在此基础上猜测各类力学性质的用途。

★ **教学过程**

一、导入(20 分钟)

1. 了解身边的材料(5 分钟)

教师可以随意说一件物品,让学生立刻说出其构成材料。物品举例:水杯、校服、课桌、钥匙、计算机、电饭锅、铅笔、文具盒等。

2. 让学生进行头脑风暴(10 分钟)

分组使用工作单 1(见附件 1-6-1),汇总教室、家里、校园、医院中的各类物品是由哪些材料构成的。我们身边的常见材料有:木头、塑料、各种金属、玻璃、石头、陶土、纤维等。

教师可以让小组之间汇报头脑风暴的结果。

3. 进阶提问(5 分钟)

教师可以视学生表现提出几个进阶问题,让学生思考并回答。

(1)教室、家里、校园、医院中,是否存在一个地方有而其他地方没有的材料?(例如,医院里有酒精,而教室里通常没有。)

(2)哪些是天然材料?哪些是人造材料?(例如,木头是天然材料,塑料是人造材料。有一些材料则不那么明确,例如,陶土是天然材料,而陶土烧制成的陶瓷是人造材料。)

(3)水是不是一种材料?(视情况而定——看用途。用来喝的水不是材料,但是做冷凝剂的水就是一种材料。水凝固后结成的冰也是制作冰雕的材料。)

二、实验与记录(20 分钟)

教师拿出三种材料,让学生测试并记录材料受不同方向力时的表现。教师给每组一根橡皮筋、一支粉笔、一根木棍,让学生分别尝试拉伸、压缩、弯折这三种材料,同时从工作单 2(见附件 1-6-2)所列的选测项目中任选三项作为补充,将每种材料的六种测试结果仔细记录到工作单2中。教师可以先让学生拿出橡皮筋，教给学生如何进行拉伸、压缩、弯折性能测试。

用一个拼图式合作学习模式来汇总、收集和完善实验结果，操作方法如下。

（1）每小组四名同学，职责分工如下：一名组长负责监督组员完成实验，检验每名组员的实验结果，监督组员完成工作单2；三名组员分别负责测试不同的材料的性质，测试后填写工作单2。注意，每名组员使用不同颜色的笔记录。

（2）测试实验完成后，各组负责橡皮筋实验的同学组成橡皮筋研究组，负责粉笔实验的同学组成粉笔研究组，负责木棍实验的同学组成木棍研究组。各组组长到各研究组倾听研究收获汇报。

（3）所有同学回到原始组，向组长汇报新获得的信息，填入工作单2内。

以原始组为单位，各组派代表在全班汇报结果，教师可以就学生的测试结果随机进行提问，例如：

- 针对橡皮筋可以拉伸的性质，举一个生活中利用这种性质的例子。
- 针对粉笔容易磨损的性质，举一个生活中利用这种性质的例子。
- 针对木棍不易折断的性质，举一个生活中利用这种性质的例子。

三、执行任务（45分钟）

1. 出示任务（10分钟）

任务：使用一张纸和胶带制作一个立体造型，可以支撑住一本书离桌面5厘米至少10秒钟。

材料：每组1本书，书大小、形状、薄厚、重量等均一致、A4打印纸、宽胶带、剪刀、计时器、尺子。

2. 理解关键信息（10分钟）

在学生正式开始制作前，教师带领学生认真审题，并提炼出关键信息，学生说出如何理解这些关键信息。选取的关键信息如下。

- 立体造型：强调三维空间造型。
- 支撑住：禁止用纸提拉来完成任务。
- 离桌面5厘米：重点教学生测量高度。
- 至少10秒钟：重点教学生测量时间。

3. 出示评价量规（10分钟）

在学生动手制作前，教师出示评价量规（见表1-6-1），也可以教师与学生共同设定评价量规。小组合作构思并设计，在制作结束后，用表演或讲解的形式向全班展示成果。

表 1-6-1 立体纸造型承重评价量规

项目\分数	1分	2分	3分
产品与任务要求符合程度	产品不太符合任务要求	基本符合任务要求	符合任务要求
合作完成工作单	工作单由一人完成	工作单由两人合作完成	工作单由全体组员共同完成
完成目标	未达到目标要求	达到目标要求	超出目标要求
组内合作	由少数组员完成所有工作	所有组员都有参与，但分工不是很明确	分工合理，合作顺畅
展示	单人展示，表述不够清晰	两人展示，表述较清晰，合作较顺畅	多人展示，分工合理，合作顺畅

4. 制作造型（15分钟）

学生以小组为单位制作立体造型，使可以支撑住一本书离桌面5厘米至少10秒钟。

四、总结和反思（20分钟）

总结和反思可以与学生的展示共同进行。教师可以要求学生在展示的时候附带回答以下问题中的一个问题，以完成本环节。

- 你们组在解决问题的过程中谁的贡献最大？为什么？
- 你们组成功地完成了任务，能详细介绍一下你们的设计原理吗？
- 你们组有没有从其他组借鉴一些做法？借鉴了什么？为什么？
- 你们组没有完成挑战的原因是什么？如果让你们再做一次，会有哪些改变？
- 如果给你8张A4纸，能否把一名同学（体重为20~25千克）支撑起来，离地3厘米？你有什么方案？

附件 1-6-1：工作单 1

这些地方都有什么材料？把小组头脑风暴的结果填到圆圈外的空白处。

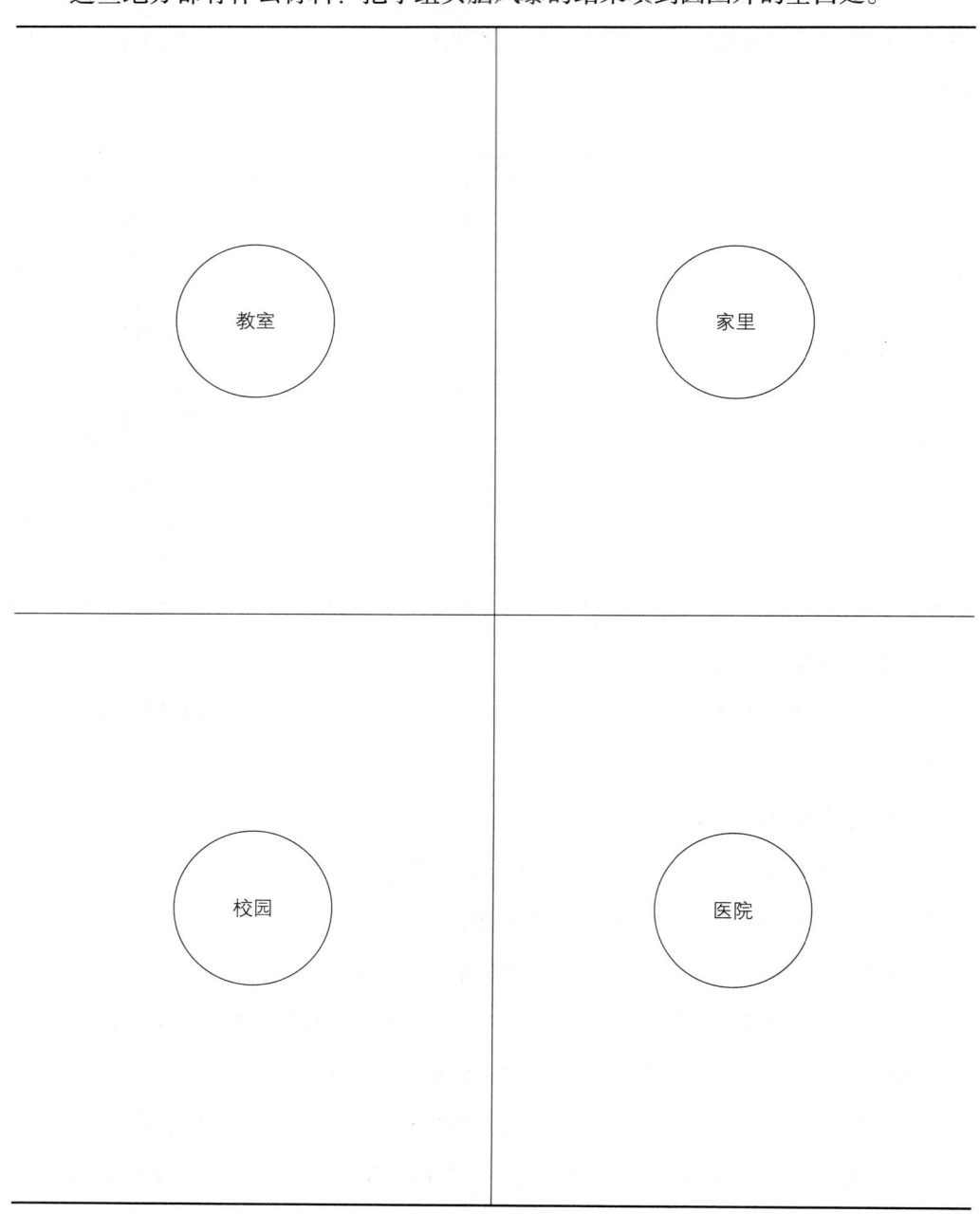

附件 1-6-2：工作单 2

（可以用拼音或符号来代替文字表达）

性质＼物质	橡皮筋	粉笔	木棍
是否容易拉伸			
是否容易压缩			
是否容易弯折			

请任选三项性质进行测试：

1. 是否有光泽
2. 是否透明
3. 表面是否有纹路
4. 是否容易加工
5. 能不能浮在水上
6. 延展性
7. 导热性
8. 导电性

9. 是否耐磨
10. 是否容易生锈
11. 是否容易腐蚀
12. 是否容易变形
13. 能否透光
14. 能否隔音
15. 是否有弹性
16. 是否容易磨损

七、制作轮子
——从身边现象探索本质

★ **课程背景与目标**

轮子是生活中的常见物。轮子看似简单,但它的制作发明比人类铸造金属要晚。轮子并不是一个简单的圆环,其制作需要考虑轮、辐条、轮轴和组装等一系列问题。

我们希望本节课学生通过亲手制作轮子,认识轮子的工作原理,识别从科学原理出发到工程实践中可能产生的各种问题并着手解决问题,加强实践能力和动手解决实际问题的能力。

★ **课程领域**

物理、工程、机械、数学、历史。

★ **建议年级**

一年级。

★ **建议时间**

基础课程:80分钟。

拓展课程:40分钟。

★ **课程任务**

在基础课程实验中,学生分小组使用材料制作轮子,并将制作好的轮子安装在小车模型[①]上，运输一些小的物件。思考轮轴的连接、轮子的大小等方面存在的问题，重新设计轮子并自主解决这些问题。讨论为何轮子一定是圆形的，也可以制作一些其他形状的轮子进行实验。

在拓展课程实验中，教师给各小组一段特殊的凹凸路面[②]，请学生制作一套能够在凹凸路面上前进且不上下颠簸的轮子。

★ **教学过程**

一、导入（5分钟）

教师给学生播放一段有关车轮的简短视频，然后向学生提问。

- 你们见过轮子吗？
- 见过哪些轮子？请举例。
- 轮子有什么特征？
- 轮子为什么是圆形的？

部分学生可能会提到，只有把轮子做成圆形的，车才不会上下颠簸。但是一年级学生很难抽象总结出其中的科学原理，教师也不用特别进行讲解，可以留在课程最后由学生自己得出结论或教师从现象中进行总结。

二、执行任务（40分钟）

1. 出示任务和评价量规（5分钟）

（1）任务：将学生分成小组，要求每个小组制作一组轮子，并安装在小车模型上。小车可以在地面上滚动至少30厘米远，且能够运载物品。

（2）材料：小车模型、软糖或硬纸板、长木签、尺子、胶带或胶枪、剪刀。

（3）评价量规：见表1-7-1。

---

① 小车可以用一个30厘米×50厘米的空盒子来代替，也可以用现成的小车模型（把原有的轮子拆掉即可）。准备一些大小合适的放在小车里面不会掉出来的物品，如石头块或者硬币。
② 凹凸路面的制作可以用卫生纸纸筒从中剪开，然后把两端粘在一个长条形的硬纸板上。可以多制作几段备用。

表 1-7-1 轮子制作评价量规

分数 项目	1分	2分	3分
轮子制作	轮子制作工艺差，对于出现的问题不能解决	轮子制作工艺一般，对于出现的问题部分能解决	轮子形状规律，轮轴安装稳定，制作时能及时发现问题并解决问题
轮子功能	不能使用	能够使用，但安上轮子的小车滚动距离短	安上轮子的小车能够在地面上滚动至少30厘米远，并能运输一些物品
团队分工合作	没有分工合作	有简单的分工合作	分工合理，协作顺畅
展示和讲解	展示不清晰，内容不完整，讲解不流利	对设计和制作过程展示较完整，讲解较清晰	对设计和制作过程讲解清晰、思路开阔

2. 展示各种不同的轮子模型（15分钟）

教师预先做好一些不同形状的轮子，分发给每个小组，让各小组进行观察记录。轮子可以是多边形、三角形、椭圆形等不同形状。请各小组对拿到的不同形状的轮子进行比较，并总结出异同。请两到三个小组发言，其他小组做补充。

学生们很快会发现，圆形、椭圆形和多边形的轮子能够比较轻松地滚动，圆形的轮子是最方便进行滚动的。

3. 设计和制作（20分钟）

各小组在上述发现的基础上设计制作方案，画好设计图以后到教师处领取材料。教师在教室内巡视，观察各小组制作情况，并用问题引导学生思考。

• 你们采用的是哪一种轮子设计方案？
• 怎样保证轮子能够滚动至少30厘米远？
• 把轮子连接在轮轴上的时候，随着轮子的滚动，轮轴也会转动，怎么设计制作这一连接装置？
• 怎么避免椭圆形的轮子一上一下运动？
• 为什么有的轮子滚动起来会颠？有的轮子滚动起来不颠？

三、展示和总结（35分钟）

在各小组完成制作后，教师给每个小组至少5分钟的时间进行展示，并回答其他小组提出的问题。

师生一起对各小组制作的轮子进行测试,看是否能够达到滚动距离的要求,以及是否能够运输物品。

四、设计在不平的路面上也能平稳滚动的轮子(拓展课程,40分钟)

教师出示图 1-7-1 所示的道路模型。

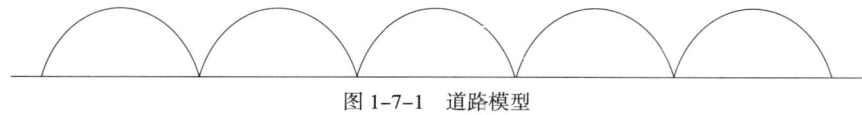

图 1-7-1 道路模型

请学生制作一套轮子,要求能在图 1-7-1 所示的路面上平稳滚动。教师出示任务后,在各小组间巡视并用以下问题对学生进行引导。

- 使用圆形轮子和非圆形轮子有什么不同?
- 圆形轮子的特征是什么?
- 这段路面的特征是什么?

在前面的实验中教师已经总结了轮子不颠的实质是轮轴中心到地面的距离总是保持不变。在这样一段特殊路面上,圆形的轮子显然不能保证圆心到地面的距离始终不变。教师要引导学生思考:什么样的形状是中心到边缘的距离始终是变化的?

教师在黑板上画出一些多边形,这些多边形的中心到边缘的距离都是变化的。请学生上讲台将各种多边形中心到边缘的距离标注在黑板上,然后计算距离差是多少。不难发现,多边形的边数越多,最长距离和最短距离就越接近。

教师指出,圆可以看成一种特殊的多边形,即我们可以把它看成有很多条边的多边形。事实上,在很多实际运用中我们就是这么做的。

在学生理解了这一性质后,请学生研究图 1-7-1 所示的路面,并与之前的多边形性质联合起来思考。学生会发现,只要测量路面最高处和最低处之间的距离差,然后设计出多边形的轮子来弥补这个高度差就可以了。一种可行的解决方案如图 1-7-2 所示。

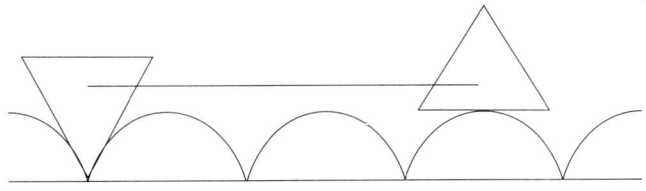

图 1-7-2 在不平路面滚动的轮子设计

八、助我扬帆
——你的设计实用吗

★ **课程背景与目标**

15世纪末到16世纪初,人类横渡大西洋到达美洲,又绕道非洲南端到达印度。人们发现了新的大陆,增长了地理知识,促进了欧洲的海上贸易。航海对世界的发展产生了深远的影响。

船只作为地理大发现中人们常用的交通工具,在环球航行中占有重要的地位。在那个靠风力远航的时代,谁能造出更先进的帆船,谁就能在海洋时代夺得先机。时至今日,蒸汽动力的船只早已退出历史舞台,柴油动力的船只成为主流,核动力的船只也早已应用在军舰上。本课程的重点是让学生思考并动手设计、制作各种船只,了解空气动力学、流体力学、海洋环境等科学知识在实际生活中的应用,领略人类借助船只认识海洋的历史。在不同年级的STEM课程中,教师带领学生"扬帆起航",一步步探究航海工具的科学奥秘。

★ **课程领域**

物理、地理、工程。

★ **建议年级**

一年级。

★ **建议时间**

110分钟。

★ 课程任务

通过了解两种不同的帆型以及风向的知识，观察和记录两种帆型的船在两种不同风向条件下的表现，在此基础上对船只的运行轨迹进行猜测和记录，进而学习不同帆型的作用。通过给小船造帆，探索自然界中风、帆的相互作用和物体的运动规律，提升总结归纳能力。

★ 教学过程

一、导入（20分钟）

1. 介绍风向的基本知识（5分钟）

气象上把风吹来的方向确定为风向。因此，从北方吹来的风叫作北风，从西北方吹来的风叫作西北风。当风向在某个方位左右摆动不能确定时，则在表述上加上"偏"字，如偏北风。

2. 活动：风与人体感知（5分钟）

各组派一名学生上台，教师带领学生做游戏。教师提出以下问题，学生用手指方向或迅速地大声回答。

- 北风往哪个方向吹？
- 从南边吹过来的风是什么风？
- 面向北，左脸有风吹过，这是什么风？
- 面朝西南，脑后有风吹过，这是什么风？

各组回答慢和回答错误的学生被罚下，最终决出胜负。

3. 介绍风的常识（10分钟）

教师可以继续引领学生通过对以下问题的探讨，完成课程的导入。

- 风的强度叫风力，风力用什么单位表示？如何简单判断风力？
- 你知道今天刮的是什么风吗？风力有多大？
- 当你站在室外，有哪些方法让你感知风向？说说你的方法。（可以通过树木摆动、旗帜飘动、体感、抛物等方法感知风向。）
- 你知道从古至今世界各地的人是如何利用风力的吗？请讲一讲。（可以从生产、生活、军事等领域介绍风的用途。）

二、认识与制作帆船（40分钟）

1. 帆船的简介（5分钟）

帆船是利用风力张帆行驶的船，是继舟、筏之后的一种古老的水上交通工具，距今已有5000多年的历史。15世纪初，我国明朝航海家郑和率领庞大船队7次出海，到达亚洲和非洲30多个国家，所使用的都是靠风力驱动的帆船。葡萄牙航海探险家麦哲伦率领的探险船队在1519—1522年实现环球航行，使用的也是远洋帆船。

有关更多帆船原理的内容请扫描本书二维码获取。

2. 古今帆船比较（10分钟）

教师出示古今各类帆船的图片（图略），让学生比较这些帆船在以下维度有哪些不同。

- 船体大小。
- 帆的形状。
- 帆的数量。
- 操控船只的人数。
- 航行距离的远近。

3. 制作帆船（10分钟）

在教师的指导下学生设计制作两类单帆型帆船：四角纸帆帆船和三角泡沫帆帆船。关注点放在制作帆的部分。

材料：大水盆或水槽、空矿泉水瓶、木质手工棒、长木签、牙签、普通白纸、牛皮纸、橡皮泥、热熔胶枪、热熔胶、胶带、剪刀、吹风机、泡沫板、粗砂纸。

4. 实验环节（15分钟）

教师带领学生对两种帆型的船进行实验，在工作单（见附件1-8-1）中填写帆船的表现，直观感受不同形状的帆对帆船的行驶方向及速度的影响。

三、执行任务（30分钟）

1. 不同帆型的船在不同风向下的行进轨迹猜测与验证（15分钟）

教师出示任务：教师在水池或水槽中指定两个区域，指定风向。各组在实验结果的基础上猜测哪种帆型的船可以从一个指定区域驶向另一个指定区域,并猜测帆如何对风起作用。各组选择一个合适的帆船,并修正船帆角度,使船能够按照教师给出的条件,只靠风力而无人为干涉行驶到指定位置,之后动手实践,验证猜测。如果没有成功,调整船帆的角度,直到完成任务。最后进行小组汇报。

2. 出示评价量规(15分钟)

评价量规见表1-8-1。

表 1-8-1　帆船行进轨迹猜测与验证评价量规

项目＼分数	1分	2分	3分
预测	预测不准确,需要多次修正	通过感性认知能够比较准确地预测	预测准确,并能够说明预测理由
工作单的完成情况	仅用简单语言描述	仅简单配图	语言表达清楚,并配图说明
船帆角度修正的次数	修正多次	修正两次	仅修正一次即完成任务
分工合作	由少数组员完成所有工作	所有组员都有参与,但分工不是很明确	分工合理,合作顺畅
汇报展示	单人展示,表述不够清晰	两人展示,表述较清晰,合作较顺畅	多人展示,分工合理,合作顺畅,表述清晰

四、总结和反思(20分钟)

总结和反思可以与学生的展示共同进行,教师可以要求学生在展示的时候附带回答以下问题中的一个问题,以完成本环节。

- 你们组谁预测得最准确?为什么?
- 你们组成功地完成了任务,能详细介绍一下你们的设计原理吗?
- 你们组有没有从其他组借鉴一些做法?借鉴了什么?为什么?
- 你们组没有完成任务的原因是什么?如果再做一次,你们会有哪些改变?
- 如果让你们在船上加装一个帆,变成双帆,你们能预测一下两个帆如何摆放以便完成任务吗?

附件 1-8-1：工作单

使帆面垂直于船的头尾连线。在以下风向条件下记录帆船的行驶表现，尤其是行驶方向和行驶快慢。

不同帆型帆船 风向	四角纸帆帆船	三角泡沫帆帆船
正后方		
侧方		
侧后方（可选）		
侧前方（可选）		

第 2 章

二年级 STEM 课例

一、玻璃球轨道
——掌控速度与时间的规律

★ **课程背景与目标**

本课程通过设计实验装置和动手操作,让学生了解在滚动摩擦情形下物体运动的基本规律。物理学中的力和运动是 STEM 课程中最常见的核心内容,相关的知识点多且集中,本课程正是结合这些知识点,创造学生可以主动参与以及竞争的情境,让学生在解决问题的过程中学习力和运动的有关知识,并学会设计制作,学会合作学习。

★ **课程领域**

工程、物理、数学、写作。

★ **建议年级**

二年级。

★ **建议时间**

140 分钟。

★ **课程任务**

学习球的运动规律(主要是加速运动与减速运动),了解摩擦力,以及速度的方向和分解,培养发现问题和解决问题的能力。

★ 教学过程

一、导入（15分钟）

1. 简述轨道和加速度的概念（5分钟）

轨道是固定的运动区域，是为了限制某些物体在其中按照既定路线运动而设计出来的平台或管道等。加速运动就是速度越来越快的运动，速度的变化与发生这种变化所用的时间的比就是加速度。要一直保持运动方向的受力不平衡才能产生加速运动。

2. 举例说明什么是轨道（5分钟）

此处内容略。

3. 简述什么是摩擦力，并让学生体验摩擦力（5分钟）

摩擦力是两个相互接触的物体，当有相对运动或有相对运动趋势时，在接触面上产生的阻碍运动的作用力。教师可以让学生将手用力贴在某个平面上，如桌面上，并向前滑，然后攥起拳头在桌面上滑动，体会两种不同的摩擦力。

二、任务执行与反思（105分钟）

（一）第一个任务的执行与反思（55分钟）

1. 出示任务和评价量规（10分钟）

（1）任务：以小组为单位，在竖直平面上做一个倾斜的轨道，让小球能在其上滚动并且不会滚出轨道。各小组设置一名观察员。

（2）材料：笔、普通A4纸、硬纸板、透明胶、塑料平板（或室内墙壁）、玻璃球、剪刀。

（3）评价量规：见表2-1-1。

表2-1-1 轨道制作评价量规1

项目＼分数	1分	2分	3分
滚动的流畅性	小球无法滚动起来，或者滚动起来后经常出现滚动中断的情况	小球可以滚动起来，但是偶尔会出现滚动中断的情况	小球滚动流畅
轨道的限制性	小球完全不按照轨道的规定路线运动，或者观察不到轨道对小球运动的限制作用	轨道能对小球的运动产生约束，但是约束力不强，偶尔会出现小球偏离轨道掉落的情况	小球完全依照轨道的限定进行运动

续表

项目＼分数	1分	2分	3分
小组分工合作	分工不明确，每个成员不清楚自己的角色	有基本的分工，但是分工不系统，或执行分工不彻底，或出现没有承担任务的成员	有明确的分工且贯彻实施，每个成员都安排了相应的任务，并且每个人明确自己的任务，有组织地执行

注：出示任务和评价量规后给少量时间让各小组进行沟通准备。

2. 执行任务（20分钟）

正式执行轨道制作任务，教师要求学生依照评价量规思考以下问题。

- 轨道倾角为多少度合适？
- 轨道应该如何固定在竖直平面上？具体如何操作？需要注意什么细节？
- 小组如何分工？（需要以下角色：规划者、固定竖直平面者、固定轨道者、加固胶带者、实验操作者和记录者。）

3. 总结和反思（25分钟）

全部小组完成轨道制作后，教师组织学生讨论。

- 你们组是如何分工的？
- 你们组在轨道制作过程中是否出现了问题？出现了什么问题？为什么会出现这样的问题？
- 假如需要增加制作一条轨道，让小球的运行速度减缓，你们要怎么做？

拓展问题：小组如何画出思考和执行任务的流程图？

（二）第二个任务的执行与反思（50分钟）

1. 出示任务和评价量规（10分钟）

（1）任务：用现有的材料制作出一套轨道，使得小球能在轨道上运动，且运动的时间必须超过20秒，时间越长越好。

（2）评价量规：见表2-1-2。

表 2-1-2 轨道制作评价量规 2

分数 项目	1 分	2 分	3 分
滚动的流畅性	小球无法滚动起来，或者滚动起来后经常出现滚动中断的情况	小球可以滚动起来，但是偶尔会出现滚动中断的情况	小球滚动流畅
轨道的限制性	小球完全不按照轨道的规定路线运动，或者观察不到轨道对小球运动的限制作用	轨道能对小球的运动产生约束，但是约束力不强，偶尔会出现小球偏离轨道掉落的情况	小球完全依照轨道的限定进行运动
小球运动时长	不足 15 秒	15~20 秒	20 秒以上
小组分工合作	分工不明确，多数成员不清楚自己的角色	有基本的分工，但是分工不系统，或执行分工不彻底，或出现没有承担任务的成员	有明确的分工且贯彻实施，每个成员都安排了相应的任务，并且每个人明确自己的任务，有组织地执行
材料剩余	剩余材料极少，大量材料在制作过程中被浪费，缺乏合理的规划	有剩余材料，但不多，使用的材料在制作过程中考虑了合理规划，但存在一些问题	剩余材料摆放较为规整，可以继续利用，已经使用的材料利用设计较合理

注意：关于小球运动时长一项的评分要根据教师实际给予学生的材料以及竖直平面的面积而定。评价量规并非一成不变，教师需要自己动手实验并给出合理的评价标准。

各个小组通过讨论，改进原来的分工和设计，制作新的轨道。

2. 执行任务（40 分钟）

正式执行轨道制作任务，教师要求学生依照评价量规思考以下问题。

- 你们组是怎么分工的？
- 对于抵消小球在下落中产生的加速度的方法是否经过了实验验证？
- 是否考虑了对材料的节约？
- 你们是用什么方法保证轨道对小球的限制性的？
- 在有限的空间中如何安排轨道的上下分布？

拓展问题：小组如何画出思考和执行任务的流程图？

三、全班讨论（20 分钟）

所有的小组完成制作后，请评价得分第一名的小组进行汇报总结。在时间允许的条件下，教师要让尽可能多的小组发言。发言内容可基于以下问题。

- 你们组是怎么分工的？

- 对轨道装置的设计有没有改进？
- 上下轨道是否有连接？如何让小球持续运动同时保持较小的速度？
- 小球是否有自由下落的过程？是否需要计算这部分产生的速度增长？是否在这个环节进行了实验？
- 在有限的空间中如何安排轨道的上下分布？你们是怎么操作的？
- 在轨道制作的过程中有什么意外的问题出现？

如果还有剩余时间，请各组的观察员做各个小组的观察汇报。

二、光和影
——寻找与控制科学现象中的定量与变量

★ **课程背景与目标**

对于小学二年级的学生而言，控制影子是一件很有意思的事情。我们会在平时的游戏中踩影子、做手影，也会在一些影片中看到有意思的或者恐怖的影子。比如月食，就是太阳光正好被地球挡住，不能射到月球上去，月球上出现黑影。光与影在我们的生活中无处不在。

光在传播过程中遇到不透明的物体时便被挡住一部分，当投射到地面上就会形成一个一部分光不能到达的区域。这种物体挡住光线后映在地面或其他物体上的形象就是影子。当光源与影子之间的距离不变时，物体离光源近，所形成的影子的面积就大一些；反之，物体离光源远，所形成的影子的面积就小一些。这样有趣的现象可以很好地与学生的数学及科学学习结合起来，使学生在观察现象的同时学习物理知识，并使用数学工具对物理量进行测定，对物理规律进行预测。

★ **课程领域**

物理、数学。

★ **建议年级**

二年级。

★ **建议时间**

120 分钟。

★ 课程任务

首先直观感受光和影的变化,之后在对长度、角度、高度、面积等物理量进行精确测量和记录的基础上猜测变量变化的情况。通过完成给定的任务,对角度、长度、高度、面积等概念有基本认识,并提升总结归纳能力。

★ 教学过程

一、导入(20分钟)

1. 说说你知道的与影子有关的事(5分钟)

教师可以引导学生描述自己对影子的认识,并给学生普及一些日晷的知识,以及冬、夏时期太阳高度的问题等。教师也可以让学生说一说踩影子的游戏。

2. 头脑风暴(10分钟)

教师组织学生进行头脑风暴,分组使用工作单1(见附件2-2-1),汇总教室、家里、校园中的光影现象及其变化。教师可以让小组间分享头脑风暴的结果。

3. 进阶提问(5分钟)

教师可以视学生表现提出几个进阶问题,让学生思考并回答。

• 我们为什么能看到这些光影现象?

• 你觉得有哪些因素会导致影子发生变化?由于年龄限制,这里不要求学生准确地提出变化因素的名称,如光照角度、光源大小、被射物体、本影等,但是要求学生能提出关于这些概念的部分特点的描述,例如,学生指出光从哪儿射过来很重要,这是个可以控制和改变的量。

• 说说这些变量可以如何进行控制。

二、任务准备(15分钟)

教师给出工作单2(见附件2-2-2),以光照角度、光源距离、光屏距离为变量,每个变量变化3次,学生需要测定和记录不同变量条件下的影子长度数据。

材料:米尺、手电筒、10厘米长的木棍、白纸(做光屏用)和两种直角三角板(45°和30°)。

三、任务执行(60分钟)

1. 出示任务和评价量规(10分钟)

(1)任务:学生分小组用一个光源同时制作出两个身高相近的学生的影子,影子一个长 2 米,另一个长 50 厘米。

(2)材料:米尺、手电筒(可以调整光的扩散角度)。

(3)评价量规:见表 2-2-1。

表 2-2-1 影子制作评价量规

项目\分数	1 分	2 分	3 分
工作单	工作单书写简略,有遗漏	工作单书写较详细	工作单书写详细,内容充实,有充分的思考
原理图	无原理图	画出了简单的原理图	画出了距离标示清楚的原理图
任务完成	两个影子不是同时制作出来的	完成任务要求	又好又快地完成任务要求
组内合作	由少数组员完成所有工作	所有组员都参与到任务中,但分工不是很明确	分工合理,合作顺畅
总结展示	单纯靠实操得出结论,完成任务;无法说明定量和变量分别是什么,或无法归纳它们的一些特征	简单预测后通过多次测试得出结论,完成任务;说明了定量和变量的内容,但是存在错误,或归纳它们的特征时遗漏重点	根据前面的实验结果先进行科学的预测,之后得出结论,完成任务;准确地描述定量和变量分别是什么,归纳出它们的特征以及区别

2. 执行任务(50 分钟)

在墙上制作一个树叶的影子,影子面积约为 100 平方厘米。(如果有足够空间的话可以制作一个手掌的影子,影子面积约为 25 平方分米。)

需要准备手电筒、光滑的墙面、树叶(手掌)和暗室。

3. 相关提示

(1)关于面积,如果学生没学过面积的概念,可以尝试让学生简要理解:一把尺子的长短可以衡量,那么一张桌子的大小也是可以衡量的,衡量的方法就是比较面积的大小。

(2)规则图形的面积容易计算,不规则图形的面积可以用数格子的方法计算。这样,即便低年级的学生不了解面积的概念,也能比较与计算面积的大小。

(3)教师可以利用教室的墙面制作网格,如以 1 厘米的长度为单位边长(选择测量手掌的影子时以 5 厘米或 1 分米作为单位边长)制作正方形网格,让学生将树叶或手掌的影子投射到墙面上,然后数格子。

（4）有的格子会被阴影填满，有的格子被填充了大部分，有的只填充了少部分。这时教师需要教给学生计算方法，简便计算方法为只数被阴影填满的格子和填充了大部分的格子，而被填充了少部分的格子则忽略不计。

（5）教师也可以让学生先预测光源、树叶（手掌）和墙面两两之间的距离，然后再实际操作验证。

（6）学生进行树叶（手掌）投影后，为了节省时间，教师可以对影子进行拍照，之后让学生慢慢数格子数量。

四、反思与总结（25分钟）

教师可以引导学生回答以下问题，完成本节课的反思与总结。

- 你们组在解决问题的过程中谁的贡献最大？为什么？
- 你们组成功地完成了任务，能详细介绍一下你们的设计原理吗？
- 你们组有没有从其他组借鉴一些做法？借鉴了什么？为什么？
- 你们组没有完成任务的原因是什么？如果让你们再做一次，会有哪些改变？

畅想一下，在地球上的你能否在月球上投射出一个巨大的影子？你需要什么材料？对于这个问题，教师应当给学生一些物理知识储备。首先，强烈的阳光会稀释月球上的影子，因此最好选择即将进入新月时，这个时候月球以黑暗的一面对着地球。其次，要想向月球投射影子，需要一个很大的被照射的物体，这个物体不能透光，且最好是在大气层以外，以减少大气层对光的散射。最后，还需要一个功率极强的照射灯作为光源，光源必须足够大、足够亮。据悉，如果要显示一个在地球上通过肉眼足够看清的影子，需要一个将近30亿平方米的巨大的灯，它在2分钟以内会消耗掉世界上所有石油储备的能量来产生光能，这个能源的消耗是极其夸张的。

附件 2-2-1：工作单 1

教室、家里、校园中有哪些光影现象？请把小组头脑风暴的结果填到下画线上。

1. 我在（教室○、家里○、校园○，请画√）发现现象：_____；我认为原因是这样的：_____。

2. 我在（教室○、家里○、校园○，请画√）发现现象：_____；我认为原因是这样的：_____。

3. 我在（教室○、家里○、校园○，请画√）发现现象：_____；我认为原因是这样的：_____。

4. 我在（教室○、家里○、校园○，请画√）发现现象：_____；我认为原因是这样的：_____。

5. 我在（教室○、家里○、校园○，请画√）发现现象：_____；我认为原因是这样的：_____。

6. 我在（教室○、家里○、校园○，请画√）发现现象：_____；我认为原因是这样的：_____。

7. 我在（教室○、家里○、校园○，请画√）发现现象：_____；我认为原因是这样的：_____。

8. 我在（教室○、家里○、校园○，请画√）发现现象：_____；我认为原因是这样的：_____。

附件 2-2-2：工作单 2

	单变量	影子长度	其余变量要求
光照角度	对木棍中心点 0° 照射		木棍距离光源 20 厘米；光屏距离光源 30 厘米
	对木棍中心点 30° 照射		
	对木棍中心点 60° 照射		
光源距离	木棍距离光源 10 厘米		对木棍中心点 0° 照射；光屏距离光源 30 厘米
	木棍距离光源 20 厘米		
	木棍距离光源 30 厘米		
光屏距离	光屏距离光源 15 厘米		对木棍中心点 0° 照射；木棍距离光源 20 厘米
	光屏距离光源 30 厘米		
	光屏距离光源 45 厘米		

进阶任务，尝试画一画光影形成的原理图。

三、火山喷发
——运用科学现象，发现科学规律

★ **课程背景与目标**

醋和小苏打会发生反应，这是一个常见的化学反应。本课程通过让学生观察记录不同材料混合后的现象，发现醋和小苏打能够发生反应，进而对这种现象进行进一步研究，提出解释，最终将这一科学规律应用于火山喷发模型制作中。向自然界质疑，通过探究提出合理的解释，并最终应用于实践，是科学家的思维方式。虽然并不是每一个学生都会成为科学家，但是这种思维方式将极大地提升学生的思维层次和逻辑水平，有助于学生形成批判性思维，帮助学生发展分析问题、解决问题的能力。

★ **课程领域**

化学、地理、美术。

★ **建议年级**

二年级。

★ **建议时间**

基础课程：130分钟。

拓展课程：20分钟。

★ **课程任务**

通过实验探究找出能够发生反应的两种材料，并把这一现象运用于火山喷发模型的制作中。在课程中学习科学家的思维方式，感受科学家怎样通过观察自然界中的现象发现并总结规律，最终运用自然规律解决问题。

★ 教学过程

一、导入（15分钟）

教师通过提问了解学生对火山的认识。根据学生发言，教师可以简单地总结火山喷发现象的成因，必要时可以通过视频短片或图片向学生展示这一现象。

可以向学生提的问题：

- 火山的形状为什么多是周围像山峰，中间凹陷？
- 火山内部的构造是怎样的？延伸到地下的结构是怎样的？
- 火山喷发出来的是什么物质？这种物质是液体、固体，还是气体？它的温度、颜色、气味如何？

花一些时间与学生充分讨论最后一个问题。可能大部分学生没有亲眼见过火山喷发，而是从书籍、电视上了解过，教师要确保每一名学生都对火山的形状、喷发原理有直观的认识。

一开始的时候教师不用特别多地讲解火山喷发原理和火山剖面图，仅将必要的专业名词简单带过就可以，因为过多的专业名词讲解会降低学生的学习兴趣，并且枯燥的直接讲解学生并不能理解，在后面的环节中还会对原理进行讨论。

二、任务实施（85分钟）

1. 出示任务和评价量规（5分钟）

（1）任务：小组合作制作一个火山喷发模型，大小和形状不限，能够模拟火山喷发的现象。

（2）材料：多种颜色的超轻黏土或橡皮泥、面粉、酵母粉、小苏打、糖、盐、醋、洗洁精、番茄酱、水、塑料杯子、塑料盘子、移液器或勺子。

（3）评价量规：见表2-3-1。

表 2-3-1　火山喷发模型制作评价量规

项目\分数	1分	2分	3分
材料性质探究表格	记录不完整	记录较完整，但表格设计不够合理	表格设计合理，维度选取丰富，现象记录准确
火山喷发模拟	反应现象不明显	能够产生较明显的喷发现象	喷发现象明显
火山形象模拟	不像真实火山	与真实火山有一定程度的相似	模型制作美观，形象地模拟了真实火山
小组分工合作	分工不明确，合作少	分工较明确，小组协作程度一般	分工合理，小组协作共同完成任务
总结报告	只有一名组员进行汇报，汇报不够清晰，内容不完整	一至两名组员汇报，汇报内容较完整，表达较流畅	小组成员共同汇报，汇报内容完整，思路清晰，有总结、反思和改进方案等

2. 探究实验材料的性质（25分钟）

将实验材料和工具发给每个小组，要求各小组从多角度对材料进行研究。学生需要自行设计表格进行记录，记录的维度不限。这个环节持续5~10分钟。

一开始学生可能不会想到较多的维度，教师需要在全班巡视，找出设计维度较多的组，请组员向全班展示。教师还可以用以下问题对学生进行引导。

- 材料的状态是怎样的？
- 如果将糖和盐混合在一起，还可以分开吗？
- 如果把醋和水混合在一起，还可以分开吗？
- 把两种固体混合在一起与把两种液体混合在一起，有什么不同？
- 如果想让两种固体混合，有什么更好的方式？
- 固体和液体可以混合吗？以小苏打粉（固体）和醋（液体）为例进行实验，通过这个过程直观感受什么是反应。
- 为什么液体之间更易混合，而固体之间不易混合？
- 番茄酱是固体还是液体？

学生将对"反应""固体""液体"等词的含义有直观的认识，在记录时学生也会尝试使用这样的专业名词。

接下来，教师要求学生继续完善记录表格，同时开始第一次实验：将材料两两混合，对混合以后产生的现象进行观察和记录。实验完成后，将记录表交给教师检查。

学生很容易会发现，醋和小苏打混合在一起时产生了气泡。在多数小组发现这一现象后，教师组织学生进行讨论。

- 产生的气泡是什么？怎么证明产生的是这种气体？
- 原来的材料发生变化了吗？
- 原来的材料变成了什么？
- 能发生反应和不能发生反应的现象之间有什么区别？
- 把盐和糖混合在一起，盐和糖变成了别的东西了吗？为什么？

讨论结束后，有条件的话可以让学生上网查询反应现象是如何产生的。有时间的话，教师还可以要求各小组提出验证气体的方案。

3. 设计火山制作方案（15分钟）

通过前面的观察，学生发现可以用醋和小苏打的反应模拟火山喷发。

要求各小组设计火山的制作方案，上交方案后领取制作材料。

4. 制作模拟火山（40分钟）

各小组领取材料并进行制作。教师在全班巡视，根据小组制作情况引导小组进行讨论。

制作时常出现的问题是火山内部会产生反应，但是达不到喷发。教师进一步引导学生进行思考：火山内部喷发出来的是什么状态的物质？教师还可以启发学生先摇晃一瓶汽水，然后打开（注意安全）。学生很快会发现，火山的形状应该是口小肚大，火山内部还可以加一些洗洁精或者面粉以增加黏稠度。

完成制作的小组在引发反应前示意教师，教师可以用手机将反应现象录制成视频以便总结时观看。

三、小组汇报（30分钟）

给每个小组至少5分钟时间，要求小组对材料性质研究、火山设计和制作进行汇报。之前录制的视频可以在这时播放。给其他小组提问的时间，他们也可以对制作方案提出改进建议。

四、火山原理回顾（拓展课程，20分钟）

教师进行总结，带领全班学生进行反思和回顾。

学生根据前面的制作过程对火山喷发原理有了大概的印象，这时教师可以详细地讲解。讲解以后，对学生提出问题，小组讨论后回答。

- 如果有一件抗高温、抗高压的衣服，你穿上以后从火山口向内部探险，最终会到达什么地方？
- 地球内部是什么状态？为什么？
- 如果现在在地上挖一口井，一直挖到通向地球的另一端，从这个井口扔一个东西进去，这个东西会是什么样的运动状态？
- 为什么地球内部有这么高的压力却没有爆炸？
- 我们能不能运用这种压力？怎么运用？请给出设计图。

四、轻轨消声
——设计制作消声屏障

★ **课程背景与目标**

　　随着社会经济水平及城市化的快速发展，私人和公共交通工具逐渐增多。为了达到人类与城市、环境的和谐共存，降低噪声污染及其危害，我们必须保护好环境，合理实施降低噪声的措施。我们可以限制各种交通工具的行驶噪声，也可以通过改变交通流量以改变区域交通形态来降低噪声，但是更重要的是想办法为各种交通工具如汽车、轻轨、地铁设置降噪装置，以期从根源上减小噪声带来的负面影响。因此我们要了解和利用声音的特性，做好城市内的降噪工作。

　　本课程通过让二年级学生了解声音产生和传播的基本知识，结合城市生活中真实出现的亟须解决的噪声问题，让学生在对问题逐层分析和逐步解决问题的过程中巩固所学知识，探讨面对新问题时应如何寻找切入点，培养创新、创造能力。同时，通过让学生动手实践、体会科学和工程在实际生活中的融合方法，培养学生对工程设计的认识。

★ **课程领域**

　　工程、物理。

★ **建议年级**

　　二年级。

★ **建议时间**

140 分钟。

★ **课程任务**

让学生了解声音的产生及传播，认识一些吸声材料，探索消声的途径和方法。在动手实践环节，学生首先需要设计并制作一个吸声装置，加入文字及图画设计。设计过程要利用数学知识，考虑并合理规划制作成本。然后基于轻轨列车运行中产生的噪声问题，利用所学知识，设计实验，探究吸声材料、吸声装置的安装位置及其他可能的因素对消声的影响。最后各小组进行成果展示。本课程注重培养学生观察分析问题、解决问题的能力，增强社会责任感。

★ **教学过程**

一、导入（20 分钟）

1. 介绍与本课程有关的基本概念，了解学生对声音传播的认识（15 分钟）

（1）声音。声音是由物体振动产生的声波通过听觉所产生的印象，它通过介质（空气或固体、液体）传播并能被人或动物的听觉器官感知。声音是一种压力波，当演奏乐器、拍打一扇门或者敲击桌面时，它们的振动会引起介质——空气分子有节奏的振动，使周围的空气产生疏密变化，形成疏密相间的波，这就产生了声波。这种现象会一直延续到振动消失为止。

（2）消声。消声的本质是将振动的压力波强度降低或者阻断压力波。为了实现这种目的，或者阻断振动传导的介质，或者通过某种方式消除振动。后者一般通过吸声材料来完成。

（3）介质。一般来说，波动能量的传递需要某种物质基本粒子的准弹性碰撞来实现。这种物质的成分、形状、密度、运动状态决定了波动能量的传递方向和速度。这种对波的传播起决定作用的物质称为波的介质。

（4）吸声材料。任何材料对声音都能吸收，只是吸收程度有所不同。吸声材料大多为疏松多孔的材料，如矿渣棉、毯子等，其吸声原理是声波深入材料的孔隙，孔隙多为内部互相贯通的开口孔，受到空气分子摩擦和黏滞阻力，以及使细小纤维做机械振动，从而使声能转变为热能。如果有时间，教师可以大致介绍一下美国的吸声实验室。它号称世界上最安静的地方，位于华盛顿州雷德蒙德微软总部的 87 号楼。

2. 创设情境（5分钟）

创设的情境是为北京的地上轻轨设置消声装置。在课堂内，教师要使学生了解轻轨的基本结构，尤其是了解轻轨的车轮和轨道是如何接触的，以及轨道是如何铺设的，下层需要哪些材料支撑。之后，找到噪声的来源，让学生考虑降低噪声的设计方案，要求在设计中画图并使用笔和直尺。考虑到学生的年龄较小，教师可以事先打印一些图画，如轻轨列车和铁轨的横截面示意图，让学生在示意图上进行文字和图画的补足，以完成设计。

二、任务执行与反思（120分钟）

（一）第一个任务的执行与反思（65分钟）

1. 出示任务和评价量规（20分钟）

（1）任务：首先，让学生使用给定的材料（材料定量）设计一个吸声装置，并用该装置容纳一个发声的装置，如小闹钟。之后，观察声音的屏蔽效果。最后，投票选出最佳的吸声装置制作小组。

（2）材料：闹钟（或者其他能发声的小玩具）、毛毡（教师剪裁成若干大小相等的部分）、报纸（教师剪裁成若干大小相等的部分）、棉球（教师剪裁成若干大小相等的部分）、胶带（教师剪裁成若干大小相等的部分）、大小合适的塑料盒或者纸盒（大小相同）、分贝计。

（3）评价量规：见表2-4-1。

表2-4-1　吸声装置制作评价量规

项目＼分数	1分	2分	3分
文字及图画设计	缺少文字和图画设计	有文字和图画说明，但是说明较混乱、缺少条理，没有用数字进行定量说明或者没有关键性的箭头指示等	文字和图画说明设计合理，对于设计结构的表述条理清晰，对每部分使用的材料进行了加工和用量的详细介绍
分工合作	分工不明确，每个成员不知道应该做什么	有基本的分工，但是分工不系统，或执行分工不彻底，或出现没有承担任务的成员	有明确的分工且贯彻实施，每个成员都安排了相应的任务，并且每个人明确自己的任务，有组织地执行

续表

项目 \ 分数	1分	2分	3分
制作成本	按照工作单上列举的材料价格计算成本，最终计算的结果与标准结果[①]差距大	按照工作单上列举的材料价格计算成本，最终计算的结果与标准结果不同，但是差距不大	按照工作单上列举的材料介格计算成本，最终计算的结果与标准结果基本吻合
吸声效果	分贝计测试分贝值最高	分贝计测试分贝值在中间	分贝计测试分贝值最低
展示说明	小组对设计和执行设计的过程描述缺乏逻辑，不能说明结果或无结果	小组对设计和执行设计的过程进行了部分展示，展示较具体，但是部分显得混乱和无意义	展示清晰明确，有效地体现了设计的意图和特点，整本逻辑清晰无误

出示任务和评价量规后教师可以继续询问一些问题。

· 对于设计，大家有什么思路？比如，你们设计的吸声装置的吸声效果是由一层材料产生的还是由多层材料产生的？

· 你们的设计是否考虑了密闭性？你们觉得密闭性对声音的吸收有什么作用？

· 如果之前展示了美国的吸声实验室的照片，教师还可以提问：吸声实验室的墙壁的形状有什么特点？这对于我们装置的制作有什么启示？

· 按照工作单（见附件2-4-1）上所列出的各项材料的价格，如何计算小组设计的装置的最终价格？

提出问题后，给少量时间让各小组进行沟通准备。每个小组写出计划，在纸上完成设计，领取材料，准备装置的制作。

2. 实施任务（20分钟）

正式实施任务。教师要求学生依照评价量规思考以下问题。

· 你们小组的设计思路是什么？

· 在决定不同材料摆放的先后顺序时，是否可以先进行实验以确定最优的排列方式？

· 测量声音响度一般使用分贝计。在没有准确的电子测量器具支持时，单纯以感觉作为衡量标准，怎样才能更准确地评估声音的大小？

[①] 此处的标准结果是指教师按照学情和教师自己制作的实际结果对学生平均制作成本的预估值。

- 小组的分工如何？

3. 总结和反思（25分钟）

全部小组制作完成后，教师组织学生讨论。

- 你们组是如何分工的？
- 你们组是怎么解决密闭性问题的？有的小组仅仅用胶带对开口进行封闭，你觉得是否需要改进？如何改进？
- 哪一组的隔音效果最佳？为什么同样的材料采用不同的叠放顺序会产生不同的隔音效果？
- 如果可以考虑使用其他吸声材料的话，你希望增加什么材料？为什么觉得这种材料有比较好的效果？或者你有什么其他的设计？
- 有没有什么可行的办法能做到完全隔音？是否可以考虑从介质的移除入手，比如真空隔音？

（二）第二个任务的执行与反思（55分钟）

1. 出示任务和评价量规（10分钟）

（1）任务：各小组根据各自的消声设计和教师下发的轻轨列车和铁轨的横截面示意图，在图上进行标注和设计。在小组讨论之后，各小组完成对轻轨消声装置的设计，要求列出使用的材料，画出图示并用详细的文字说明装置的大小、形状和安装位置，还要说明噪声来源。同时，要求在设计图上标记每个组员贡献的想法，或者没有被采纳的意见。所有组员的名字必须出现在设计图上。

（2）评价量规：见表2-4-2。

表2-4-2 轻轨消声设计评价量规

项目＼分数	1分	2分	3分
文字及图画设计	缺少文字和图画设计	有文字和图画说明，但是说明较混乱、缺少条理，没有用数字进行定量说明或者没有关键性的箭头指示等	文字和图画说明设计合理，对于设计结构的表述条理清晰，对每部分使用的材料进行了加工和用量的详细介绍，还补充了不同视角的构图
观点的多样与统一	只有少数小组成员贡献了观点，小组设计没有经过多数人的讨论	大部分成员参与了设计讨论，个别成员没有发表看法	所有小组成员都参与了设计讨论，所有的观点看法都被记录并标明是认可还是不采纳

续表

项目 \ 分数	1分	2分	3分
合理创新	设计不合理或无法在当前的科学框架下预测在未来可行	设计新颖但是局部有不合理之处	设计新颖合理，在当前技术水平或可以预见的技术发展水平上能够实现，还考虑了装置制作的成本
展示说明	在展示中，小组对设计和执行设计的过程描述缺乏逻辑	小组对设计和执行设计的过程进行了部分展示，展示较具体，但是部分显得混乱和无意义	展示清晰明确，有效地体现了设计的意图和特点，整体逻辑清晰无误

2. 实施任务（20分钟）

正式实施任务。教师要求学生依照评价量规思考以下问题。

- 你们小组的设计思路是什么？
- 轻轨噪声的来源是唯一的吗？
- 哪些装置是固定在轻轨上的？哪些装置是固定在铁轨和铁轨附近的？
- 是否考虑了通过地面传导的噪声？
- 采用了哪种或哪些吸声材料？这些材料如何被固定？
- 装置是否会产生其他方面的负面影响？

3. 总结和反思（25分钟）

全部小组制作完成后，教师组织学生讨论。

- 你们小组在设计意见上是否有分歧？有哪些分歧？最终是如何统一意见的？
- 你们小组是怎么解决铁轨的密闭性问题的？
- 对噪声在各个方向上的传导，你们是如何进行消声设计的？这个装置是否对车厢内的人也有影响？
- 能否让你们设计的消声装置变得更小巧，以降低成本？或者，你们的消声装置中是否有冗余或者浪费的部分？
- 拓展：在轻轨消声的问题上，能否使用真空来消声？

最后，小组展示成果，所有组员必须共同参与并体现明确的分工。

该任务可以具体模拟轻轨对周围环境尤其是对居民的影响，并给出了解决对策，但同时实施难度较大，并且对需购置的材料要求较高，材料价格也较高，所以可酌情实施。

附件 2-4-1：工作单

序号	材料名称	单价	所用数量（单位）	总价（元）
1	毛毡	12元/单位（块）		
2	报纸	2元/单位（块）		
3	棉球	3元/单位（粒）		
4	胶带	1元/单位（块）		
5	纸盒（塑料盒）	2元/单位（个）		
		共计		

为了节省材料，我的建议是节省_____（填写描述）部分的_____（填写序号）号材料，原因是_____。

五、外星动物
——环境如何塑造生命形态

★ **课程背景与目标**

有没有外星生物这个问题困扰了人类很久,至今也没有答案。通常人们会觉得,人类在宇宙中并不孤单,能够孕育出生命的星系也不只有太阳系一个,但目前依然没有找到其他有生命的星系,不过这并不妨碍我们畅想一下外星动物的外貌、功能和习性。低年级学生处于学习知识和发展想象力的高速期,通过学习外星球环境、合理想象,了解空间星球环境,理解生物进化论的有关知识。

★ **课程领域**

生物、天文、物理、地理、语文。

★ **建议年级**

二年级。

★ **建议时间**

160 分钟。

★ **课程任务**

学生通过了解地球上的各类环境条件,进而了解生物在环境中的进化,在此基础上学习太阳系的有关知识,并设想各个星球上的生物如何进化以适应星球的条件。此外,通过创造生物的方式,探索自然科学中生物、地理、天文之间的相互作用,提升想象能力。

★ **教学过程**

一、地球上的生命形态与环境条件（20分钟）

1. 引发话题（5分钟）

教师可以通过多种形式引发学生对外星生物的讨论。例如，在电影《阿凡达》《星球大战》、动画片《太空娃娃》《最强战士之迷你特工队》等影视作品中，外星生物都长什么样？让学生形容一下某个角色的形象。

2. 了解地球上的生命形态（5分钟）

教师可以带领学生针对以下问题开展探究。

· 地球上有哪些不同类型的生命形态？

如病毒、细菌、真菌、植物、动物等，教师可以配上照片为学生讲解。

· 身边的动物有哪些种类？

粗略地可以分为脊椎动物，如哺乳动物、两栖动物、鸟类、爬行动物、鱼类，无脊椎动物，如原生动物、线形动物、软体动物等，教师可以配上照片为学生讲解。

· 你熟悉的身边的动物都以什么为食？

3. 了解地球上的环境条件（5分钟）

教师可以带领学生针对以下问题开展探究。

（1）你了解的动物通常生活在哪些环境中？

空中、平原、森林、草原、高原、江河湖海等，教师可以配上照片为学生讲解。

（2）地球环境有哪些气象指标？

温度、湿度、风力、降雨量、降雪量、气压，教师可以配上照片为学生讲解。

（3）你身边的动物进化出怎样的身体结构以适应这些环境？

例如，众多动物进化出眼睛，陆地动物进化出肺部和灵活的四肢，鸟类进化出轻巧的翅膀，鱼类进化出可以辅助呼吸的鱼鳔等。

4. 地球上的神奇生物（5分钟）

从下述动物中选取几个例子，让学生玩看图片"找茬"游戏，看看能不能发现隐藏的动物。之后，教师讲解一些环境影响动物进化的例子，让学生了解环境如何影响动物的进化。

- 撒旦叶尾壁虎（保护色 + 拟态）。
- 水滴鱼（胶质状身体，可以生活在深海）。
- 叶海龙（保护色 + 拟态）。
- 雪人蟹（在深海生活，感官退化）。
- 安哥拉兔（经济和观赏价值）。
- 雀尾螳螂虾（捕食武器厉害，猎食范围广泛）。
- 角蝉（保护色 + 拟态）。

二、太阳系的行星探秘（30 分钟）

1. 阅读资料（5 分钟）

教师为学生准备太阳系各个行星的资料，资料通常包括各个行星的照片、地形条件、大气组成、表面温度条件、自转周期、公转周期、是否有水、与地球的距离等。教师也可以找适合学生阅读的科普书籍让学生阅读。

2. 做一颗行星模型（15 分钟）

（1）四人一个小组，选择一颗行星进行重点研究。

（2）从教师给出的资料中提取信息，用 A4 彩纸制作一张该星球的名片。

（3）教师为各组学生准备气球、彩笔、卡纸，让学生根据教师提供的行星照片，制作一个外观相似的气球行星。

（4）在教室中悬挂气球行星，在行星下方悬挂其名片。

3. 小组汇报（10 分钟）

各小组派代表向全班汇报小组的研究结果，讲解行星的特点。

三、地球上的极端环境条件（40 分钟）

1. 导入（15 分钟）

教师给出以下极端地区的照片，并描述这些极端地区的环境特征。

- 严寒的南北极：出示照片，介绍温度、风力、风速、四季变化等内容。
- 高压海底：出示照片，介绍压力、温度、光线、含氧量等内容。
- 炽热的火山口：出示照片，介绍温度、含氧量、酸碱性等内容。
- 高温干燥的沙漠：出示照片，介绍温度、湿度、早晚温差、沙尘等内容。
- 高辐射地区：出示照片，介绍辐射强度及其对人类的影响。

- 海拔4000米以上的山区：出示照片，介绍辐射强度、含氧量等内容，并简述高原反应。

2. 认识在极端环境下生存的生物（15分钟）

哪些生物生活在这些极端环境下？它们进化出怎样的身体结构以适应环境？教师重点介绍各种极端环境下生存的生物。

- 严寒的南北极：介绍北极熊、企鹅。
- 高压海底：介绍巨型等足虫、角高体金眼鲷。
- 炽热的火山口：介绍氧化硫硫杆菌。
- 高温干燥的沙漠：介绍沙鼠、骆驼。
- 高辐射地区：介绍伊朗巨鼠。
- 海拔4000米以上的山区：介绍地衣。

3. 拓展问题（10分钟）

- 如果让企鹅生活在你的城市，需要给它创造一个什么环境？
- 如果让家猫看到伊朗巨鼠，你觉得家猫会怎么想？

四、执行任务（70分钟）

1. 出示任务和评价量规（15分钟）

（1）任务：以小组为单位，通过制作或绘画创造一个想象中的外星生物，在全班展示并说明这个生物可以生活在太阳系的哪颗行星上。

（2）材料：橡皮泥、棉签、牙签、毛茛、纽扣、白纸、彩笔。

（3）评价量规：见表2-5-1。

表2-5-1 外星生物制作评价量规

分数 项目	1分	2分	3分
创造力	有明显的模仿痕迹	有创新点	别出心裁，创新合理
逻辑性	没有逻辑	理由阐述体现出一定的逻辑性，但存在漏洞	阐述比较有逻辑性和科学性
作品形式	无成型作品	只完成了绘画作品	完成了手工作品
组内合作	由少数组员完成所有工作	所有组员都参与到任务中，但分工不是很明确	分工合理，合作顺畅

续表

分数 项目	1分	2分	3分
展示	单人展示，存在表述不清晰的地方	两人展示，合作效果一般	全体组员共同展示，分工合理，表述清晰

2. 执行任务（40分钟）

学生以小组为单位进行外星生物制作。

3. 展示与思考（15分钟）

思考可以与学生的展示共同进行，教师可以要求学生在展示的时候思考并回答以下问题中的一个问题，以完成本环节。

- 你们组主要采纳了哪名组员的想法？你觉得有创造力吗？为什么？
- 你们组成功地完成了任务，能详细介绍你们组设计的外星生物的哪个器官使得它能在外星球上生存吗？
- 你们组有没有从其他组借鉴一些做法？借鉴了什么？为什么？
- 要使你们设计的外星生物在这颗行星上生存，它需要具备哪些身体特征？

六、纸牌屋
——识别边界，不断改进

★ **课程背景与目标**

本课程通过使用纸牌搭建房屋，让学生了解工程建造领域中设计、实验、反思与改进的思维模式。在这个项目中，学生要自行找到使用纸牌搭建房屋的限制条件，在限制条件内找到解决方案，并通过实验评估方案的合理性，进一步完善设计。

书本上往往需要寻求最优解，但是在实际生活中，任何一个问题都是有限制条件的。学生需要习得工程师的思维方式，在限制条件内通过尝试，不断完善解决问题的方案，寻求一个次优解。这种思维方式有利于学生形成批判性思维，养成反思的习惯，对今后的学习、工作和生活有极大益处。

★ **课程领域**

工程、物理、数学、建筑学。

★ **建议年级**

二年级。

★ **建议时间**

基础课程：130分钟。

拓展课程：30分钟。

★ 课程任务

学生通过用纸牌搭建不同要求的房屋，了解限制条件这一概念。教师利用问题进行引导，让学生通过思考、讨论及实验，识别不同的限制条件，并学习根据限制条件对自己的设计进行相应的调整。通过完成纸牌屋承重的课程任务，学生感受现实生活中解决问题的思路，即识别限制条件、搜索资料、提出想法、选择一个想法并完善、测试并改进。

★ 教学过程

一、导入（20 分钟）

教师发给每个小组一副纸牌，宣布任务：只能使用纸牌，搭建一个至少高 30 厘米的房屋。

第一次的实验并没有过多的要求，只要达到 30 厘米这个条件即可，对于纸牌的使用方式也没有特别说明。在学生制作时教师应当观察各组情况，并用以下问题进行引导。

- 要求里有没有提到怎样使用纸牌是正确的？
- 纸牌能不能折叠、打孔、撕开？
- 使用胶水是否允许？使用胶带是否允许？
- 可以使用多少张纸牌？你认为是用尽量少的纸牌好，还是把整副牌用完好？

在这些问题的启发下，学生会对限制条件这个概念有进一步的认识。在下一次实验时，学生会首先在小组内统一对限制条件的识别，并在限制条件内进行设计和制作。

二、讨论（15 分钟）

在大部分小组完成纸牌屋搭建后，教师引导学生进行讨论，同时邀请一些有代表性的小组进行展示，说一说设计的思路和制作的过程。教师可以用以下问题进行引导。

- 在制作过程中出现了哪些问题？
- 你们是如何解决这些问题的？
- 这个建筑和真实的房屋有哪些不同？请举例说明。
- 你们小组设计制作的房屋结构是怎样的？

- 你们小组设计制作的房屋受到哪几方面的力的作用?
- 现实中的房屋为什么不会整体移动?

在这个部分,教师可以使用图片或者视频简单介绍房屋的结构。房屋结构如图2-6-1所示。

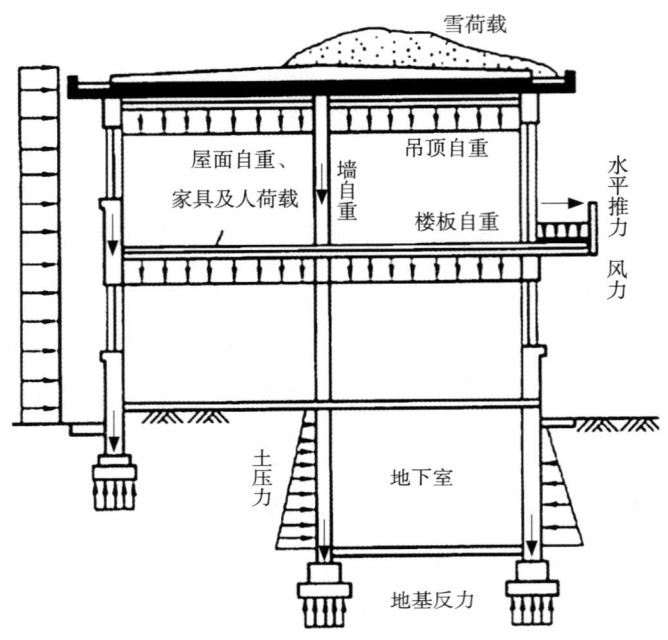

图 2-6-1 房屋结构

如果学生的力学基础知识足够,教师还可以引导学生讨论房屋的受力情况;如果学生不了解,那么在课程的最后部分进行讨论。

三、执行任务(95 分钟)

1. 出示任务和评价量规(5 分钟)

(1)任务:使用一副纸牌和热熔胶枪制作出高度至少为 30 厘米的房子,房子至少需要承受一本普通的、约 300 页、16 开书的重量而不倒塌。

(2)材料:纸牌一副,热熔胶枪。

(3)评价量规:见表 2-6-1。

表 2-6-1 纸牌屋设计评价量规

项目\分数	1 分	2 分	3 分
房屋功能结构	基本结构不完整	基本结构完整	除基本结构外,有墙、地板、天花板、房顶和地基
房屋高度	小于 30 厘米	大于 30 厘米,不到 40 厘米	达到 40 厘米
房屋强度	结构松散,不能承重	能够承受一本书的重量	能够承受至少一本书的重量
材料使用	使用了超过一副纸牌	使用了一副纸牌	使用了 40 张以内的纸牌
设计图	设计图不合格	有基本的结构设计	设计图完整,建造步骤合理,标注清晰,有使用材料预估
团队分工合作	团队成员无分工合作	团队成员有简单的分工合作	团队成员有清晰的分工,如设计师、建造工程师、监理和材料员等,合作顺畅
讲解和展示	由一到两人完成讲解和展示,讲解不完整,存在讲述不清晰的地方	团队进行讲解,讲解比较简单,没有反思或介绍步骤	团队进行讲解,思路清晰,步骤描述清楚,有反思

2. 设计(15 分钟)

各小组首先需要识别限制条件发生了哪些变化,然后在第一次设计的基础上进行改进。各小组可以从使用材料、达成目的方面分析任务发生了哪些变化。教师应当引导学生进行头脑风暴,选出较为合理的创意方案,然后进一步完善设计。小组达成一致后,开始设计图纸,要求房屋结构完整、搭建步骤清晰、使用材料标注清楚。完成设计后,各小组派代表到教师处领取纸牌和热熔胶枪。

3. 制作(35 分钟)

各小组按照设计图纸进行制作。

注意热熔胶枪的使用安全。如有必要,教师应当专门抽出时间来讲解热熔胶枪的使用方式,并确保组内每一名成员都试用一次。

在制作过程中,教师在各小组巡视。如果小组成员在制作过程中发现需要修正原来的设计,教师可以协助学生进行修正,并修改设计图。教师提醒学生记录修改的全过程。

4. 测试(10 分钟)

(1)测量纸牌屋尺寸。

（2）使用16开大小的书测量纸牌屋的承重能力。

（3）统计使用的纸牌数量。

5. 展示（30分钟）

给每个小组至少5分钟的时间介绍制作过程。从识别限制条件开始，教师可以适时提问学生任务的变化给小组的制作方案带来了哪些不同。其他小组也可以自由提问，被提问小组成员需做出回答。

四、总结（拓展课程，30分钟）

教师可以补充讲解房屋的基本知识，也可以选取一到两组有代表性的作品作为补充讲解的样品，并用以下问题引导学生进一步思考。

- 这个纸牌屋的建造是否合理？合理在什么地方？不合理之处在哪儿？
- 不同位置的纸牌分别承担了房屋的什么功能？
- 房屋的功能需求是什么？结构需求是什么？
- 房屋是尽量高好还是尽量矮好？

教师可以让在前一环节的展示中发言较少的学生回答问题。

七、撞上之前停下来
——初探减速运动

★ 课程背景与目标

加速运动和减速运动是牛顿力学体系中非常重要的运动形式，两者速度变化相反，但是道理是统一的，掌握其中的一个即可以很容易地掌握另一个。加速运动多与人类活动的进取方面相关；而减速运动则更多地和我们日常方方面面的安全事务相关，大到一颗人造卫星，小到一颗粒子，都可能需要利用减速运动来达到相应的目的，前者如用于内侧变轨，后者如用于核反应堆的中子控制。在日常生活中，减速运动多用在交通出行上。汽车、火车如果刹车制动失灵将造成难以估量的损失，结果可能是毁灭性的。为此，人类利用摩擦力制造了制动系统，以汽车为例，其作用是使行驶中的汽车按照驾驶员的要求进行强制减速甚至停车，使已停驶的汽车在各种道路条件下（包括在坡道上）稳定驻车，使下坡行驶的汽车速度保持稳定，不致失控。目前，各类汽车使用的制动器都是摩擦制动器，其阻止汽车运动的制动力矩来源于固定元件和旋转工作表面之间的摩擦。

为了更好地了解减速运动，可以借助实验。实验是指为了检验某种科学理论或假设而进行某种操作或从事某种活动。一些实验的结果往往是已经知道的或者是确定的，进行实验的目的是验证结果或找出导致结果不同的实验条件。在研究减速运动的实验中，摩擦力的作用是确定的，但是究竟在什么样的情况下会出现摩擦力的变化以及怎样变化，则需要学生自己动手通过实验去探究。

由此，本课程旨在让二年级学生了解减速运动的概念，了解科学家进行科学实验的方法，培养对正确运用工具、记录数据，最终得出科学结论的完整过程的认识。以摩擦力和减速运动为示例，本课程旨在引导学生思考已知条件和未知结果之间的联系。

★ **课程领域**

工程、物理、艺术。

★ **建议年级**

二年级。

★ **建议时间**

155 分钟。

★ **课程任务**

了解减速运动，学习如何让运动的物体降低速度直到停下来；认识常见的阻力、摩擦力等，了解它们对物体运动速度的影响；学习进行实验的基本方法，产生学习科学的兴趣；尝试用文字记录实验数据和实验现象，做出分析。

★ **教学过程**

一、导入（15 分钟）

1. 认识科学实验（10 分钟）

（1）以故事为引，讲述自由落体实验的故事。

（2）讲述科学实验的概念。教师可以在此处举出一些有代表性的科学实验的例子。

（3）启发学生思考进行科学实验的目的，以及为了达成目的科研人员需要做的工作。

（4）启发学生思考科学实验需要经历的过程，如预测、设计、准备、执行、观察、记录、分析和书写报告等。重点讨论预测、观察、记录和书写报告的意义与重要性。

2. 关于记录（5 分钟）

简单介绍假设、变量的概念。启发学生思考怎样才能准确记录或者更好地记录，有什么方法（如多次测量取平均值等）。

二、任务执行与反思（140分钟）

（一）第一个任务的执行与反思（70分钟）

1. 出示任务与评价量规（20分钟）

（1）任务：给定一个距离，要求小车从一块木板上滑下来，并在另一个平面上继续滑行，思考是否能够避免撞到这个距离上的障碍物（此距离指木板的下端与地面接触点到障碍物间的距离），在什么情况下会撞到，什么情况下不会撞到。学生先每个人制订实验计划，然后以小组为单位设计实验、完成实验，并列出结果。

（2）材料：尺子、玻璃纸、砂纸、毛巾、木板、玩具小车、胶带、剪刀、秒表。

（3）评价量规：见表2-7-1。

表2-7-1　小车下滑实验评价量规1

分数 项目	1分	2分	3分
实验计划	小组成员只有不到一半的人制订了实验计划，讨论后得出的实验设计过于简单，缺乏可操作性或不合逻辑	大部分组员都有自己制订的实验计划，讨论后得出的实验设计体现了步骤的先后顺序，但是存在错误步骤	所有组员均按照要求制订了自己的实验计划，并通过讨论得出了最佳方案。最终的实验设计步骤清晰，逻辑严谨，考虑周到，有较高的可操作性
表格设计	没有设计表格或表格设计和数据不能很好地匹配	表格设计和数据能较好地匹配，纵列横行的设计较合理	表格设计合理，组员准确理解纵列横行的意义
图的设计	没有设计图或图和表格没有很好的承接关系，图的设计和数据不能很好地匹配	图和表格中的数据能较好地对应	图较好地表达了表格的内容，甚至进行了延伸，刻度设计逻辑缜密
数据诠释	缺少对收集的数据的说明或无法解释为什么收集这些数据	对数据进行了解释，但是归因不全、部分错误或者收集了不当的数据类型	了解数据表示的意义，并准确地描述了数据和最终结论的关系
展示说明	在展示中，小组对实验过程的描述缺乏逻辑，不能说明结果或无结果	小组对实验过程进行了部分展示，但是展示不具体，部分显得混乱和无意义	展示清晰明确，有效地体现了实验的意图和特点，整体逻辑清晰无误

（4）出示任务和评价量规后教师还可提出一些问题让学生思考。

- 对于在不同材质上滑行的小车，大家有什么样的预测？在每次实验前，你的预测是什么？和实验的结果相比有什么不同？按照情况要求填写任务单（见附件2-7-1）。

- 除了滑行表面的材质以外，还有哪些因素会影响实验的结果？

提出问题后，给少量时间让各小组进行沟通准备。每个人都要写出自己的预测和实验计划，然后小组讨论执行什么样的实验计划。

2. 执行任务（20分钟）

正式执行任务，教师要求学生依照评价量规思考以下问题。

- 你的预测是什么？你们小组的预测是什么？怎样能用一句话或者简短的文字概括？
- 你的设计是什么？你们小组的设计是什么？如果分别列出每个步骤的话，共分为几步？
- 你认为实验前应该做好哪些准备？
- 你认为实验实施的时候应该注意哪些点？
- 怎样能使观察更方便、更准确？观察和记录的注意事项是什么？
- 你们认为观察到的结果该如何列入图表中？你们是否在实验前就设计了这样的表格和图的框架？它们包括了哪些内容？为何如此设计？
- 小组的分工如何？
- 小组总结出科学实验的模式了吗？如果有，是怎样的模式？

3. 总结和反思（30分钟）

全部小组完成实验后，教师组织学生讨论。

- 你们组是怎么分工的？
- 你们总结出科学实验的模式了吗？如果有，是怎样的模式？
- 在实验结果的基础上如何归纳影响小车运动的因素？有几种？它们之间有关系吗？
- 科学家是用哪种方式描述他们的研究过程和结果的？

4. 拓展任务（可选）

科学家针对实验进行的写作和作家进行的写作在你看来是否有区别？科学家的写作具有什么特点？为什么科学家要选择这种方式进行写作？

（二）第二个任务的执行与反思（70分钟）

1. 出示任务和评价量规（20分钟）

（1）任务：由教师设定一个固定了高度的木板以及木块起始滑行的位置，再在木块滑行的路面的某个位置放置一个小木块（即终点），让学生设计一个由两种及以上材料拼接而成的路面并将其放置在木板下方木块下滑的途中，看谁在规定的时间内（10分钟）能够拼出最好的路面让小车滑下来距离那个小木块最近且不发生碰撞（测量三次取最佳值，允许两次失败，即允许两次碰撞到小木块）。

（2）材料：尺子、玻璃纸、砂纸、毛巾、木板、玩具小车、胶带、剪刀、秒表。

（3）评价量规：见表2-7-2。

表2-7-2　小车下滑实验评价量规2

分数 项目	1分	2分	3分
实验设计与记录（即自制工作单）	实验设计缺乏条理性，测试的次数和记录过少，记录只有一至两条，且数据无法说明如何达到"最近而不发生碰撞"的目的	实验设计具有一定的条理性，测试的次数一般，记录在三至五条，但是实验结果没有达到"最近而不发生碰撞"的目的	实验设计具有较好的条理性，测试三次以上，记录在三条以上，且实验结果达到了"最近而不发生碰撞"的目的
表格设计	没有设计表格或表格设计和数据不能很好地匹配	表格设计和数据能较好地匹配，纵列横行的设计较合理	表格设计合理，数据表示清晰直观
图的设计	没有设计图或图和表格没有很好的对应关系，图的设计和数据不能很好地匹配	图和表格中的数据能较好地匹配	图较好地表达了表格的内容，甚至进行了延伸，图上刻度设计清晰缜密，符合逻辑
展示说明	在展示中，至少有一次没能成功地避免碰撞，或避免了碰撞但小车距离木块的最好成绩与其他组小车距离木块的最好成绩相比最远	在展示中，至少有一次成功地避免了碰撞，小组小车的最好成绩与其他组的最好成绩相比处于中游水平	在展示中，至少有一次成功地避免了碰撞，小组小车的最好成绩为各组中成绩最好的，即距离最短

2. 执行任务（20分钟）

正式执行制作任务，教师要求学生依照评价量规思考以下问题。

· 你们小组要运用几种材料制作路面？

· 哪种材料能让小车在最短时间内速度变慢？哪种材料能让小车变慢的过程最

不明显？

- 你认为实验前应该做好哪些准备？
- 材料是否要裁剪？这些裁剪是否有规律？如果有，是什么规律？
- 当把路面的两种材料的位置互换时，小车停下来的位置还一样吗？你是怎样预测的？测试的结果又如何？
- 你们认为观察到的结果该如何列入图表中？你们是否在实验前就设计了这样的表格和图的框架？它们包括了哪些内容？为何如此设计？

3. 总结和反思（30分钟）

全部小组完成实验后，教师组织学生讨论。

- 你们组是怎么分工的？
- 为了达到最佳的效果，使用的材料种类越多越好吗？你怎么认为？
- 你们觉得应当将更加粗糙的材料放在所制作的路面的靠后阶段还是靠前阶段？为什么？
- 得分高的小组在哪些方面做得比其他组要好？或者哪些方面让你印象深刻或受到启发？

4. 拓展任务（可选）

教师在其他给定高度上释放小车，请学生预测小车在各小组制作的拼接路面上能够滑行的距离。学生讨论如何利用图表，哪些数据是关键性的数据，并说出原因。

附件 2-7-1：任务单

材料	第几次测试	我的预测	实际情况	最终距离 （填写反弹或未碰撞时小车与障碍物间的最终距离）

八、隐藏自己
——保护色与仿生应用

★ **课程背景与目标**

生物对环境有三种常见的适应方式：保护色、拟态和警戒色。保护色指动物具有与环境色彩相似的体色；拟态是动物的形态、斑纹、颜色与其他生物或周围环境相似的现象；警戒色指动物在进化过程中形成的能起警告敌害、保护自身作用的鲜艳色彩。小学二年级学生并不需要对这三种方式的概念全部掌握，但是可以通过实验来理解保护色、拟态、警戒色的成因，三种方式在生物进化过程中的重要意义以及如何发挥作用，形成自己的认识而不仅仅是机械记忆。通过想象并动手制作适合某种生物生存的环境，深刻感受自然界的神奇之处，并在课程中尝试学习制作生物习性研究报告，初步感受科学研究报告的撰写过程。

★ **课程领域**

生物、艺术、语文。

★ **建议年级**

二年级。

★ **建议时间**

90 分钟。

★ **课程任务**

教师向学生介绍生物是如何通过各种手段在弱肉强食的大自然中保护自己的。

人类也常常从各种生物的生存方式中汲取灵感，例如，迷彩服的设计灵感就是从动物的保护色中获得的。通过在环境中找动物、迷彩服和环境连线两个活动，进一步加深对保护色概念的理解。最后，学生分小组通过手中的材料为一种动物设计适合其生存的环境，并制作出来。

★ **教学过程**

一、导入：神奇动物在哪里（10分钟）

教师向学生出示一组图片，请学生寻找环境中的动物。自然界中的许多动物都会通过一些手段来保护自己，例如，保护色就是常见的一种方式。教师列举一些图片，其中动物隐藏在自然环境中，请学生指出动物隐藏在了什么地方。

在学生对保护色的概念有初步的认识后，教师组织全班进行讨论。

- 你们还知道哪些动物身上有保护色？请举例。
- 保护色除了帮助动物躲避危险，还有什么作用？
- 除了保护色，动物还有哪些用来帮助自己生存的绝招？
- 通过想象和查找资料，思考这些生存技巧是怎么形成的。

二、游戏"连连看"（10分钟）

教师向学生解释，保护色是动物用来隐藏或保护自身的一种方式。保护色并不仅用来帮助弱小的动物躲避天敌，也能帮助捕食动物隐藏自身从而接近猎物。人类很善于向动物学习，根据保护色的这一特性，研制出了迷彩服。

教师给学生出示两组照片，请学生将迷彩服和适合的环境连线。通过连线学生会发现，保护色通常有两个方面的特点：一个是颜色接近，另一个是花纹颜色深浅和环境类似。这两个特点使有些动物可以很好地隐藏在环境中。

三、执行任务（50分钟）

1. 出示任务和评价量规（5分钟）

（1）任务：各小组将会拿到一个动物形象，这种动物可能是现实世界中存在的，也可能是想象中的。各小组需要分析这种动物的特点，然后根据动物的特点设计其生存的环境。

（2）材料：画笔、毛毡、绘图纸、棉花球、手工棒、胶水、剪刀、鞋盒、小石子、棍子或树枝、胶带。

（3）评价量规：见表2-8-1。

表2-8-1 动物生存环境制作评价量规

项目＼分数	1分	2分	3分
分析动物特点	提出了一至两个特点	提出了三个及以上的特点	提出了五个及以上的特点
环境设计方案	没有形成合理的设计方案	有较合理的设计方案	设计方案合理，分工和材料标注清楚
制作	制作工艺差，缺乏创意	制作工艺尚可	制作工艺较好，成品制作有美感、有创意
团队协作	没有分工合作	有基本的分工合作	分工合理，协作流畅
作品展示与讲解	展示不完整，讲解不清晰	展示较完整，讲解较清晰	团队讲解思路清晰、叙述生动、有想象力和故事性
生物习性研究报告	报告没有成型，不完整	对生物情况有基本描述，对环境也有简单的介绍	报告包括生物习性、特征、所属类别、生存环境等详细描述

2. 分析动物特点，设计环境制作方案（15分钟）

教师向学生出示可以使用的材料，将动物形象分发给每个小组，要求各小组就动物的特点和环境设计方案进行讨论，并形成统一的方案。教师在各小组间巡视，并用以下问题启发学生思考。

• 这种动物是什么类型的动物？

• 这种动物的嘴、耳、前肢、后肢等各有什么特点？

- 这种动物体形如何？
- 这种动物是白天行动还是夜间行动？
- 这种动物以什么为食？
- 这种动物是否会有天敌？如果有，设想一下是什么样子。

对于二年级的学生，教师可以使用较常见的动物。若在更高年级教授本课，教师不妨使用一些想象中的生物，让学生发挥想象力去描述这种生物的形态、特点和生活习性。

接下来，教师要求各小组将环境制作方案、将要使用的材料和小组分工画在设计图上并做好标注。通过前面的学习，学生会很容易联想到这种生物的生存环境应该和其外表颜色、生活习性息息相关。完成设计图的小组将设计图交给教师确认，教师发给小组制作材料，学生开始制作。

3. 制作动物生存环境，撰写报告（30分钟）

各个小组制作动物生存环境，同时应该有小组成员负责撰写报告。教师在各小组间巡视，用以下问题对学生进行引导。

- 如何全面地描述一种生物？除了前面提到的问题，你还能想到哪些？
- 生存环境包括了哪些因素？
- 如何描述这种生物的生存环境？
- 对于这种生物来说，除了环境，其他生物会不会对它产生影响？

报告的撰写，只需要学生能够对生物本身、环境因素、其他影响因素这三个方面进行简单的描述即可。至于是否合理，教师不做过多要求。

四、展示（20分钟）

给每个小组至少5分钟的时间展示本组作品和报告。展示形式不限，学生可以将情节和故事带入到作品展示中。展示完成后，教师应当向学生就生物习性、特征、所属类别、生存环境进行提问。其他小组也可以提问，小组成员回答。展示完成后，督促各小组对报告进行完善。

第 3 章

三年级 STEM 课例

一、太阳科学家
——对照实验的设计与实施

★ **课程背景与目标**

"万物生长靠太阳",确实,太阳对我们以地球为家的人类来说太重要了。地球上的能量主要是由太阳提供的,这些能量来源于太阳的光辐射和热辐射。这些能量是我们每天生存和生活所必需的,它们和水、氧气一起构成了整个地球上生命存在的最基本的物质条件。然而,随着环境的破坏,全球气温逐渐升高,平均气温升高也将显著影响物种的分布,许多物种会加速灭绝,从而破坏生态环境。从20世纪开始,由于人类活动等原因,地球上空的臭氧层逐渐变薄并出现空洞,太阳辐射中的紫外线大量到达地面,人类和其他生物也将因此受到过强紫外线的伤害。

今天我们必须面对现实,必须进一步深入地研究太阳,更多地了解它的运动规律,趋利避害。例如,在太阳能的利用方面应该还有许多可能,包括用生物技术改造藻类等植物的光合作用能力(现在的农作物对光能的利用率较低)。与此同时,采取措施规避它的危害,加强对太阳活动的观测,合理运用实验等科学手段进行研究。

本课程抓住"了解太阳"这一重要的出发点,通过让学生学习能量和热学的基本知识,更重要的是了解科学家进行科学实验(对照实验)的方法,培养学生对合理运用工具、记录数据,最终得出科学结论的完整过程的认识。

★ **课程领域**

工程、物理、地理。

★ **建议年级**

三年级。

★ **建议时间**

85 分钟。

★ **课程任务**

学习科学家进行实验的基本方法，了解对比实验的概念和特点，在兴趣的驱动下设计实验方案，思考如何精确测量数据，并试着用文字和图表记录实验数据和实验现象，做出分析。

★ **教学过程**

一、导入（20 分钟）

1. 简述对照实验的概念，了解学生对实验的认识（15 分钟）

（1）对照实验是实验的一种常规方法，是指进行某种实验以阐明一定因素对某一对象的影响或意义时，除了对实验所要求的研究因素进行操作处理外，其他因素都保持一致，并把实验结果进行比较的实验。教师可以在此处举一些对照实验的例子，例如，以小白鼠为例，通常药物实验需要两组小白鼠，一组注射药物，另一组注射等量的生理盐水，在一段时间后观察两组实验对象的不同反应以及其他可能出现的现象。

（2）通过例子，让学生了解对照实验通常将实验对象分为实验组和对照组并解释概念。实验组是接受实验变量处理的对象组；对照组也称控制组，对实验假设而言，是不接受实验变量处理的对象组。至于哪个作为实验组，哪个作为对照组，一般随机决定。这样从理论上说，由于实验组与对照组的无关变量影响是相等、平衡的，故实验组与对照组之间的差异则可认为来自实验变量的影响，这样实验结果是可信的。

（3）提问学生：单组实验和对照实验的不同是什么？为了达成对照的目的，需要做什么？为了使对照实验能良好地进行，哪些细节是需要特别注意的？这样做的目的是什么？

（4）重点讨论控制变量的意义与重要性。

2. 简单介绍变量以及变量彼此独立的概念（5分钟）

首先通过提问了解学生对变量概念的掌握情况；然后介绍变量独立是指变量之间没有相关性，两者不会相互影响或者在一定程度上一者不会成为另外一者的因或果。举例：以物体的体积和表面积作为变量时，这两个变量不是彼此独立的，因为通常体积增大的同时表面积也会变大，反之一样。两者有一定的相关性，而相关程度取决于物体的形状。

二、执行任务（40分钟）

1. 出示任务和评价量规（10分钟）

（1）任务：学生以小组为单位验证太阳光到底能否加热物体，说出自己的想法并设计实验，完成实验，并列出结果（该实验适宜在夏天进行）。

（2）材料：尺子、玻璃纸、食物夹、冰格、冰块、拉力计或弹簧秤、纸杯、小塑料袋、塑料薄膜、遮阳伞、手表或手机、黑色马克笔、纸托盘、放大镜、小扇子。

（3）评价量规：见表3-1-1。

表3-1-1　太阳光加热物体实验设计评价量规

项目＼分数	1分	2分	3分
实验计划与设计	实验计划由小组内个别成员制订，小组讨论后得出的实验设计过于简单，缺乏可操作性或不合逻辑	实验计划由几名组员制订，小组讨论后得出的实验设计表现了步骤的先后顺序，但是存在错误步骤	实验计划由全体组员制订，小组通过讨论得出最佳方案。最终的实验设计内容步骤清晰、逻辑严谨、考虑周到，拥有较高的可操作性
表格设计	没有设计表格或表格设计和数据不能很好地匹配	表格设计和数据能较好地匹配，纵列横行的设计较合理	表格设计合理，准确地表达了纵列横行的意义
图的设计	没有设计图或图和表格没有很好的承接关系，图的设计和数据不能很好地匹配	图和表格中的数据能较好地匹配	图很好地表达了表格的内容，甚至进行了延伸，刻度设计缜密

续表

项目 \ 分数	1分	2分	3分
变量控制	没有对变量进行说明	说明了变量的存在，但是对变量的归类模糊不清，没有说明对照组是为了对比哪个变量；或者说明了变量的种类，但是归纳不完全以及没有说明是如何对各种变量进行控制的	详细说明各种变量，说明了对照组所对比的是哪个变量，列举全面且说明了对各种变量是如何控制的
展示说明	在展示中，小组对实验从设计到结论的过程描述缺乏逻辑，不能总结出结果或无结果	小组对实验过程进行了部分展示，展示较具体，但是部分显得混乱和无意义	展示清晰明确，有效地体现了实验的意图和特点，整体逻辑清晰无误

（4）出示任务和评价量规后可追问一些问题。

• 对于实验结果，大家有什么样的预测？

• 大家觉得除了阳光直射这个条件以外，还有什么条件会影响冰的融化？对于这些条件，我们应当如何控制？

提问后，给少量时间让各小组进行沟通准备。每个人都要提出自己的想法和实验计划，然后小组讨论执行什么样的实验计划。

2. 执行任务（30分钟）

正式执行制作任务，教师要求学生依照评价量规思考以下问题。

• 你们小组的预测是什么？

• 你们的设计是什么？你们希望收集到什么样的数据来支持你们的预测？

• 你们认为实验前应该做哪些准备？

• 你们认为实验时应该注意哪些细节？例如，为了保证准确测量，如何利用工具来一滴不漏地收集冰块融化后的水？如何保证这些水不会蒸发到空气中导致质量变小？你们认为应当如何避免这些问题？

• 怎样能使观察更准确？观察和记录应如何合理分工？

• 你们认为观察到的结果该如何列入图表中？是否在实验前就设计了这样的图表框架？框架包括了哪些内容？为何如此设计？

• 小组的分工如何？

3. 可能出现的问题

在实验方法的设计中，学生由于经验有限，可能会出现考虑不周全的情形。教师应提前做好应对准备，并想办法在学生实验的过程中用提问的方式引导学生更好地完成实验。

- 当学生用拉力计或者弹簧秤测量冰融化产生的水的质量或者剩余冰块质量的时候，教师引导学生思考：承载水或冰的容器是否会导致数据被错误地测量？如何解决这个问题？
- 当学生在测量冰融化产生的水的质量的时候，教师引导学生思考：水的蒸发是否会导致测量出现问题？如何解决这个问题？
- 当学生将冰块放置在盘子等水平容器而不是玻璃杯等有深度的器皿中测量时，教师引导学生思考：空气的流动或者四面吹来的风是否会影响观测的结果？如何解决这个问题？
- 提供的材料如黑色马克笔、纸托盘、放大镜、小扇子可以用来做什么？是否能加快冰块的融化？为什么？
- 黑色马克笔、纸托盘、放大镜、小扇子等在实验中可以如何使用？哪些使用方法利用了太阳的能量？哪些没有？
- 为了保证对照实验各项被控制条件的一致性，如果使用黑色马克笔、纸托盘、放大镜、小扇子等要注意什么？

三、总结和反思（25分钟）

全部小组完成实验后，教师组织学生讨论。

- 你们组是怎么分工的？
- 你们总结出对照实验的模式了吗？如果有，是怎样的模式？
- 在实验结果的基础上，可以如何归纳冰融化速度的影响因素？有几种？它们之间有关系吗？
- 是否可以不用遮阳伞，而将实验组放置在户外、对照组放置在室内进行对照实验？为什么？

拓展作业：请学生回家设计一组对照实验，证明只有在较为温暖如室温的情况下种子才会比较快速地发芽。

二、超级跷跷板
——平衡极限挑战

★ **课程背景与目标**

广义的平衡在生活中很广泛，比如很多人都在寻求工作与生活的平衡、寻求健康与饮食的平衡等。从狭义而言，科学上的平衡是一种状态，在这种状态下，物体的各项参数明确，容易界定。对学生而言，在研究力学平衡现象的数学关系之前，直观地构造一个物体的平衡状态，并在此基础上进行深入的研究是非常有意义的。

在构建平衡如杠杆平衡中，学生将能够直观地学到很多物理概念、实验器材和测量方法等，比如，认识杠杆尺、钩码等实验器材，了解杠杆尺的组成，了解重力、力臂等概念，能准确判断平衡状态与不平衡状态，准确记录实验数据，根据探究过程和记录的实验数据分析、归纳出杠杆尺平衡的规律，并利用规律制造更复杂的平衡状态。

★ **课程领域**

物理、数学。

★ **建议年级**

三年级。

★ **建议时间**

120分钟。

★ 课程任务

学生首先尝试使用给定的材料制作一种平衡状态，通过对这种平衡状态进行逐渐深入的了解和科学测量，掌握平衡状态的数学规律。学生尝试利用规律创造更加复杂的平衡状态并展示说明。

★ 教学过程

一、导入：身边的杠杆（20分钟）

1. 介绍杠杆的概念（5分钟）

（1）简单说明什么是杠杆。杠杆是在力的作用下能够绕着固定点转动的杆。这个定义比较抽象，教师可以举一些例子，拉近定义与现实的距离。

（2）让学生进行头脑风暴，分组讨论生活中常见的杠杆。之后，各小组在全班汇报头脑风暴的结果，完成课程的导入。常见的杠杆有镊子、划桨、筷子、剪刀、老虎钳、天平等。此外，杠杆不都是直的，还可以是弯的。

2. 提出引导性问题，启发学生思考（10分钟）

（1）天平为什么能够平衡？什么条件能够让天平平衡？

当天平左侧物体的重量和右侧砝码的重量相等时天平平衡。

（2）在天平这个杠杆系统中，有哪些变量？

物体的重力（由重量产生的重力）和砝码的重力（由重量产生的重力）。

（3）称这种杠杆为什么能够保持平衡？

这个问题对于小学生而言稍微复杂了些，教师可以给出科学依据。

（4）在称这个杠杆系统中，有哪些变量？

两侧物体（包括砝码）的重力（由重量产生的重力），支点到物体的距离，或者说支点到力的作用点的距离。准确地讲，变量就是动力、动力臂、阻力、阻力臂。

3. 给出平衡公式，继续深入验证（5分钟）

给出平衡公式，即动力 × 动力臂 = 阻力 × 阻力臂。

让学生使用杠杆尺、钩码等实验器材设计方案并验证这个公式。

注意：先不要给出力臂的测量方法，学生也许会直观地认为支点到力的作用点的距离就是力臂。

二、任务执行与反思（100 分钟）

（一）第一个任务的执行与反思（50 分钟）

1. 出示任务和评价量规（5 分钟）

（1）任务：教师给出工作单，要求学生用身边不知重量的物品创造三个平衡的跷跷板（能指出动力臂和阻力臂），要求三个平衡装置的力臂不同，至多一个平衡装置的两个力臂相等。然后各小组测量力臂长度、物品的重量，并对自己组创造的跷跷板做出静力分析，归纳力和力臂之间的关系。计算跷跷板左右两端的力矩，比较是否相等，若有误差，讨论误差来源。在此过程中，教师允许并鼓励学生通过调整支点或者物品离支点的距离以平衡两个不同重量的物品。

（2）材料：一次性餐具或者纸杯、各种重量不同的小物品、铅笔、直尺、胶带、测力计。

（3）评价量规：见表 3-2-1。

表 3-2-1 跷跷板制作评价量规

项目 \ 分数	1 分	2 分	3 分
画结构图	只画出了草图	画出结构图，并做了简单标示	画出结构图，详细标明重力、支点和力臂
平衡情况	简单的等力平衡	简单的不等力平衡	复杂的多力平衡
组内合作	由少数组员完成所有工作，工作单没完成	所有组员都有参与，但分工不是很明确，工作单基本完成	分工合理，合作顺畅，工作单完成，内容翔实
汇报总结	一名组员汇报，内容简单，讲解不太清晰	一至两名组员汇报，内容较翔实，讲解较清晰	两名及以上组员汇报，内容充分、翔实，讲解清晰

2. 执行任务（20 分钟）

正式执行制作任务，教师要求学生依照评价量规思考以下问题。

- 你们小组将哪些部分看作动力臂与阻力臂结合的整体？
- 你们是如何利用材料的？这些材料是否有弯折的特性？如果有，它会影响动力臂与阻力臂的测量吗？
- 如何标示设计结构图？如何将数据部分标注得清晰准确？
- 你认为制作和测量时还应该注意哪些细节？

- 怎样才能达成复杂的多力平衡？

3. 总结和反思（25分钟）

全部小组完成任务后，教师组织学生讨论。

- 你们组对平衡的设计是先计算后设计还是先设计后验证计算？是否用某种方法代替了计算？方法是什么？
- 在你们对实验所产生的设想中，最大的困难是什么？
- 你们最终利用现有材料完成的平衡和设计中的平衡是否存在一些差异？这种差异是如何产生的？
- 扩展：想一想，是否有办法完成存在三个不同位置或方向的受力以达成统一的平衡结构？你认为应当注意什么？

（二）第二个任务的执行与反思（50分钟）

1. 出示任务和评价量规（5分钟）

（1）任务：学生以小组为单位设计一个平衡装置，该装置包括四个或四个以上晾衣架。对于复杂度较高的装置，可给予加分奖励。

（2）材料：线、晾衣架、手工棒、毛茛、彩纸、纸板或者卡纸、胶带、胶水、钩码（限量供给，配重用，需要学生开动脑筋来合理运用）。

（3）评价量规：见表3-2-2。

表 3-2-2　平衡装置制作评价量规

分数 项目	1分	2分	3分
画结构图	只画出了草图	画出结构图，并做了简单标示	画出结构图，详细标明重力、支点和力臂
力和力臂测量	没有测量数据	只做了基本的测量	测量完整
平衡情况	全部是等力平衡	等力平衡和不等力平衡都有	复杂的多个不等力平衡
组内合作	由少数组员完成所有工作，工作单没完成	所有组员都有参与，但分工不是很明确，工作单基本完成	分工合理，合作顺畅，工作单完成，内容翔实
汇报总结	一名组员汇报，内容简单，讲解不太清晰	一至两名组员汇报，内容较翔实，讲解较清晰	两名及以上组员汇报，内容充分、翔实，讲解清晰

2. 执行任务（20分钟）

正式执行制作任务，教师要求学生依照评价量规思考以下问题。

- 你们小组将哪些部分看作动力臂与阻力臂结合的整体？
- 在制作过程中你们是如何进行分工的？
- 如何标示设计结构图？对于像衣服这样形状不规则的物体，该如何明确它的重心及受力点？如何悬挂固定？
- 你认为实验过程中还应该注意哪些细节？
- 怎样才能达成复杂的多力平衡？

3. 总结和反思（25分钟）

全部小组完成任务后，教师组织学生讨论。

- 你们组在制作平衡装置的过程中有没有考虑材料的特性？（如形变）
- 对于比较柔软或没有固定形态的材料，你们是如何利用和处理的？
- 形变差异极大的材料是否能够作为动力臂或阻力臂？为什么？

扩展：想一想，三个不同位置或方向的受力能否达成统一的平衡结构？你认为应当注意什么？

三、盒子吉他
——弦的振动频率与音调

★ **课程背景与目标**

许多小学生对音乐感兴趣,喜欢唱歌,但探索和感知音乐的方式较单一,且对音乐知识了解不多。因此,如果能有一种方法兼顾音乐背后的科学探索与音乐的学习和创作,无疑可以在提高学生动手能力的同时,让学生收获科学知识,增强音乐感知力。

制作乐器就是一种探索与感知音乐的方式,学生可以在此过程中了解制作原理,增进对音乐知识的理解。虽然音乐很抽象,但乐器是实际存在的,学生在制作乐器的过程中可以了解波形与音色的关系、振幅与响度的关系、频率与音调的关系,能够直观地体会声音的传播与旋律的形成,在学习物理知识的同时又熟悉了音乐知识,这是与一般课堂完全不同的学习体验。

探索永远是儿童感兴趣的事情,自制乐器不仅可以丰富音乐课堂教学,而且可以培养学生的综合能力。有趣的现象还可以与学生的数学及科学学习结合起来,使学生在观察现象的同时学习物理知识,并使用数学工具对物理量进行测定,对物理规律进行描述。

★ **课程领域**

物理、数学、音乐。

★ **建议年级**

三年级。

★ **建议时间**

100 分钟或 155 分钟。

★ **课程任务**

首先学生了解声音产生的基本原理，了解声波；然后教师给出视频，学生观察并记录波形特征；之后，学生以小组为单位制作一根弦的乐器，尝试通过改变振动频率来演奏 Do、Re、Mi、Fa、Sol、La、Si；最后，各小组制作一把四弦吉他，尝试创作乐曲、弹奏并展示。

★ **教学过程**

一、导入：介绍声音的有关知识（30 分钟）

1. 讲述关于声音和音乐的名人故事（5 分钟）

贝多芬是人类历史上的著名音乐家之一。贝多芬的奏鸣曲堪称"天国之音"，对古典乐的发展贡献极大。但贝多芬 26 岁时听力开始衰退，不久双耳完全失聪，可他并没有怨天尤人，仍旧坚持他的音乐创作。耳朵聋了听不见怎么办？贝多芬用筷子插进钢琴的发声器，以振动来辨别音调，最终创作出了著名的《第九交响曲》。

2. 切身体会声音的发出（10 分钟）

（1）教师可以让学生一边说话一边摸喉头位置，体会喉头是在不断振动的。当用力按住喉头时，会发现发声困难或声音出现了变化。

（2）弹奏吉他、古筝、琵琶等乐器时，需要拨动琴弦乐器才能发出声音。当停止拨动时，琴弦慢慢停止振动，琴声逐渐消失。所以，声音是由正在振动的物体所产生的。而正在振动发声的物体就叫作声源。

（3）用手指拨动伸出桌外的直尺，会感到振动；桌面上放一些细沙，然后拍击桌面，发现细沙也随着跳动，这说明桌面在振动，并把振动传递给了细沙（有条件的话可以将音响的音炮部分朝上，上面覆盖纸张并固定，撒上细沙，然后播放音乐，让学生仔细观察现象）。

3. 举例讲解声音的传播方式（5 分钟）

教师在教室里点名，让学生能够听到教师的声音，说明空气可以传播声音；花样游泳的运动员可以随着音乐表演，说明水也是可以传播声音的；在古代，侦察兵（斥候）将耳朵贴在地面上，通过感知地面是否振动来判断是否有骑兵来袭，说明大地也能传播声音，并且比空气传播得快；气体、液体和固体都能传播声音。这些能够传播声音的物质叫介质。在真空中，声音无法传播。

4. 介绍声速的概念（5分钟）

声音在传播时是有速度的，声音传播的快慢叫声速，与介质相关。例如，雷雨天，雷声要慢于闪电的出现，就是因为声速比光速小。常温下，空气中的声速为340米/秒。军事上的超声速战斗机，意味着这些战斗机飞得比空气中的声音还要快。

5. 用身边的材料创造声音（5分钟）

让学生进行头脑风暴，以小组为单位用身边的材料创造声音。之后，各小组间展示交流，完成课程的导入。

二、画一画（15分钟）

教师播放视频，视频中手机在吉他中播放音乐，从视频中可以看到吉他琴弦的振动，让学生仔细观察，尝试画出琴弦的振动轨迹。

三、任务执行与反思（110分钟）

（一）第一个任务的执行与反思（55分钟）

1. 出示任务和评价量规（10分钟）

（1）任务：利用给定材料制作一个只有一根弦的乐器，并对乐器进行装饰，使其美观，标出音节。教师可以通过互联网找一段用一根弦自制乐器演奏的视频，让学生看视频，找灵感，并尝试使用不同的弹奏指法，用自己小组设计制作的乐器演奏一段乐曲。

（2）材料：纸盒子、各种橡皮筋、渔线（要求粗细不同）。

（3）评价量规：见表3-3-1。

表3-3-1 一根弦乐器制作评价量规

分数 项目	1分	2分	3分
音节标示	无音节标示	有简单的音节标示	有详细的音节标示
外观	无装饰，无设计	有简单的装饰	有设计感
完成任务	未全部完成任务	完成任务	完成任务又快又好

续表

分数\项目	1分	2分	3分
组内合作	由少数组员完成所有工作	所有组员都参与制作，但分工不是很明确	分工合理，合作顺畅
展示	只展示成品	展示成品并配上简单的原理说明	展示成品并配上简单的原理说明，演奏一小段大家熟悉的音乐

2. 执行任务（20分钟）

正式执行制作任务，教师要求学生依照评价量规思考以下问题。

- 弦的固定应当注意什么？
- 有哪些辨别标准音位置的方法？
- 你们认为可以进行哪些设计来使得乐手更容易弹奏你们的乐器？
- 你们制作的乐器的弦的松紧程度是否可以调节？如何调节？是否方便调节？
- 乐器是否有相应的说明书？
- 小组分工如何？

3. 总结和反思（25分钟）

全部小组完成制作后，教师组织学生讨论。

- 你们组音高标注是否采取了多次测听取平均值的方式？这样的方式好不好？
- 独弦乐器在音乐的表现力上有什么缺点？
- 你们进行了刻度标注之后，能否发现音高和刻度间距之间的某种规律？

（二）第二个任务的执行与反思（可选，55分钟）

1. 出示进阶任务和评价量规（10分钟）

（1）任务：学生以小组为单位制作一个三根弦或四根弦的乐器，可以让学生看视频，找灵感。

（2）材料：纸盒子、各种橡皮筋、粗细不同的渔线。

（3）评价量规：见表3-3-2。

表 3-3-2　弦乐器制作评价量规

分数 项目	1 分	2 分	3 分
音节标示	无音节标示	有简单的音节标示	有详细的音节标示
外观	无装饰，无设计	有简单的装饰	有设计感
完成任务	未全部完成任务	完成任务	完成任务又快又好
组内合作	由少数组员完成所有工作	所有组员都参与制作，但分工不是很明确	分工合理，合作顺畅
展示	展示成品并配上简单的原理说明	展示成品并配上简单的原理说明，同时演奏一小段大家熟悉的音乐	展示成品并配上简单的原理说明，同时献歌一首

2. 执行任务（20 分钟）

正式执行制作任务，教师要求学生依照评价量规思考以下问题。

- 弦的固定应当注意什么？
- 有哪些辨别标准音位置的方法？
- 你们认为可以进行哪些设计来使得乐手更容易弹奏你们的乐器？
- 你们制作的乐器的弦的松紧程度是否可以调节？如何调节？是否方便调节？
- 乐器是否有相应的说明书？
- 多根弦之间的距离如何设计？
- 多根弦的粗细和材质如何选择？选择在什么位置进行固定？

3. 总结和反思（25 分钟）

全部小组完成制作后，教师组织学生讨论。

- 你们能听出来有的小组制作的琴的和弦非常和谐，有的则好像匹配出现了问题，这是为什么？
- 独弦琴在音乐的表现力上有什么缺点？多弦琴的优势在哪里？多弦琴的弹奏难点又在哪里？如何克服？
- 进行刻度标注之后，能否发现不同弦上的音高和刻度间距之间的某种规律？

四、建造高塔
——严格条件下寻找最优解

★ **课程背景与目标**

最优解问题是从数学中衍生出来的概念。它原本指的是使线性规划的目标函数达到最大值或最小值的任何可行的解和对该解存在与否、如何求得的数理演绎。而在一般性的问题解决中，它指的是对现实生活中某个可以量化的问题在给定的有限条件下的解的探讨，对最佳办法是否存在以及如何设计和执行的问题的探讨。最优解问题有可能存在答案甚至不唯一的答案，但是也可能不存在答案。

最优解问题往往是运筹学和博弈论所要解决的问题。运筹学主要研究经济活动和军事活动中能用数量来表示的有关策划、管理方面的问题，以及生活中其他方面的问题。它利用现代数学，特别是统计数学的方法，研究人力、物力的运用和筹划，使能发挥最大效率。

本课程旨在让三年级学生了解工程实验的过程，培养学生对工程设计的认识。同时，在具体问题的具体分析中，以及动手实践中，让学生以双手带动大脑，就最佳设计的方式和思路展开讨论，也引导他们对最优解有一些感性和概念性的认识。

★ **课程领域**

工程、物理、建筑学。

★ **建议年级**

三年级。

★ **建议时间**

135 分钟。

★ **课程任务**

在给定材料数量的前提下，要求学生运用数学思维和实际动手能力，尝试寻找最佳方案，练习在有限的条件下对多种解决问题的方法进行归类和分别处理的能力，培养对细节的认识、观察以及综合理解的能力。

★ **教学过程**

一、导入（15 分钟）

1. 阐述极限和最优解的概念（10 分钟）

（1）举例说明数学中的极限。例如，先说一个小数 0.1，然后让第一个学生说一个比 0.1 小但是比 0 大的数，再让第二个学生说比第一个学生说的数还小但是比 0 大的数，以此类推。之后询问学生，这样的数可以一直小到多少，能有多少个这样的数。当学生回答是无数个之后，解释这样的数是永远到不了 0 那么小的，但是会一直越来越小，不断地接近 0。0 就是这一串数变化的极限。

（2）极限的定义。通俗地讲，极限是某个事物或某类事物发展的上限或者下限，是无法跨越的一种程度。在数学上，极限还有不同的含义，指的是变量逐渐变化，趋向的一个定值。这个值有可能达不到，但可以无限趋近。

（3）举例说明什么是生活中运筹问题的最优解。例如，以班级中某个小朋友早晨起床叠被子、洗漱、烧开水、烤面包到上学为例，所有工序的完成可能有几种最佳的顺序。如在烧开水（4 分钟）的时候可以洗漱（2 分钟）和/或叠被子（1 分钟），或者在烤面包（6 分钟）的时候洗漱（2 分钟）和叠被子（1 分钟）。其中可能出现一种或者多种在最短时间内完成多项任务的安排方式，这样任意一种最佳时间安排方式就是一种最优解。

（4）最优解的定义。从概念上来说，最优解是在规划中产生所需要的最大值或最小值的那个解决方案，有的情况下可以是多个。

2. 强调资源的有限性并做出对有限资源运用的建议（5 分钟）

在这次课程中，材料都是有限的，并且在寻找最佳方案的前提下可能会反复使用。所以必须进行合理规划，考虑在实验过程中材料的可重复利用问题。

二、任务执行与反思（120分钟）

（一）第一个任务的执行与反思（65分钟）

1. 出示任务和评价量规（10分钟）

（1）任务：首先让学生通过观察判断给定的材料能够制作的高塔最高极限，并说出如何得出这个极限值。之后使用给定的材料（材料定量）进行两次实验，通过实验使结果不断接近自己观察判断得出的极限值，可以修正制作方式。在此过程中必须考虑材料的重复利用。

（2）材料（每组）：30根吸管、剪刀（1或2把）、60厘米长的胶带、尺子（1或2把）。

（3）评价量规：见表3-4-1。

表 3-4-1　高塔制作评价量规

项目＼分数	1分	2分	3分
文字及图画设计	缺少文字和画图设计	设计了文字和图画说明，但是说明较混乱、缺少条理，没有用数字进行定量说明或者没有关键性的箭头指示等	合理地设计了文字和图画说明，对设计结构的表述条理清晰，对每部分使用的材料进行了加工和用量的详细介绍
分工合作	分工不明确，每个成员不知道各自应该做什么	有基本的分工，但是分工不系统，或执行分工不彻底，或出现没有承担任务的成员	有明确的分工且贯彻实施，每个成员都安排了相应的任务，并且每个人明确自己的任务，有组织地执行
极限估算	没有对高度的极限进行估算	对极限估算有不合理或者不符合数学规律的地方，估算的论据有些含糊不清	依照当前的材料进行了合理的估算，并且给出了较为可信的理由
材料的重复利用	在实验时没有考虑材料的重复利用，或者最终可重复利用的材料极少	考虑了材料的重复利用，但是执行不彻底或没有详细的计划，材料重复利用率不高	合理严谨地考虑了材料的重复利用问题，并且认真执行，大部分材料在实验中可以重复利用

2. 提问启发学生思考（10分钟）

• 每个小组计算或估算的极限值是多少？是否有相同的？如果极限值相同，是否各自的设计一致？

• 计算得出的极限值在实际中是否能够实现？在实际操作中会遇到哪些困难？请列举出来。

提问后，给少量时间让各小组进行沟通准备。每个人都要写出自己的想法和实验计划，然后小组讨论执行什么样的实验计划。

3. 执行任务（20分钟）

正式执行制作任务，教师要求学生依照评价量规思考以下问题。

- 你们小组最终讨论确定的极限值是多少？
- 为了尽可能接近这个数值，你们的设计是如何考虑材料利用的？
- 为了进行多次实验，你们是如何使用吸管的？又是如何使用胶带的？它们彼此之间怎样连接？还有没有其他的连接方式？连接能保持稳固吗？
- 你认为实验执行的时候应该注意哪些细节？
- 当你们估算极限值的时候，是否真的考虑了所有的可能性？有没有可能通过对材料的进一步加工而改变极限值？
- 小组分工如何？

4. 总结和反思（25分钟）

全部小组完成实验后，教师组织学生讨论。

- 你们组对极限值的估计进行了几次？出现了几个极限值？是什么理由推翻了之前的估算？
- 在你们的实验设想中，在接近理论的极限值方面最大的实际困难是什么？
- 你们最终是如何做到重复利用现有材料的？

（二）第二个任务的执行与反思（55分钟）

1. 出示任务和评价量规（10分钟）

（1）任务：以小组为单位，用材料制作一个高1.4米的高塔（底部不得粘在桌面上），要求进行图形和文字的设计，使用所给的材料，高塔必须保证站立且能承受一定重量。尽量节省材料成本。看哪个组设计的作品能达到物美、价廉的平衡。

（2）材料（每组）：30根吸管、剪刀（1或2把）、60厘米长的胶带、尺子（1或2把）。

（3）评价量规：见表3-4-2。

表 3-4-2 承重高塔制作评价量规

分数 项目	1分	2分	3分
文字及图画设计	缺少文字和图画设计	设计了文字和图画说明，但是说明较混乱、缺少条理，没有用数字进行定量说明或者没有关键性的箭头指示等	合理地设计了文字和图画说明，对设计结构的表述条理清晰，对每部分使用的材料进行了加工和用量的详细介绍
分工合作	分工不明确，每个成员不知道各自应该做什么	有基本的分工，但是分工不系统，或执行分工不彻底，或出现没有承担任务的成员	有明确的分工且贯彻实施，每个成员都安排了相应的任务，并且每个人明确自己的任务，有组织地执行
塔高	没有达到1.4米的高度	基本接近1.4米的高度	达到1.4米的高度
顶端承重	顶端无法承重，或承重为所有小组中最小	顶端承重为所有小组的中游水平	顶端承重为所有小组中最大
材料成本统计	材料成本在所有小组中最高	材料成本在所有小组中处于中游水平	材料成本在所有小组中最低

特别说明：为了防止学生在最后两项中"专注于一项评分而放弃另一项"，教师可以酌情对最后两项的评分进行加权处理，使得学生完成增加承重和减少成本任务后的评分回报率大体相仿。

2. 执行任务（20分钟）

正式执行制作任务，教师要求学生依照评价量规思考以下问题。

- 如何保证高塔不倒下？如何保证高塔的倾斜角最小？
- 为了尽可能接近这个极限值，你们的设计是如何考虑材料利用的？
- 哪些设计是为了稳固高塔？哪些设计是为了让高塔更高？
- 你们认为是什么因素导致了小组制作的高塔产生倾角？
- 小组分工如何？

3. 总结和反思（25分钟）

全部小组完成制作后，教师组织学生讨论。

- 目前得到的最优解属于哪个小组？是否还有改进的空间？
- 为了获得最优解，还有什么项目是需要提前测量的？桌面的微小起伏是否会影响最终的结果？
- 你们有没有可能通过对材料的进一步加工而改良现有的最优解？

五、跨越河道

——解决问题的多种思路

★ **课程背景与目标**

本节课学生将学习桥梁的建造方案,但重点并不是要对桥梁的力学性能和结构特性进行深入的研究,而是对问题进行抽象、重定义、分析以及寻找合理的解决方案。学生需要了解,不同的材料有不同的性质,利用材料的不同性质的方法也不相同,由此引发学生对材料使用方式的深入思考。在现实生活中,我们往往会遇到一个问题的解决方案是开放性的,如何开阔思路提出创意、集中思路选择一个创意进行进一步的方案设计,直至形成最后的解决办法,这种解决现实问题的思维方式对学生来说是不可或缺并应该及早锻炼的。

★ **课程领域**

工程、物理、技术。

★ **建议年级**

三年级。

★ **建议时间**

90 分钟。

★ **课程任务**

学生将从教师提供的材料中自行选择,自选桥梁的形式,制作一座跨度为 30 厘米长的桥梁,使桥梁至少可以承载一辆玩具小车。通过制作桥梁以及对桥梁承重性的评估，学生要对不同桥梁之间的异同点和各自特点进行简单的分析。

★ **教学过程**

一、导入（10 分钟）

教师给学生播放一段桥梁建造的视频，在视频播放完毕以后，引导学生讨论。

- 你见过几种形式的桥梁？能否在黑板上画出来？
- 你认为桥梁搭建应该遵循什么步骤？请简单叙述。
- 视频中提到的桥梁是什么形式的桥梁？搭建过程是怎样的？
- 如果你来分类，你觉得这些桥梁可以分成几类？每一类的共同点是什么？

讨论以后，教师可以借助图片或实物展示桥梁模型，向学生简单介绍常见的桥梁名称和特点。在后面的讨论中，教师可以鼓励学生使用这些术语进行讨论。

一些常见的桥梁形式如图 3-5-1 所示。

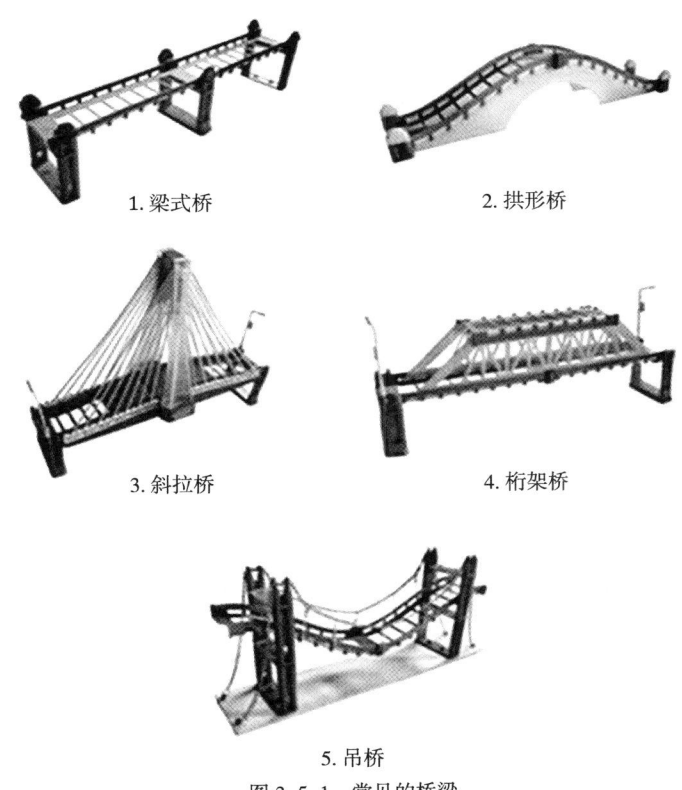

图 3-5-1　常见的桥梁

二、执行任务（55分钟）

1. 出示任务和评价量规（5分钟）

（1）任务：各个小组选择一种桥梁形式，根据选择的形式进行设计并选择需要使用的材料，最终制作一座能够承载一定重量的桥梁，跨度至少为30厘米。在制作过程中考虑成本，最终成品的重量会直接影响到评价结果（自重越重的成品分数越低）。

（2）材料：纸杯或塑料杯、吸管、手工棒（不同规格的）、牙签、绘图纸、棉线、剪刀、胶水、胶带、重物模拟玩具小车。

（3）评价量规：见表3-5-1。

表 3-5-1 桥梁制作评价量规

项目 \ 分数	1分	2分	3分
桥梁跨度	跨度小于30厘米	跨度等于30厘米	跨度大于30厘米
桥梁自重	重量最重	重量居中	重量最轻
制作工艺	制作工艺较差	制作工艺一般	制作工艺较好，成品较美观
团队分工合作	没有分工合作，组员不清晰自己的角色	有分工合作，但协作流畅性一般	分工合理，协作流畅
展示和讲解	展示不清晰，讲解流畅性一般	展示较完整，讲解较流畅	对选择方案、设计和制作过程讲解清晰，对不同桥梁形式的特点进行了直观的分析和比较

2. 设计桥梁搭建方案（15分钟）

学生分小组进行讨论，确定设计方案，并绘制出来，对材料和组员分工进行标注。

在学生设计的同时，教师应该进行巡视，对迟迟不能决定使用哪一种方案的小组进行指导，帮助他们选定一种方案。

3. 建造桥梁（30分钟）

设计好的小组将设计图交给教师检查，并领取制作材料。

在材料的发放上，应该贴近现实情况，所有的工程问题都是有限制条件的，包括材料、资金、人力和其他资源。在学生领用材料的时候，教师就要告知学生，桥梁的总重量越重，得分就会越低，并对学生每次领用的材料进行称重记录，以让学生增强工程意识，谨慎使用手中的材料。

在学生建造桥梁的过程中，教师应当在全班巡视，提醒学生建造的同时要使用小车对桥梁进行载重测试，以确保建造出的桥梁能够承载重物。如果发现桥梁的设计不够合理，教师应该提醒学生及时调整设计和建造方案。

4. 测试（5分钟）

完成建造的小组请教师检查成品，测量桥梁跨度和重量并进行载重测试（见表3-5-2）。没有通过测试的小组，也先不用立即重新建造，教师应该在黑板上记录每一组的成绩，以便于后面的总结和讨论。

表 3-5-2　桥梁测量用表

	桥梁形式	跨度	承载	自重（克）	优点	缺点
第一组	梁式桥	>30厘米	通过			
第二组						
……						

三、展示和总结（25分钟）

给每个小组至少5分钟的时间对桥梁作品进行展示。每个小组需要展示创意、设计、分工、建造和最终完善的过程，同时还要对本组设计的桥梁的应用进行展示。

教师可以以提问的形式对各个小组进行提示，其他小组也可以提问，被提问小组成员回答问题。在各个小组展示的同时，教师应该提示小组成员对自己小组设计和建造的桥梁的特点进行分析，并与其他组的桥梁进行比较，以掌握不同形式的桥梁的特点。教师可以用以下问题向学生提问。

- 你们选择的是哪一种形式的桥梁？为什么选择这种形式来制作？
- 你们在制作的过程中遇到了哪些问题？是怎么解决的？
- 你们觉得这种形式的桥梁有什么优点？有什么缺点？
- 你们认为这种桥梁最好使用在哪些地方？
- 你们认为其他几种桥梁可以使用在哪些地方？

六、气象学家
——设计并制造研究工具

★ **课程背景与目标**

有位名人说过:"地球上的一切工具和机器,不过是人肢体的知觉的发展而已。"这句话明确地指出了工具可作为人的肢体的延伸,具有重要的功能。当然,他没有强调的是这种延伸的重要性和复杂性。

生产活动是人类作为高级智慧生命赖以生存发展的核心活动,工具在这样的活动中扮演了极其重要的角色,尤其是在支持生产力发展的科学技术方面,工具显得尤为重要。"科学技术是第一生产力",这既是现代科学技术发展的重要特点,也是科学技术发展的必然结果。现代科学技术发展的特点和现状告诉我们,科学技术特别是高新技术,正以越来越快的速度向生产力诸要素全面渗透,并同它们融合。为了研究和发展科学技术,工具的革命与进化在不断地进行着,想要有更高级的科学和技术的实现,工具的研发和制作便成为一个无法回避的问题。无论在哪种科学类别中,工具的设计方式、精度、效度、耐久性都成为人以外决定该科学研究是否能够得到正确甚至突破性成果的重要内容。

本课程就是选择与日常生活联系紧密的气象学作为范例,以研究气象学中使用的工具作为课题,通过让三年级学生了解气象学的基本知识,引导他们思考如何获得气象数据、如何进行测量,培养学生对科学工具的设计和标准化的认识;同时,通过动手制作强化创造性解决实际问题的能力。

★ **课程领域**

工程、物理、气象学。

★ **建议年级**

三年级。

★ **建议时间**

150 分钟。

★ **课程任务**

学习气象学的基础知识，了解气象观测仪器，并尝试自己设计。

★ **教学过程**

一、导入（15 分钟）

1. 了解气象观测的内容（5 分钟）

气象观测是观察、测量和研究地球大气的物理和化学特性以及大气现象。一般来说，气象观测主要观测大气气体成分浓度、气溶胶（悬浮在大气中的固态和液态颗粒物的总称，粒子的空气动力学直径多在 0.001~100 微米）、温度、湿度、压力、风级、大气湍流、蒸发、云、降水量、辐射等。最常观测的数据包括温度、湿度、风级、降水量四项内容。

2. 了解最常观测的四项内容（5 分钟）

（1）温度：单位为℃，1 个标准大气压下，纯净的冰水混合物的温度为 0℃，水的沸点为 100℃，其间平均分为 100 份，每一等份记作 1℃。

（2）湿度：指空气内含水分的多少，分为绝对湿度、相对湿度等。

（3）风级：风力的等级，一般分为 13 级，见附件 3-6-1 风级表。

（4）降水量：一定时间内，降落在水平地面上的水，在未经蒸发、渗漏、流失情况下所积的深度，通常以毫米为单位。雪、雹等固态的水，须折成液态计算。

3. 对雨量计和风杯测速计在测量和预先的制作设计方面进行简单的说明（5 分钟）

（1）说明设计雨量计和风杯测速计需要考虑的内容，普及气象学和制作方面的知识。

（2）雨量计：通常在降雨或降雪时使用（在风力过大时使用没有意义）。雨量计由承水器（漏斗）、储水筒（外筒）和盛水器组成，并配有与雨量计口径成比例的专用量杯。参考设计图见图3-6-1。

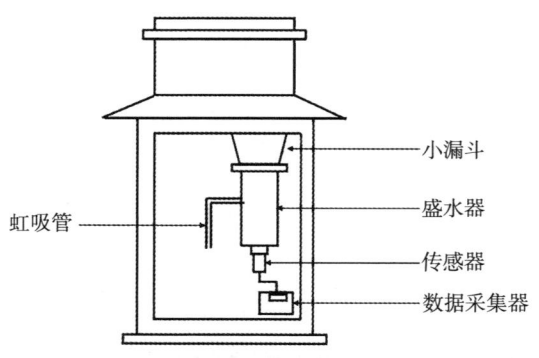

图3-6-1 雨量计结构示意图

（3）风杯测速计：它的感应部分由三个或四个圆锥形或半球形的空杯组成。空心杯壳固定在互成120°的三叉星形支架上或互成90°的十字形支架上，杯的凹面顺着一个方向排列，整个横臂架则固定在一根垂直的旋转轴上。参考设计图见图3-6-2。

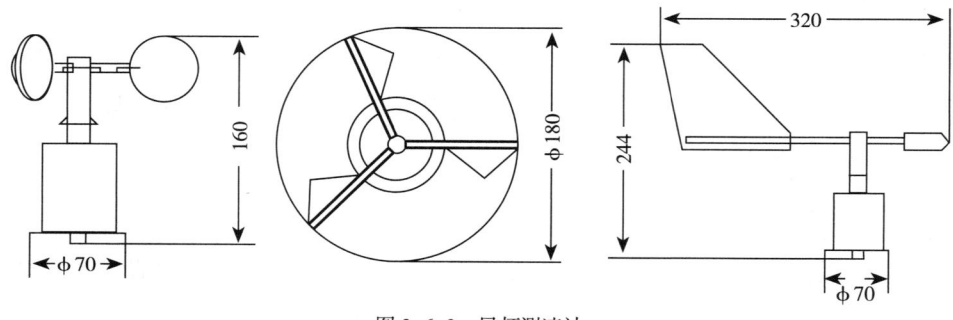

图3-6-2 风杯测速计

二、任务执行与反思（135分钟）

（一）第一个任务的执行与反思（70分钟）

1. 出示任务和评价量规（15分钟）

（1）任务：首先要求学生以小组为单位通过观察和思考降水量所用的单位，设计可以在下小雨时测量降水量的工具；之后对比教师所呈现的图片，最终制作出降水量测量工具——简易雨量计，并书写简单的使用说明。

（2）材料：铝箔、绘图纸、纸杯或塑料杯、铅笔、牙签、手工棒、剪刀、吸管、胶水、胶带。

（3）评价量规：见表3-6-1。

表 3-6-1　雨量计制作评价量规

项目＼分数	1分	2分	3分
文字及图画设计	缺少文字和图画设计	设计了文字和图画说明，但是说明较混乱、缺少条理，没有用数字进行定量说明或者没有关键性的箭头指示等	合理地设计了文字和图画说明，对设计结构的表述条理清晰，对每部分使用的材料进行了加工和用量的详细介绍
分工合作	分工不明确，每个成员不清楚各自的角色	有基本的分工，但是分工不系统，或执行分工不彻底，或出现没有承担任务的成员	有明确的分工且贯彻实施，每个成员都安排了相应的任务，并且每个人明确自己的任务，有组织地执行
说明书	没有说明书，或说明书过于简单，或说明书没有指导价值	说明书具有一定的条理，但是部分指示模糊或者错误	说明书的文字和图画均准确清晰
刻度标注	没有进行刻度标注，或刻度标注混乱无意义	进行了刻度标注，但是部分刻度标注不够准确，尤其是在纸杯为倒梯形结构下进行了错误的等距标注	进行了刻度标注，而且刻度标注较为准确，考虑了纸杯的倒梯形结构，或者指出倒梯形结构可能带来的标注不准确等情况
作品展示	在展示中，对小组设计和制作过程的描述缺乏逻辑，不能说明结果或无结果	小组对设计和制作过程进行了部分展示，但是展示不具体，部分显得混乱和无意义	展示清晰，有效地体现了设计的意图和特点，整体逻辑线明确

2. 教师提问启发学生思考（10分钟）

• 气象站真正使用的金属雨量计有什么特点是值得我们注意的？

• 我们制作的简易雨量计应当怎样标注刻度？要注意什么问题？

提问后，给少量时间让各小组进行沟通准备。每个人都要写出自己的想法和设计，然后小组讨论使用哪种设计以及如何撰写说明书，并讨论以什么样的形式呈现说明书。

3. 执行任务（20分钟）

正式执行制作任务，教师要求学生依照评价量规思考以下问题。

• 你们小组制作的雨量计是否可以单独完成测量降雨量的任务？是否还需要其他器具的辅助？如果需要，需要什么样的器具？

• 为了尽可能准确测量，你们的设计中是否有特殊的设计，如雨量计的边缘是否进行了加工？

・你们的雨量计在使用时是否有一些特别需要注意的事项？你们在说明书中强调这些内容了吗？例如，一般会强调使用时长问题。这些是目前就可以回答的问题，还是需要继续收集资料才能回答的问题？

・你们认为简易雨量计与气象站使用的雨量计相比有哪些缺点？

・如果主要是为了测量降雪量而非降雨量，雨量计是否可以考虑进行改进？你们有什么想法？

・小组分工如何？

4. 总结和反思（25分钟）

全部小组完成制作后，教师组织学生讨论。

・通过制作，你们觉得哪些信息是需要我们进一步搜寻的？哪些地方是需要进一步完善以完成一个更好的雨量计的？

・为什么雨量计需要设计一个漏斗作为特定的收集水的装置？

・如果我们要在没有下雨的天气模拟使用我们制作的雨量计，怎样模拟效果是最接近真实的降水状态的？

・下雨和下雪这两种情况是否需要分别进行讨论？二者有什么不同？

课后作业：在下小雨或者下小雪的时候，使用自制的雨量计测量降水量。

（二）第二个任务的执行与反思（65分钟）

1. 出示任务和评价量规（10分钟）

（1）任务：首先让学生以小组为单位通过观察和思考风级所用的单位，设计可以在刮风时测量风向和风速的工具；之后对比教师所呈现的图片，最终制作出风速测量工具——简易风杯以及风向标，并撰写简单的说明书和注意事项。

（2）材料：铝箔、绘图纸、纸杯或塑料杯、铅笔、牙签、手工棒、剪刀、吸管、胶水、胶带。

（3）评价量规：见表3-6-2。

表 3-6-2　简易风杯及风向标制作评价量规

项目＼分数	1 分	2 分	3 分
文字及图画设计	缺少文字和图画设计	设计了文字和图画说明，但是说明较混乱、缺少条理，没有用数字进行定量说明或者没有关键性的箭头指示等	合理地设计了文字和图画说明，对设计结构的表述条理清晰，对每部分使用的材料进行了加工和用量的详细介绍
分工合作	分工不明确，每个成员不清楚各自的角色	有基本的分工，但是分工不系统，或执行分工不彻底，或出现没有承担任务的成员	有明确的分工且贯彻实施，每个成员都安排了相应的任务，并且每个人明确自己的任务，有组织地执行
说明书	没有说明书，或说明书过于简单，或说明书没有指导价值	说明书具有一定的条理，但是部分指示模糊或者错误	说明书的文字和图画均准确清晰
作品展示	在展示中，对小组设计和制作过程的描述缺乏逻辑，不能说明结果或无结果	小组对设计和制作过程进行了部分展示，但是展示不具体，部分显得混乱和无意义	展示清晰，有效地体现了设计的意图和特点，整体逻辑线明确

2. 教师提问启发学生思考（10 分钟）

• 气象站真正使用的风杯测速计有什么特点是值得我们注意的？

• 我们制作的简易风杯有什么问题是需要考虑的？比如，是否需要考虑转轴的润滑问题？这样的问题会为我们准确测量带来什么样的影响？怎样解决？

提问后，给少量时间让各小组进行沟通准备。每个人都要写出自己的想法和设计，然后小组讨论使用哪种设计以及如何撰写说明书，并讨论以什么样的形式呈现说明书。

3. 执行任务（20 分钟）

正式执行制作任务，教师要求学生依照评价量规思考以下问题。

• 你们小组制作的简易风杯是否可以单独完成测量风速的任务？是否还需要其他器具的辅助？如果需要，需要什么样的器具？

• 你们觉得科学家是如何使用风杯测速计测算风速的？又是如何判断风向的？有什么道理？有什么局限？

• 为了尽可能地准确测量，你们的设计中是否有特殊的设计？例如，简易风杯的底部是否进行了加工?

·你们的简易风杯在使用时是否有一些特别需要注意的事项?你们在说明书中强调这些内容了吗?例如,测量的风速上限问题。这些是目前就可以回答的问题,还是需要继续收集资料才能回答的问题?

·你们认为简易风杯与气象站使用的风杯测速计相比有哪些缺点?

·如果风速非常小,制作的简易风杯无法转动,该如何察看风向?

·小组分工如何?

4. 总结和反思(25分钟)

全部小组完成制作后,教师组织学生讨论。

·通过制作,你们觉得哪些信息是需要我们进一步搜寻的?哪些地方是需要进一步完善以完成一个更好的简易风杯的?

·为什么风向标的尾翼是有特定形状要求的?

·风向标在测量风向时是否有局限性?为什么?

课后作业:打开电风扇,感受电风扇各挡的风速,然后根据不同风级的文字描述(见附件 3-6-1),结合在电风扇下的感受,预测处在各个等级的风中时简易风杯会转多少圈。

附件 3-6-1:风级表

风级	概况	地面情况	海面情况	风速(米/秒)
0	无风	静,烟直上	平静	0~0.2
1	软风	烟能表示风向,树叶略有摇动	渔船略觉摇动	0.3~1.5
2	轻风	人的脸感觉有风,树叶有微响,旗子开始飘动	渔船张帆时,可随风移动	1.6~3.3
3	微风	树叶及微枝摇动不息,旗子展开	渔船渐觉簸动,随风移动	3.4~5.4
4	和风	能吹起地面上的灰尘和纸张,小树枝摇动	渔船满帆时,船身向一侧倾斜	5.5~7.9
5	清风	有叶的小树摇摆,内陆的水面有小波	渔船须缩帆	8.0~10.7
6	强风	大树枝摇动,电线呼呼有声,举伞困难	渔船须加倍缩帆,并注意风险	10.8~13.8

续表

风级	概况	地面情况	海面情况	风速（米/秒）
7	疾风	全树摇动，迎风步行感觉不便	渔船停留港中，在海面上的船应下锚	13.9~17.1
8	大风	折毁小树枝，迎风步行感觉阻力很大	近海的渔船都停靠在港内不出来	17.2~20.7
9	烈风	烟囱顶部和平瓦移动，小房子被破坏	机帆船航行困难	20.8~24.4
10	狂风	陆地上少见，能把树木拔起或把建筑物摧毁	机帆船航行很危险	24.5~28.4
11	暴风	陆地上很少见，有则必有严重灾害	机帆船遇之极危险	28.5~32.6
12	飓风	陆地上绝少见，摧毁力极大	海浪滔天	32.6以上

七、你听我说
——声音的定向传递

★ 课程背景与目标

声音是由于物体的振动产生了波，波通过一定的传播媒介如空气、水、木头等传到我们的耳朵。在小学三年级，并不要求学生掌握声音的具体物理性质和参数，但可以借助实验，对声音的基本性质有一个直观的认识。本节课学生将会从实验"土电话"中了解到，如同水、木头等实物介质一样，空气也是一种介质。"土电话"的连接线中间不能有任何阻挡和弯曲，但是通过制作"声音管道"，可以使"土电话"更实用。课程中学生通过小组的团结协作，发现管道可以防止声音能量的消散，然后设计方案并动手制作。此过程可以锻炼学生团结协作解决实际问题的能力。

★ 课程领域

工程、物理。

★ 建议年级

三年级。

★ 建议时间

120分钟。

★ 课程任务

教师通过声音的传播方式导入，介绍声音在固体、液体和气体介质中的传播。学生以小组为单位制作一个设备，在不提高音量的情况下，能够在一间教室向另一间教室传递消息。最后，请小组演示自己的作品，并要求学生比较不同设计方式之间的异同点，从而更深入地理解声音的性质。

★ **教学过程**

一、导入：声音传播的规律（40分钟）

1. 第一个实验（10分钟）

教师站在教室正中间说话，请前后左右四名学生听一听并记录。首先是正常说话，然后使用一本书卷成扩音器形状，小声说话。用同样大小的音量反复试几次，请前后左右的学生交换位置听。

教师提问：在不同的位置听到的声音大小是否一样？使用扩音器后音量有变化吗？为什么会出现这样的现象？请各小组进行讨论，得出结论。教师可以用以下问题对学生进行引导。

- 为什么正面听到的声音大，背面听到的声音小？
- 为什么使用扩音器以后，正面听到的声音更大，背面听到的声音更小？
- 这一现象反映了声音的哪些性质和特点？

这一实验能够反映声音传播的一个特点：声音是向四周扩散的，但如果使用扩音器形状的工具把本来向四面八方扩散的声音进行一定程度的汇聚，则可以将一部分声音的能量集中在一个方向上，让声音传得更远。

2. 第二个实验（10分钟）

请一名学生站在墙后面（教室外面），另一名学生站在同样距离的没有障碍物的地方，教师逐渐降低音量说话，当学生听不见教师说话时举手示意。请两名学生交换位置再试一次。

教师向各小组提问：

- 障碍物能不能阻挡声音的传播？
- 为什么站在墙后面（教室外面）能够听到声音，但是声音小很多？

这一实验反映了声音传播的另一个特点：声音能够越过障碍物传播，但是会消耗一部分能量。

3. 第三个实验（20分钟）

利用教学楼的楼梯扶手或铁栏杆，请一名学生把耳朵贴在一楼扶手上，另一名学生站在他身边。教师站在三楼楼梯处用硬物轻轻敲击扶手，听到声音的学生立即举手示意。两名学生交换位置进行实验。

教师向各小组提问：为什么从扶手里传来声音更快且传来的声音音量更大？

这一实验反映了声音传播的第三个特点：声音传播需要介质。空气是一种特殊的介质，声音在固体中传播比在空气中传播更快，且能量损失更小。

三个实验完成后，教师通过图片或视频向学生展示，在电话没有发明之前古人是如何传播声音信息的。教师还可以向学生展示图片，例如，趴在铁轨上听可以听到远处火车的声音，医生借助听诊器可以听到患者胸腔内细小的声音，在一些没有电子设备的船内，传递命令是通过一套管道系统。教师请学生讨论：

- 这些设备是怎么帮助声音传播的？
- 总结每个图片反映了声音的哪些性质。

二、执行任务（50分钟）

1. 出示任务和评价量规（5分钟）

（1）任务：学生以小组为单位设计并制作一个声音传播装置，要求达到在一间教室说话另一间教室可以听到的效果。

（2）材料：硬纸、纸杯、有弹性的棉线或者毛线、铝箔纸、剪刀、胶带。

（3）评价量规：见表3-7-1。

表3-7-1　声音传播装置制作评价量规

分数 项目	1分	2分	3分
抗干扰能力	抗干扰能力差，听不清楚说话的内容	有一定的抗干扰能力，能听清楚部分内容	可以清晰地听到传达的内容，抗干扰能力强
声音传播距离	声音传播距离近，或只能直线传播	声音传播距离中等	声音传播距离最远
团队分工和协作	无分工协作，由个别组员完成任务	有一定的分工协作，组员配合较有序	分工合理，协作有序
作品展示	作品展示不完整，只介绍了某一个方面的信息	能够基本完成作品展示、提出自己的看法，对作品的功能和应用有较合理的设想	思路清晰，对如何进行分工协作、设计制作的环节描述清楚，最终的成品功能及应用描述清楚，对声音的性质有正确的理解，能够指出在不同介质间传播声音的不同

2. 工程设计和试制（20分钟）

教师要求各小组提出创意，并将创意进行细化，画出设计图。设计图要考虑到实际的尺寸和障碍物，并将其详细标记出来。完成设计的小组向教师汇报，并领取部分材料进行试制。

教师不应一次性将所有的材料交给学生，而应该根据学生的设计方案，与学生商讨试制方案，并要求学生先制作一个试制品进行试验。通过实际试验，学生会发现当前设计方案中存在的一些问题，然后提出修改后方案，对原来的设计进行调整，再进行制作。

在学生试制时，教师可在小组间巡视，并用下列问题对学生进行启发。

- 你们选择用什么介质来传播声音？
- 声音在空气中传播、在固体中传播和在液体中传播有什么异同？
- 你们采用了什么方案来防止声音在传播中迅速变小？
- 你们打算怎么绕过障碍物？（教室之间的墙）
- 这种设计能不能实现最终的要求？（障碍物、距离和效果要求）

在工程领域我们也会经常使用试制的概念。在现实中，一次性完成一个大型工程的所有设计是不符合实际情况的，需要通过一系列的试验和验证，逐步调整、修改原来的设计以达成更好的效果。通过试制，学生也熟悉了这种思维方式，逐步做出更好的设计和作品。

3. 再设计和制作成品（25分钟）

试制品完成后，通过试验，教师允许学生对原来的方案进行调整。学生使用修改好的方案到教师处领取材料并进行制作。

制作完成的小组，教师对其成品进行测试，如教师在某一位置说一句话，要求小组报告听到了什么内容。教师要对各个小组的成品表现进行测试和记录。

三、展示和总结（30分钟）

在所有小组都完成制作和测试后，教师给每个小组至少5分钟的时间进行展示。展示要求说明小组分工协作的情况、提出创意到选择设计方案的过程、试制品的不足和设计方案的调整过程、成品的表现，并对成品的效果和应用进行适当的阐述。

不同的小组也许会采用不一样的制作方案，有的小组可能会采用拉线纸杯的方案。如果没有小组使用这一方案，教师可以提前准备一个，然后向各小组演示，引发学生讨论不同的声音传播方式之间有什么异同。

八、创设一个外星人故事
——创造性写作

★ **课程背景与目标**

许多科幻小说探讨了科学、技术和社会这三个领域之间的跨学科核心问题,关心的是科学和技术如何影响我们的现实生活,这与 STEM 课程有相似之处。通过创造性写作,学生不仅可以在语言、文字方面得到锻炼,更重要的是通过一种创造故事的方式来探索科学、科技与人类的关系,深层次地思考科技正在通过怎样的方式影响人类,以及科技在未来将会把人类带向何处。本课程就是通过创造性写作,使学生习得更重要的批判性思维技能,以及用文字表达想法的能力。

★ **课程领域**

语文、科学、技术。

★ **建议年级**

三年级。

★ **建议时间**

110 分钟。

★ **课程任务**

学生通过构思一个故事背景、一组角色以及一些情节,完成一次创造性写作。通过创造故事的方式,探索科学和技术间的关系、科技对社会产生的影响、跨文化冲突等一系列跨学科的问题,在学习科学、技术等知识的前提下,提升写作技能。

★ 教学过程

一、导入：想象外星人的世界（30分钟）

教师创设情境：外星人来到地球后，并没有留在飞船内，而是匆匆离开了，调查小队发现了外星人的物品。教师引导学生根据这些物品（已分发到各小组）想象外星人所居住的世界。

每个小组应当有充分的时间来进行想象。对于三年级的学生，教师可以引导学生使用圆形思维图或者表格进行头脑风暴，记录自己的想法并获取有关信息。教师可提问如下。

- 外星人居住的星球是什么样子的？你在文学作品或电影、游戏中有没有看到对外星人居住的星球的描述？它是一个球体还是别的什么类型的星体？
- 外星人居住的星球气候环境如何？你是否了解太阳系内其他行星的特点？他们会不会居住在某一个行星上？或者来自更遥远的星球？
- 外星人的科技水平是比人类高还是低？请从他们的物品来判断，并回答为什么。
- 外星人社会的基本组成是怎么样的？（你是否了解"社会组成"这个词的含义？）他们在社会环境中是否有分工，或是一种我们难以想象的组织形式？
- 在一些词语上，他们的理解和地球人的理解是否会有根本性的不同？比如，性别、金钱、私人物品、公用设施、合作、欺骗等。
- 外星人是怀着什么样的目的来到地球的？是善意还是恶意？为什么？
- 为什么他们没有在飞船内等待，而是离开了？

教师应当留出一部分时间组织全班学生讨论发言，然后让各小组完善对外星人居住环境的想象。每个小组应当使用本小组外星人物品构造一个外星人形象，然后在此形象的基础上创设一个故事，提出相应的社会准则，并及时记录，以便于后面的汇报。

二、执行任务（50分钟）

1. 出示任务和评价量规（5分钟）

（1）任务：各小组构思一个有关外星人的科幻故事，并在课程结束时用表演或讲解的形式在全班展示。

（2）材料：外星人物品或无材料。

（3）评价量规：见表3-8-1。

表3-8-1　外星人科幻故事评价量规

分数 项目	1分	2分	3分
创造力	有明显的模仿痕迹	有创新的点	别出心裁，想象大胆且合理
社会准则	未提出社会准则	社会准则不完整，考虑不够充分	社会准则较完整（不用各个细节都十分出色，对社会准则有基本的认识就够）
故事性	有情节和人物，但故事不完整，或过于平淡	有完整的故事情节，但情节不够有趣，缺少故事性、戏剧性	情节精彩，角色分配合理，故事引人入胜
分工合作	由少数组员完成所有工作	所有组员都有参与，但分工不是很明确	分工合理，合作顺畅
故事展示	仅讲解故事情节和人物	用讲故事或简单表演的形式完成展示	故事展示精彩，极富表现力，台词精彩有趣，冲突表现力强

2. 构思角色（15分钟）

教师要求各小组对故事的主角做出想象。可以由每个组员提出一个形象，然后大家选择一个或者几个有特色的形象，对其进行完善。教师可以用以下问题进行引导。

- 他们是结伴而行还是孤身一人来到地球？
- 他们是什么样的性格？他们之间是和睦的，还是也会争吵？
- 他们通过什么方式来沟通？
- 发生了什么事情让他们的飞船降落在地球上？他们是有备而来的，还是只是一场意外？
- 他们落地时受伤了吗？
- 为什么他们匆匆离开飞船，而不是等待调查小队的到来？
- 他们怎么看地球人？他们对地球人的看法是不是也会有不一致的地方？
- 也许他们根本就不存在，这一切都是人类想象出来的，对吗？

主角是整个故事的核心，读者通过他们进入并了解整个故事，经历主角所经历的事，感受主角感受到的情绪，并站在主角的位置和他一起思考。教师要给学生足够的时间进行讨论，使组内达成一致的意见，然后把主角的形象详细地记录下来。

3. 构思情节、串联故事、排练表演（30分钟）

故事中人物的行为、人物和环境之间的相互影响便形成了情节。将一个又一个情节串联起来，就成为一个基本的故事。教师启发学生思考：人物发生了什么样的故事？这些故事情节是怎样一步步推动故事发展的？提示学生，故事中的人物会说什么、做什么都跟人物的性格有关。想象一下，现在你就是故事的主角，站在主角的角度来思考，推动情节的发展。

教师要注意，学生的初次设计情节不用特别复杂，能够让人物有基本的行为即可。教师可以使用以下这些情节开头来引导学生完成后面的故事。

- 外星人居住的星球资源枯竭，他们想来地球寻求资源。
- 外星人想和地球人结为联盟，抵御另一个星球的侵略。
- 外星人是从战争中逃离出来的，飞船坏了，不得已迫降地球。
- 外星人是外出参加星际旅游的，不小心飞船坏了。
- 调查小队的上级认为外星人是危险的信号，要求消灭外星人，但是调查小队发现外星人并无恶意。
- 在搜寻中调查小队发现外星人没有走远，但在初次接触中发现语言不通，无法沟通。
- 外星人的科技水平高于地球，他们想来侵略地球，而你们发现了这一计划。
- 外星人是远古时期离开地球的古人类，想回故乡看看。
- 调查小队走散了，在搜寻中有一名队员被外星人劫持，如何营救这名队员？
- 外星人乘坐的飞船是时光机，你发现上面的船员其实是来自未来的自己。
- 假设角色对换，你是外星人，你发现有陌生的物种正在搜寻你。

故事构思完成，提示各小组排练表演整个故事。

三、大家讲故事（30分钟）

给每个小组5分钟的时间，用表演的形式在全班展示故事。如果教师提供的外星人物品能够成为推动故事情节的重要道具，那是很好的；如果没有合适的道具，现场设计制作或者想象也是可以的。请学生到讲台上表演，提示台下的观众观剧应当具有什么样的礼仪。

在全部表演结束后,请大家畅所欲言:哪个角色塑造得最成功、哪个情节最引人入胜、哪位演员表演得最好。教师可以让在前面活动中参与度不高的学生进行评价,并对学生评论做出回应,以鼓励、肯定为主。

九、创造外星人物品
——打破常规思考

★ **课程背景与目标**

创意活动是 STEM 课程体系中一个十分重要的组成部分。有些创意活动看似简单，其实对于小学生来说是有一定的挑战难度的。同时，学生往往习惯了"寻找正确答案"的思维模式，通过创意活动这种没有确切解决方案的形式，可以释放和培养学生的想象力、创造力和发散思维能力，帮助学生认识到在现实生活中解决真实问题的思维方式和在试卷中解决问题有什么不同——往往没有唯一、正确的答案，只有较优的解决方案，需要跳出固有框架思考，需要发散思考寻找方法并不断进行反思。此外，创意活动需要小组合作进行，在活动中每个学生都将扮演不同角色，合作解决问题。

★ **课程领域**

艺术、语文、生物、物理、工程。

★ **建议年级**

三年级。

★ **建议时间**

110 分钟。

★ **课程任务**

学生通过小组合作对外星人的生存环境和生活进行想象，利用盒子里的零散材料组合或重新构建外星人能够使用的物品（至少 5 件），并说明外星人是怎样使用这些物品的。在活动中，学生要学习如何与他人进行交流合作，共同完成从自由畅想到创意制作这一过程。

★ **教学过程**

一、导入（10 分钟）

教师准备一段剪辑好的影片（或通过讲述故事的形式），描述在我国某地，科学家观测到有一架不明飞行物降落在某岛屿上。不明飞行物的活动轨迹极不规则，推测可能不是正常情况下的降落，很有可能是迫降。各小组奉命前往不明飞行物迫降地进行调查，并做好有可能与外星人直接接触的准备。

给各小组一段时间做好组内成员分工，例如，按照实际调查小组的成员角色和专业领域进行分工。教师可提问学生：调查小组应当由哪些专业领域的专家组成？每个学生根据自己的爱好进行角色扮演。

二、关于外星人的头脑风暴（20 分钟）

教师引导学生想象外星人的特点，组织学生进行头脑风暴。例如，使用九宫格的形式。首先由一组学生提出一类外星人，然后由其他小组来描述这类外星人的特点，将九宫格的格子填满。头脑风暴法的特点是，不要对前面小组提出的想法进行反驳，而只能在前面小组想法的基础上加以拓展和延伸，提出新的想法。对于想法有限的学生，教师可以使用以下问题进行引导。

- 这类外星人跟人类一样用眼睛、鼻子、耳朵，以及味觉、触觉来感受物体吗？
- 这类外星人的生活方式和人类一样吗？例如，他们吃饭、睡觉吗？
- 这类外星人所处的生存环境和人类一样吗？如果不一样，他们应该具备什么特点才能生存下来？
- 其他星球的环境会是什么样子的？外星人需要具备怎样的特点来应对这种环境？
- 外星人是否拥有和地球上某种动物或植物类似的特点？这种特点是怎样进化出来的？

三、执行任务（70分钟）

1. 出示任务和评价量规（10分钟）

（1）任务：（各调查小组在不明飞行物的降落现场并没有遇到外星人，看来他们没有受伤，而应该是撤离了。）在现场，调查小组发现了一些零碎的物品，他们需要组合这些零碎的物品来还原其本来面貌，推测外星人使用的什么物品，由此进一步推断这些外星人来到地球的目的和他们的特点。调查小组可以充分发挥想象力，并向全班介绍他们的调查成果。

（2）材料：各种易获得的材料（各组获得的材料可以不同，每组10种以上）。

（3）评价量规：见表3-9-1。

表 3-9-1　物品创造评价量规

分数 项目	1分	2分	3分
创造的物品数量	不足3件	3~4件	5件及以上
创造性	物品基本还是原本的用法，比如，在勺子上加以简单装饰，变成"有装饰的勺子"	创造的物品较有想象力	物品的使用方式极富创造性，并且合理
分工合作	基本没有分工合作	有基本的分工，但合作偶有不畅	分工合理，每个人根据自己的角色提出了合理的见解
总结展示	一名组员汇报，表述不完整	一至两名组员汇报，表达较清晰、较完整	组员共同汇报，表达清晰，有推论且过程完整

2. 各小组活动（30分钟）

各小组开始制作活动，教师观察各小组情况。部分小组一开始的时候可能不是太有头绪，或拘泥于物品原本的使用方法，很难有新的创意。教师应当及时鼓励，提示学生不要仅考虑物品原来是做什么的，而要想象这样的东西可能有什么用，也可以提示学生参考之前总结的各种外星人的特点，根据这些特点为外星人设计物品。

如果教师发现某个小组设计的物品特别有想象力，也可以暂时中断全班的创作过程，请该小组向大家展示物品并鼓励其他同学对这件物品进行评价。

在时间过半时，教师应当提示各小组练习对所创造的物品的讲解方式，并安排讲解人员。教师应鼓励每个组员负责一件物品的讲解。学生可以在组内进行练习，也可以找邻近的组进行练习，并听取其他组给出的意见，修改并完善。教师要给予足够的时间让学生进行练习和改进。

3. 调查小组展示（30分钟）

在所有小组完成制作和练习以后，给每个小组5分钟时间在讲台上讲解自己小组的成果。教师应当鼓励其他小组提出问题并进行评价，汇报小组对问题给予解答。如果没有人提问，教师可以用以下问题引导学生对调查小组提问。

- 这件物品除了这个作用还有可能有什么作用？（毕竟我们没有掌握最直接的证据来证明外星人如何使用这件物品，而是做出推理。）
- 这件物品有没有可能对其他外星人起到完全不同的作用？
- 这件物品的使用方法是否合理？如果不够合理，请给出修改意见。

四、总结（10分钟）

教师对各小组创设的富有创意的外星人形象和外星人使用的物品给予鼓励，并具体指出物品的哪个点特别有创意，或者哪个外星人形象特别有创意。教师也可以请几名学生做点评，说出自己特别喜欢的一种物品，并给出理由。这个环节可以请前面环节不够活跃的学生发言，帮助其进一步开阔思路。

十、遮风挡雨

——材料性能测试

★ 课程背景与目标

纳米材料是一种由直径 1~50 纳米（1 纳米 =10^{-9} 米）的极小微粒所构成的固体新型材料。许多材料达到纳米级时，会产生意想不到的光、电、磁、热等方面的性质，通常具有高强度、高韧性、高比热、高膨胀率、高电导率等特性，有极强的电磁波吸收能力。

事实上，21 世纪可以说是材料，尤其是新材料的世纪。并不仅仅是纳米材料，各种材料在不同状态下性能方面的不同表现可以决定一项工程、一项发明的成败，从而影响整个人类文明的发展。因此，了解材料的性能，恰当地使用材料就成为非常重要的课题。材料性能学指出，分析材料性能可以从表征（规律）、机制、影响因素和测试四个方面进行。阐述每一种材料的性能时，要注重基本理论和工程应用的结合，并注意不同材料的共性和个性，这样才能完整地表现一种特定的材料。测试是其中重要的一环。

本课程通过让三年级学生了解材料性能的概念，熟悉科学家进行科学实验的方法，培养学生对运用工具、记录数据，并最终得出科学结论的完整过程的认识。同时，鼓励学生在动手实践中深入感受和理解有关概念。

★ 课程领域

工程、物理、艺术。

★ **建议年级**

三年级。

★ **建议时间**

145 分钟。

★ **课程任务**

学习科学家进行实验的基本方法,引发学习科学的兴趣,尝试运用文字记录实验数据和实验现象,并做出分析。

★ **教学过程**

一、导入(15 分钟)

1. 简述材料性能的概念,询问学生对材料性能的认识(10 分钟)

材料的性能可分为两类。一类是特征性能,属于材料本身固有的性质,常见的性能包括热学性能(热容、热导率、熔点、沸点等)、力学性能(拉伸强度、抗冲强度等)、电学性能(电导率、电阻率、击穿电压等)、磁学性能(铁磁性)、光学性能(光的反射、折射、吸收、透射以及发光、荧光等)、化学性能(如耐腐蚀性等);另一类是功能物性,指在一定条件下和一定限度内对材料施加某种作用时,材料将这种作用转化为另一形式功能的性质,包括热 – 电转换性能、光 – 热转换性能、光 – 电转换性能、力 – 电转换性能、磁 – 光转换性能、电 – 光转换性能、声 – 光转换性能等,它们主要用于能量转换。

2. 简单介绍材料性能中的透性(5 分钟)

透性也叫通透性,是指某形态的物质或结构具有允许某些物质的分子、离子透过的性质或程度。透性的好坏取决于物体的致密程度是否允许分子或离子在短时间内穿透过去。以水分子为例,水分子彼此之间有很强的氢键作用,使得其具有一定的黏性和张力作用,这使得水并不容易通过细小的孔洞。需要强调的是,许多物体只是短时间内透性不好,在一定的时间内,其他分子或离子能穿透过去。所以判断物体的透性需要实验验证。

二、任务执行与反思（130 分钟）

（一）第一个任务的执行与反思（65 分钟）

1. 出示任务和评价量规（10 分钟）

（1）任务：测定给定的几种很薄的物质材料的透性，学生设计实验，制定评价标准，完成实验，并列出结果。

（2）材料：水、移液器、绘图纸、报纸、各种材料的织物（如丝绸、棉布、人造纤维布等）、蜡纸、塑料薄膜、毛毡、手工棒、剪刀、胶水、胶带。

（3）评价量规：见表 3-10-1。

表 3-10-1 透性实验评价量规

分数 项目	1分	2分	3分
实验计划	只有不到一半的组员制订了实验计划，并且讨论后得出的实验设计内容过于简单，缺乏可操作性或不合逻辑	绝大多数组员有自己制订的实验计划，但讨论后得出的实验设计有漏洞，表现了步骤的先后顺序，但是存在错误步骤	所有的组员均按照要求制订了自己的实验计划，并通过讨论得出了最佳方案。最终的实验设计内容步骤清晰、逻辑严谨、考虑周到，拥有较高的可操作性
表格设计	没有设计表格或表格设计和数据不能很好地匹配	表格设计和数据能较好地匹配，纵列横行的设计较合理	表格设计合理，纵列横行表达清晰
图的设计	没有设计图或图和表格没有很好的承接关系，图的设计和数据不能很好地匹配	图的设计和数据能较好地匹配，刻度设计较合理	图很好地表达了表格的内容，甚至进行了延伸，刻度设计逻辑缜密
数据诠释	缺少对数据的说明或无法解释为什么收集这些数据	尝试对数据进行了解释，但是部分错误或者收集了不当的数据类型	了解数据的意义，并准确地描述了数据和最终结论的关系
展示说明	在展示中，小组对实验从设计到结论的过程描述缺乏逻辑，不能说明结果或无结果	小组进行了部分环节的展示，但是展示不具体，部分显得混乱和无意义	展示清晰明确，有效地体现了实验的意图和特点，整体逻辑清晰

2. 教师继续提问（10 分钟）

· 各组以什么作为测量透性的评价标准？

· 小组对测试材料要进行什么准备？例如，是否需要进行必要的形变或者其他处理？

· 哪些变量是需要严格控制以保证实验结果的可靠性的？例如，温度以及其他因素？

• 大家觉得怎样用图表来表示实验结果？哪些数据是必须要记录的？你觉得是否还需要其他测量工具以使测量更加准确？

提问后，给少量时间让各小组进行沟通和准备。每个人都要写出自己的想法和实验计划，然后小组讨论执行什么样的实验计划。

3. 执行任务（20 分钟）

正式执行制作任务，教师要求学生依照评价量规思考以下问题。

• 你的预测是什么？你们小组的预测是什么？怎样用一句话或者简短的文字概括？

• 你的设计是什么？你们小组的设计是什么？请分步骤叙述。

• 你们小组以什么作为测量透性的评价标准？

• 你认为实验执行的时候应该注意哪些点？

• 如果要进行多次实验，而使用的材料有限，有什么事项是需要注意的？

• 你们认为观察到的结果该如何列入图表？是否在实验前就设计了这样的表格和图的框架？你们的框架包括了哪些内容？为何如此设计？

• 小组分工如何？

4. 总结和反思（25 分钟）

全部小组完成实验后，教师组织学生讨论。

• 你们组是怎么分工的？

• 最终哪种材料的透性最好？哪种最差？

• 如果要制作雨伞或者其他雨具，透性最差的那种材料是否是最佳的选择？为什么？除了透性，还有什么因素是应当考虑的？

• 材料科学家应该用哪种方式描述他们的研究过程和结果？

（二）第二个任务的执行与反思（65 分钟）

1. 出示任务和评价量规（10 分钟）

（1）任务：要求学生选择透性最佳材料制作一把雨伞，在制作之后写一句广告词来介绍雨伞的性能。

（2）材料：水、移液器、绘图纸、报纸、各种材料的织物、蜡纸、塑料薄膜、毛毡、手工棒、剪刀、胶水、胶带。

（3）评价量规：见表3-10-2。

表 3-10-2 雨伞制作评价量规

项目\分数	1分	2分	3分
文字及图画设计	缺少文字和图画设计	设计了文字和图画说明，但是说明较混乱、缺少条理，没有对选取材料的原因进行说明或者无关键性的箭头指示等	合理地设计了文字和图画说明，对设计结构的表述条理清晰，对每部分使用的材料进行了加工和用量的详细介绍，也说明了为什么要选取该种材料
分工合作	分工不明确，每个成员不清楚自己的角色	有基本的分工，但是分工不系统，或执行分工不彻底，或出现没有承担任务的成员	有明确的分工且贯彻实施，每个成员都安排了相应的任务，并且每个人都明确自己的任务，有组织地执行
对雨伞性能的说明（广告词）	广告词空泛，没有强调任何实际的特点	广告词包含了对雨伞性能的说明，但是不够详细	广告词生动而具体地说明了雨伞的选材、做工、性能，还具有一定的广告效应
作品展示	在展示中，小组对设计和制作过程的描述缺乏逻辑，不能说明结果或无结果	小组进行了部分环节的展示，但是展示不具体，部分显得混乱和无意义	展示清晰明确，有效地体现了设计的意图和特点，整体逻辑清晰

2. 教师继续提问（10分钟）

• 雨伞的伞骨有什么特点？雨伞是如何保证张开之后伞骨和伞骨之间的距离相等的？这些特点我们是否容易借鉴？

• 你们设计的雨伞是否能经受较大的雨水从上向下的冲击？如果不能，怎样解决这个问题？

提问后，给少量时间让各小组进行沟通和准备。每个人都要写出自己的想法和设计，然后小组讨论使用哪种设计、如何撰写说明书，以及以什么样的形式呈现说明书。

3. 执行任务（20分钟）

正式执行制作任务，教师要求学生依照评价量规思考以下问题。

• 你们小组制作的雨伞，伞面选取了什么材料？为什么这样选择？

- 除了透性，你们还对哪些问题进行了思考？得出了什么结论或者遇到了什么问题？

- 你们认为雨伞制作的难点在哪里？是否可以通过改进设计解决这些问题？

- 小组分工如何？

4. 总结和反思（25分钟）

全部小组完成实验后，教师组织学生讨论。

- 如果将雨伞改成遮阳伞，你觉得需要进行哪些调整？为什么？

- 如果要制作可重复利用的雨衣，你觉得哪种材料合适？需要从几个方面进行考虑？为什么？（例如，可从透水性、透气性、弯折疲劳性、材料强度等方面进行考虑。）

- 如果有一天我们要成立公司，通过制作雨伞来赢利，你觉得还有哪些方面是需要继续调查和实验的？为什么？

第 4 章

四年级 STEM 课例

一、究竟是液体还是固体
——非牛顿流体初探

★ **课程背景与目标**

探索物质的各种形态是科学研究的重要内容，学生所熟悉的物质水，可以以冰、水蒸气的形式出现。这些能够直观感受的都是生活中常见的物质形态——气态、液态、固态。自然界是丰富多彩的，拥有各种状态的不同物质，此外，物质在同一个状态类别下依然可能呈现不同的性质。正如固体有晶体和非晶体之分，看上去是液态的物质，按照性质不同，有牛顿流体和非牛顿流体的区别。

人的血液就是一种非牛顿流体，研究血液的流体力学性质并进行诊断是医学领域的重要课题。

本节课让学生研究非牛顿流体有哪些特别之处。有趣的现象可以很好地与学生的数学及科学学习结合起来，使学生在观察现象的同时学习物理知识，并使用数学工具对物理量和物理规律进行测定和设想。

★ **课程领域**

物理、数学。

★ **建议年级**

四年级。

★ **建议时间**

115 分钟。

★ 课程任务

首先了解常规的固体和液体的性质，然后观察非牛顿流体，感受其与生活中常见液体的区别；之后通过精确量取配制非牛顿流体，并确立配方；配制成功后，探索非牛顿流体的性质，并记录和描述。通过完成这些任务，加强对溶液配比、体积、质量的基本认识，提升总结归纳能力。

★ 教学过程

一、导入（15 分钟）

1. 认识非牛顿流体和牛顿流体（5 分钟）

简单来说，牛顿流体一般是指缺乏黏性的小分子纯净物的液体或者低速气体，非牛顿流体一般是指较大分子物质的溶液、纯净物或者高速流动的气体。两者在概念上的区别在于，非牛顿流体的剪应力与剪切应变率之间不是线性关系，简单来说在被击打的时候非牛顿流体不会快速做出形变反应。

2. 举例说明非牛顿流体（5 分钟）

非牛顿流体广泛存在于生活、生产和大自然中。教师可以先让各小组头脑风暴，讨论他们熟悉的生活中的非牛顿流体，再向他们导入非牛顿流体的例子。人身上的血液、淋巴液、囊液等多种体液，以及像细胞质那样的"半流体"都属于非牛顿流体；高分子聚合物的浓溶液和悬浮液等一般也为非牛顿流体。石油、泥浆、纸浆、油漆、油墨、牙膏、泥石流等也都是非牛顿流体。食品工业中的番茄汁、淀粉液、蛋清、苹果浆、浓糖水、酱油、果酱、炼乳、琼脂、土豆浆、熔化巧克力、面团、米粉团，以及鱼糜、肉糜等各种糜状食品物料也都是非牛顿流体。

3. 观察非牛顿流体的特殊性质（5 分钟）

教师出示两个较大的透明玻璃缸器皿，向其中一个器皿倒入半瓶洗洁精，向另一个器皿倒入等量的水，同时用玻璃棒在两个器皿内进行搅拌，让学生观察现象。可观察到洗洁精（非牛顿流体）旋转时似乎被吸附在了玻璃棒上，形成凸面；而水则似乎附着在容器壁上，形成凹面。

思考：是否可以用非牛顿流体的知识解释这个现象？

二、任务执行与反思（100分钟）

（一）第一个任务的执行与反思（50分钟）

1. 出示任务和评价量规（5分钟）

（1）任务：教师要求学生配制浓度差异较大的非牛顿流体的溶液，然后让学生进行实验，体会非牛顿流体的性质随着溶液浓度变化而改变，进而试着将不同点总结出来。

（2）材料：纸盘或较大的培养皿、纸杯、淀粉、水、勺子、搅拌棒、注射器。

（3）评价量规：见表4-1-1。

表4-1-1 非牛顿流体溶液配制评价量规

分数 项目	1分	2分	3分
配制组数	只配制了两组或更少的溶液	配制了三组不同浓度的溶液	配制了四组及以上不同浓度的溶液
溶剂溶质定量	没有对配制的溶液中的溶剂和溶质的比做出数字化定量，仅仅是做出了多少的比较	对配制的溶液中的溶剂和溶质的比做出了数字化定量，但是所采用的方法和操作过程有误差	对配制的溶液中的溶剂和溶质的比做出精确的数字化定量，采取的方法和操作均严谨而正确
记录	没有进行特点记录，或记录杂乱无章	进行了一些简单的记录，但漏掉测试结果的部分重点	进行了准确而严谨的记录，内容翔实工整
特点发现	只发现了一个特点表现或没有发现规律	发现了两个特点表现及其规律	发现了三个或以上的特点表现及其规律
组内分工合作	由少数组员完成所有工作	所有组员都参与溶液配制，但分工不是很明确	分工合理，合作顺畅

2. 执行任务（20分钟）

正式执行制作任务，教师要求学生依照评价量规思考以下问题。

- 你们小组决定进行哪些测试？对这些测试有什么猜测吗？为什么？
- 哪些测试不需要借助工具？哪些测试需要借助工具？需要借助什么工具？
- 这些测试哪些是可以量化的？哪些是暂时没法量化的？你们觉得如果要量化还需要什么？
- 根据所给材料是否能获得某些提示？
- 导入部分提到的非牛顿流体的黏性可以让你获得哪些提示？

3. 总结和反思（25分钟）

全部小组完成任务后，教师组织学生讨论。

• 各个小组分别总结出了哪些特点？非牛顿流体的性质随着液体的浓度如何变化？

• 有没有其他的一些条件可能会改变这些性质？（例如，液体的流速、重力条件、光照、温度等。）

拓展思考：结合教师在课堂上讲授的内容，高速流动的空气可以变为非牛顿流体，说一说在魔幻小说中才能出现的透明的空气墙是否有可能变为现实，为什么。

（二）第二个任务的执行与反思（50分钟）

1. 出示任务和评价量规（5分钟）

（1）任务：让学生按照要求利用非牛顿流体制作一个虹吸艺术品。

教师要求学生用洗洁精进行虹吸实验。操作方法：使用一个装满洗洁精的烧杯和一个空烧杯，将装满洗洁精的玻璃弯管连接两个烧杯，空烧杯侧的弯管出口要低于另一个烧杯中的洗洁精液面。利用非牛顿流体的特点和各色食用色素，制作一个彩色的虹吸。要求虹吸临近原液面的管口要高于另一侧液面，越高越好。然后换用水来进行同样的实验，观察有哪些不同。

（2）材料：烧杯、玻璃弯管、洗洁精、水、尺子、食用色素、注射器。

（3）评价量规：见表4-1-2。

表4-1-2 虹吸艺术品制作评价量规

分数 项目	1分	2分	3分
测量和记录	没有采取有效的测量或记录	进行了测量和记录，有一些误差	测量和记录较严谨，内容翔实工整
管口高度	高度不够，实验失败，没有完成虹吸作用	实验成功，高度符合要求	实验成功，高度最高
艺术性	缺乏艺术性	较好地使用了食用色素，有艺术性，但有不足	美观，艺术效果好
组内分工合作	由少数组员完成所有工作	所有组员都参与制作，但分工不是很明确	分工合理，合作顺畅

2. 执行任务（20分钟）

正式执行制作任务，教师要求学生依照评价量规思考以下问题。

- 为了提高弯管位置但不使虹吸作用停止，你们要采取什么样的方法？
- 为了提高弯管位置而不使虹吸作用停止，你们是否需要进行一些前置的实验？怎样完成这些实验？
- 要怎样才能保证弯管中装满了洗洁精而没有气泡？
- 你们小组是怎样利用食用色素和水进行艺术性设计的？
- 导入部分提到的非牛顿流体的黏性可以让你获得哪些提示？

3. 总结和反思（25分钟）

全部小组完成后，教师组织学生讨论。

- 总结一下，根据各组的结果，用洗洁精进行虹吸作用，弯管高于液面的高度极限是多少？这个值是固定的吗？如果不是，是否和某些因素相关？
- 大家思考一下，有没有其他的一些条件有可能会改变非牛顿流体的这些特点？
- 换用水来进行同样的实验，实验结果有哪些不同？

拓展思考：在宇宙中，如果用搅拌机搅拌出一个非牛顿流体的液球，我们突然对这个悬空的液球击打一拳，会出现什么现象？

二、防震高塔
——地震和建筑物设计探究

★ **课程背景与目标**

地球板块活动频繁,地震时常发生,高震级的地震往往造成巨大的破坏和危害。学生们常常问道:"为何看起来坚固无比的建筑物会在地震中跟豆腐一样脆弱不堪?"本课程通过让学生了解和设计基础隔震系统,并在隔震系统上设计搭建建筑物,理解工程领域中各类建筑物所面临的地震挑战,学习工程师是如何面对这些挑战的。设计、执行、反思与修正是本课程的思维训练重点;同时,本课程还能极大地培养学生的创造力。在 STEM 教育领域,工程思维的培养是核心。在实际条件下,工程师总会面临各种设计与实际不符的情况,需要不断修正设计才能达成目标。

★ **课程领域**

工程、物理、数学、地理。

★ **建议年级**

四年级。

★ **建议时间**

基础课程:170 分钟。

★ **课程任务**

学习地震的基础知识,了解地震是如何传播的,了解各个国家是如何进行建筑物地震防护的。通过设计、搭建、制作基础隔震系统,并在此基础上搭建建筑物,发挥创造力，了解设计—执行—反思—修正的工程设计循环，像工程师一样思考，锻炼与他人交流、合作的能力，感受如何通过不断的设计与改进来更好地达成目标。

★ **教学过程**

一、导入（15 分钟）

教师给学生播放一段关于地震和防震建筑物的视频，使学生理解地震灾害造成的破坏是自然因素和建筑因素共同作用的结果，以及地震的成因和特点。

（1）基本内容：教师通过呈现视频、图片等方式讲述地震的成因和危害，进而引出地震伴随的建筑物倒塌是造成人员伤害的重要原因，导入本课主题。

（2）拓展内容：梳理地理课上关于地震、地球板块和地震带分布等内容，介绍全球近一百年 7 级以上地震的情况和造成的危害。

（3）导入环节可以让学生阅读或观看影片，并回答以下问题。

- 我们怎么定义地震？
- 世界上有哪几个主要地震带？你能从地图上指出来吗？
- 板块构造与地震活动有关吗？你能否找到数据证明？
- 全球每年发生多少次地震？每分钟发生多少次地震？
- 地震按震级大小可分为几类？
- 什么样的参数可以用来衡量地震震级？
- 震源深度与地震的破坏力之间是什么关系？
- 多大的海底地震能够引发海啸？
- 想象并描述一下 7 级地震后的城市是什么样子。

（4）教师带领学生开展头脑风暴：有哪些方法可以增强建筑物的抗震性能？有哪些防震手段和技术？

二、执行任务（120 分钟）

1. 出示任务和评价量规（5 分钟）

（1）任务：每个小组需要设计一个 50 厘米高的防震建筑物。建筑物分为两部分：下面是基础隔震系统，即长宽均不能大于 30 厘米的建筑物底座；上层是高塔，只能使用牙签和胶棒制作，并能够在建筑物内放置书、矿泉水和砖块等物品。

（2）材料：基础隔震系统材料，包括硬纸箱板、吸管、竹签、棉花糖、圆珠笔弹簧、卫生纸；建筑物搭建材料（每个小组配额），包括牙签 5 盒、胶棒 12 支、热熔胶枪 2 把、砖块 1 块、矿泉水 1 瓶、书 1 本（32 开，1~2 厘米厚）。

（3）评价量规：见表 4-2-1。

表 4-2-1 防震建筑物设计评价量规

项目＼分数	1 分	2 分	3 分
小组分工合作	无分工，有些小组成员没有任务	有分工，但合作偶有不顺	有分工，每个人都有明确的任务，合作效果良好
设计图	无设计图	有设计图，指示较清晰，有个别错误	有较详细的三维设计图，图中标示清楚
尺寸要求	长或宽不能满足尺寸要求	长和宽均满足尺寸要求	长和宽均满足尺寸要求，且建筑物底座面积最小或建筑物高度最高
无承载防震测试（三次）	各方向稳定性差	垂直或水平方向稳定	多方向稳定性好
静载荷测试（三十秒）	只能负载一种物品	能同时负载两种物品	能同时负载三种物品
承载防震测试（三次）（顶部，承载物为砖块）	只能通过一项测试	能通过两项测试	能超重通过两项测试
材料用量	用量最多	用量介于最多和最少之间	用量最少
外表装饰	无任何装饰	有少量装饰	装饰美观
总结展示	一人上台汇报，表述不完整，表达不够清晰	一至两人上台汇报，表述较完整、清晰	小组成员共同汇报，能详细说明设计过程，表述完整、清晰

2. 讲解地震震动台的原理（20 分钟）

（1）教师给学生讲解地震的基本知识，以及怎样用震动台来模拟地震的横波和纵波。地震所引起的地面振动是一种复杂的运动，它是纵波和横波共同作用的结果。在震中区，纵波使地面上下跳动，横波使地面水平晃动。由于纵波传播速度较快、衰减也较快，横波传播速度较慢、衰减也较慢，因此离震中较远的地方，往往感觉不到上下跳动，但能感觉到水平晃动。

（2）教师结合视频、图片为学生讲解地震震动台原理，让学生理解震动台是怎么模拟地震横波和纵波的，以及学生自己设计的建筑物将经历怎样的实验。

（3）教师可以用茶杯让学生感受地震震动台的模拟方式，并通过以下问题启发学生思考。

- 当车在路面上两轮同时高速通过减速带时，车辆容易翻车吗？为什么？
- 当车在路面上只有一侧轮子高速通过减速带时，车辆容易翻车吗？为什么？
- 大家玩过尺子打象棋的游戏吗？当快速击打底部的象棋时，上面的象棋倒了吗？为什么？
- 预测一下，地震纵波对建筑物危害大还是横波对建筑物危害大。

3. 拓展问题（5分钟）

地震纵波的传播速度是5~6千米/秒，能引起地面上下跳动。横波传播速度较慢，每秒传播3~4千米，能引起地面水平晃动。在一般情况下，地震时地面总是先上下跳动，后水平晃动，两者之间有一个时间间隔，可根据间隔的长短判断震中的远近。用速度（8千米/秒）乘以间隔时间可以估算出距离震中的距离。

可以给出地震波传播速度，让学生通过地图、直尺和圆规计算震中位置。

4. 设计（30分钟）

第一步，学生观察他们有哪些底座材料可以选用。教师引领学生进行头脑风暴，汇总想法。接下来各小组进行设计，形成设计图。先完成的小组可以将设计图交给教师检查。（建议学生在设计之前，寻找关于隔震建筑的资料，并将其运用到自己的设计中去。）

第二步，各小组根据底座的情况，思考高塔如何搭建，画出设计图，先完成的小组可以将设计图交给教师检查。

第三步，教师给出修改意见，修改完成后，小组可以领取全套材料，开始动手搭建。

5. 制作（40分钟）

各小组依据设计方案制作底座和高塔，可以在搭建中进一步完善方案。在制作的过程中，学生可以随时使用防震台进行测试，并及时调整自己的方案。教师在小组间巡视，帮助有需要的小组。

6. 测试（20分钟）

测试分为三个部分：无承载防震测试、静载荷测试和承载防震测试。

三、全班讨论与反思（20 分钟）

教师对完成制作的小组进行防震测试。所有小组完成后，各小组应当上台对自己制作的防震建筑物进行介绍。总结应当包括设计思路、隔震原理及实现手段、效果的评估以及改进方案、在建造过程中遇到的困难和可能的解决办法。教师展示防震效果较好的作品、富有设计感的作品，全班讨论这些设计的优秀之处以及可以改进的地方。

四、写作（15 分钟）

如果再给一次制作机会，你们的设计方案会有哪些改变？你们从别的同学那里学到了什么？试着通过写作来说明。

三、海上航行 I
——模型设计中的不断改进

★ **课程背景与目标**

本课的重点是只使用一张边长为 30 厘米的正方形铝箔制作承重尽量大的船只。学生会通过多次设计和实验,逐渐发现船只设计中的规律,从而不断改进设计。这种设计思路和现实生活中的工程设计思路相符。随着实验的深入,学生会逐渐发现船只的承重能力除了与放置的硬币是否均匀相关外,和船只的体积大小也是相关的。此时,教师再导入浮力和体积计算的方法,引导学生进行更深一步的研究。与单纯地讲解阿基米德原理相比,通过实验对浮力产生直观认识会进一步拓展学生的思维,有助于学生形成立体几何的思维。教师还可以进一步引导学生对各种形状的物体体积计算方式进行讨论,并与生活中常见容器的形状及其背后的设计依据联系起来。

★ **课程领域**

物理、工程、数学。

★ **建议年级**

四年级。

★ **建议时间**

基础课程:120 分钟。

拓展课程:40 分钟。

★ 课程任务

学生以小组为单位，通过多次实验，记录实验结果并改进实验方案，寻找如何使用有限的材料制作承重尽量大的小船。通过实验，发现与小船的载重能力有关的因素。通过拓展课程，学生可以对小船的形状进行初步的定量设计并制作小船验证阿基米德原理。

★ 教学过程

一、出示任务和评价量规（10分钟）

（1）任务：教师将学生分为几个小组，并出示本节课的任务。使用边长为30厘米的正方形铝箔，在不裁剪的情况下制作一条小船，承载尽可能多的一元钱硬币。

（2）材料：边长为30厘米的正方形铝箔、与铝箔同样大小的白纸、水容器、若干个一元钱硬币、硬纸壳、剪刀、回形针、胶水。

（3）评价量规：见表4-3-1。

表4-3-1　小船制作评价量规

项目＼分数	1分	2分	3分
设计图	没有设计图	有设计图，但标注不清晰	设计合理，标注清楚
船的制作和载重量	制作水平差，船的载重小，排名末尾	能较好地完成船的制作，载重量在小组间居中	制作水平较高，船的载重较大，小组间排名前三
分工合作	没有分工合作	有基本的分工合作	分工合理，协作流畅
汇报展示	展示不清晰	展示内容较全面	对设计和制作过程讲解清晰、思路开阔

二、执行任务（110分钟）

1. 初次实验（25分钟）

教师首先发给各小组一张铝箔，要求各小组自由设计、制作一只小船，并进行载重实验。

在各小组制作小船时，教师应当进行巡视，针对各小组的具体情况，引导各小组修改和完善设计。教师可以用以下问题进行引导。

· 你们打算制作什么形状的小船？

- 船的船舷高度是否一致？如果有的地方高有的地方低，会出现什么情况？
- 怎么才能保证船在水里不左右倾斜？
- 怎么才能保证较软的铝箔材料不变形？
- 什么形状的船浮力更大？为什么？

第一次制作完成以后，教师安排各小组按照完成制作的顺序进行测试，并在黑板上记录能够承载的硬币数量（见表4-3-2）。各小组也要记录测试结果，以用于总结汇报。

表4-3-2 承载硬币数量记录表

	第一组	第二组	第三组	……
硬币数量（枚）				
备注		小船侧倾		

2.寻找小船形状和载重量的关系（15分钟）

教师将学生初次实验测得的载重量按照大小顺序列成一行。请小船载重量较大的几组进行分享，教师总结第一次实验中他们发现的规律，还可以请他们给载重量靠后的几组设计的小船提建议。

接下来，教师使用一个量杯，给每个小组的小船装满水，测量小船所盛水的体积（去掉那些因为侧翻或者塌陷造成载重量偏低的数据），并在黑板上列表记录（见表4-3-3）。

表4-3-3 小船载重记录表

	第一组	第二组	第三组	……
硬币数量（枚）				
备注		小船侧倾		
名次				
水的体积（毫升）				

请学生讨论从这一系列数据中能够初步得到什么结论。

有的学生会指出，小船的容积大小跟小船的载重量存在一定的关系，小船的容积越大，载重量就越大。

3. 重新考虑实验方案（15 分钟）

通过上面的实验学生得到了初步的结论，如果想增大小船的载重量，最好的办法是增大小船的体积。如何增大小船的体积呢？教师出示一张用纸折叠成的小船的展开图，然后发给每个小组一张边长为 30 厘米的白纸，请学生将白纸按照小船的形状折出印痕，然后展开测量各条折线之间的长度关系（见图 4-3-1）。

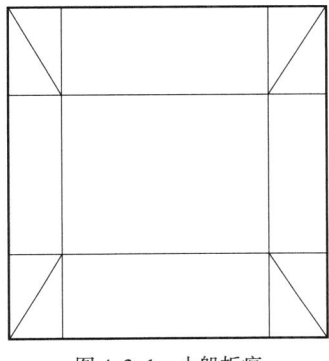

图 4-3-1　小船折痕

教师向学生提问：

- 船底的长和宽怎么计算？
- 船舷的高度怎么计算？
- 这些数据和纸的边长有什么关系？
- 使用一张白纸，在不裁剪的情况下制作小船，如何计算小船的体积？

部分小组会很快提出，可以通过计算小船的长、宽、高的乘积得出小船的体积，在小船船舷高度一致的情况下，小船的体积就是小船的容积。

此时，教师应当引导学生学习或者复习浮力的有关知识。阿基米德原理指出，船受到的浮力等于船排开水的重力。也就是说，船的体积越大，船受到的浮力就越大。

在此基础上，教师要求学生思考，重新设计船只的制作方法。

4. 设计图纸并制作（25 分钟）

教师出示进一步的任务：学生以小组为单位，在材料有限的情况下，设计一个尽量使船容积最大的方案。显然四年级的学生还不能用方程式来求解，比较合理的办法是列表进行计算（见表 4-3-4）。

表 4-3-4　测量记录表

	船舷高度（厘米）	计算所得长度（厘米）	船的体积（立方厘米）
第一次测量	1		
第二次测量	2		
第三次测量	3		
……	……		

然后，学生从列表中选取一个较大的体积进行制作。教师可以辅助学生，将船舷高度作为横轴，船的体积作为纵轴，制作简单的坐标轴，便于学生直观认识这些参数之间的关系。

学生设计完成后，将表格和设计方案交给教师。教师检查设计方案后，把制作材料发给各个小组。各个小组制作完成后，举手示意教师进行载重实验，并将最终成绩记录下来（见表 4-3-5）。

表 4-3-5　承载硬币数量记录表

	第一组	第二组	第三组	……
硬币数量（枚）				

5. 测量、计算和总结（30 分钟）

各小组测量自己小组制作的小船尺寸，使用体积公式计算船的体积。通过浮力公式得出小船所受的最大浮力是多少，将结果填入表 4-3-6 中。

每枚硬币的重量是已知的，请学生将硬币重量计算出来，填入表 4-3-6 中。

表 4-3-6　各项数据记录表

长	宽	高	体积	浮力	硬币数量	硬币重量	结果比较

可以很直观地看到船只所受最大浮力和最大载重量之间的关系。当实验结果较为精确时，硬币的重量应该接近船只所受的浮力，以此可以验证阿基米德原理。

总结阶段至少给每个小组 5 分钟的时间，要求各个小组向全班汇报实验过程和结果，具体包括小船设计思路、小船载重能力评估、小组分工和合作，以及对船只如何能够达到理论最大载重的思考。其他小组可以提问，小组成员应当对问题逐一回答。

教师可以用以下问题来引导学生深入思考。

- 为什么相同形状的船载重量会不同？
- 硬币在船上怎么放置比较合理？
- 为什么现实中船只很难达到理论上的载重量？
- 哪些因素影响了你的船获得更好的成绩？
- 为什么现实中的船形状不是方底的？

三、拓展课程（40 分钟）

具体任务：使用硬纸板、剪刀和胶水制作小船，要求总的表面积不超过 0.09 平方米。

在总的表面积一定的情况下，如何分配各个面的面积，才能够制作出体积最大的小船？经验告诉我们，表面积一定、体积最大的图形是球，但是制作球的难度比较大。生活中最常见的表面积一定、体积较大的是圆柱体。

在生活中，把桶做成圆柱体的形状，其实就是为了使用同样多的材料制作出容积尽可能大的容器。在表面积确定的情况下计算桶的高度和容积之间的关系，需要使用微积分的知识，所以这里不做要求，只需要学生自己确定油桶底圆直径、油桶高度等数值，研究一定表面积情况下桶的高度和容积的关系（见表 4-3-7）。

表 4-3-7　桶高与容积关系探索用表

	底圆直径（厘米）	底圆周长 = 桶皮展开边长（厘米）	计算得出的高度（厘米）	容积（立方厘米）
第一组	1			
第二组	2			
……	……			

教师将所有数据汇总到黑板上，画出坐标轴，讨论桶高和容积的关系，找出容积的变化趋势。

各小组选择一组数据来制作小船，开展实验并记录可承载的硬币数量。

四、漂浮的胡萝卜
——密度变化的规律与应用

★ **课程背景与目标**

浮力在生活中用途广泛，比如，钓鱼用的浮标、气球在空中飘动、救生衣、船、筏等都借助了浮力的原理。浮力还是学生将来要学习的力学的重点内容。为了能让学生更好地理解浮力现象，对浮力的学习产生兴趣，我们需要用一些有趣的方式研究浮力，鼓励学生通过实验研究浮力，并准确记录实验数据，在此基础上，掌握有关规律，并利用规律制造更复杂的悬浮状态。

★ **课程领域**

物理、数学、生物。

★ **建议年级**

四年级。

★ **建议时间**

80分钟。

★ **课程任务**

学生首先了解浮力在生活中的应用，了解鱼为什么能在水中生活、潜艇的原理，尝试使用给定的材料实现不同的沉浮状态；对沉浮状态进行逐渐深入的了解和科学测量，掌握平衡状态的数学规律；尝试利用规律创造更加复杂的悬浮状态并展示说明。

★ 教学过程

一、导入：生活中的浮力现象与应用（15分钟）

1. 浮力与个人感受（5分钟）

浮力是在液体或气体中的物体受到的各个表面的压力差，方向竖直向上。生活中，人们在游泳时能够漂浮在水中就是因为浮力的作用。请同学们思考一下，为什么游泳过后从水中出来，会觉得身体很重？（这是因为在水中身体所受的重力和浮力抵消，自身重力感觉降低。当身体适应了浮力后上岸，浮力消失，所以感觉身体格外沉重。）

2. 头脑风暴（5分钟）

让学生进行头脑风暴，分组汇总生活中有哪些与浮力有关的现象。

学生可能会汇总以下现象，如茶叶漂在水上、氢气球会飘在空中、游泳时人可以漂浮在水面上、鸭子在水中游泳、轮船在水中航行、木块漂浮在水面上、潜艇在水中行驶、空气中的灰尘在飘浮等。

教师可以让各小组向其他组汇报他们头脑风暴的结果。

3. 学生进阶思考（5分钟）

• 漂浮的物体不会沉入水底，浮力的作用效果很明显。那么沉入水底的物体受到浮力的作用了吗？

• 同样的物体，在1米深的水下所受的浮力和在10米深的水下所受的浮力，哪个大？

• 人在空气中是否受到浮力的作用？你能感受到吗？

• 游泳时如何让人受到的浮力变大？

二、物体的沉浮条件（15分钟）

1. 教师为学生讲解鱼在水中沉浮的原理（5分钟）

鱼体内有一种囊状物，叫鱼鳔（biào），鱼在水中可以自由地沉浮，就是靠改变鱼鳔的体积来实现的。鱼鳔里面充满氮气、氧气、二氧化碳等混合气体。鱼鳔体积变化导致鱼身体大小发生变化，鱼所受的浮力当然也会发生变化，而鱼的质量不变，重力就不会变，但浮力的改变导致了合力的改变，所以鱼可以在水中沉浮。

2. 讲解潜艇的原理（5分钟）

人们根据鱼的沉浮原理成功地制造了潜艇，潜艇的两侧有水舱，充水时潜艇下降，排水时潜艇上升。排水靠的是压缩空气。虽然潜艇的水舱像鱼鳔一样可以改变气体的量，但是潜艇的外形是不变的，因此潜艇和鱼的沉浮原理稍有不同。水舱注水和放水，变化的是潜艇的重量，重量大所受重力大，而潜艇的外形不变，浮力是不变的，所以仍然可以导致潜艇所受合力的变化，进而使潜艇可以沉浮。

教师可以准备视频《原来潜水艇是这样下潜的啊！90秒告诉你潜艇下潜的原理》《密度实验"谁主沉浮"》供学生观看学习。

3. 学生思考（5分钟）

教师可以提问启发学生思考：在上述讲解与实验中，你发现了哪些变量？它们是怎么发生变化的？

- 体积（鱼能够通过鱼鳔改变体积）。
- 重量或重力（潜艇可以通过注水与放水改变重量）。
- 密度（不同的液体密度不同）。

三、执行任务（30分钟）

1. 出示任务和评价量规（10分钟）

（1）任务：想办法让胡萝卜在水里浮起来。学生设计、制作并说明原因，完成工作单（见附件4-4-1）。

（2）材料：胡萝卜、量勺、塑料杯、可溶物（盐、糖、面粉、小苏打）、水、刻刀、热熔胶枪、牙签。

（3）评价量规：见表4-4-1。

表4-4-1 胡萝卜漂浮实验评价量规

分数 项目	1分	2分	3分
填写工作单	工作单填写简略，有遗漏	基本完成了工作单	工作单填写详细，内容充实，有充分的思考
表述漂浮原理	原理表述不清晰	能大概说清楚原理	能够清晰地表述原理，并让其他同学听懂
完成任务	仅能用一种方法完成任务	能够使用两种方法，但只有一种成功了	有两种方法，均成功完成任务

续表

项目＼分数	1分	2分	3分
分工合作	由少数组员完成所有工作	所有组员都有参与，但分工不是很明确	分工合理，合作顺畅
展示	在展示中，小组对设计过程的描述缺乏逻辑，不能说明设计的特点和优势	小组对设计过程进行了部分展示，展示较具体，但是部分显得混乱和无意义	展示清晰明确，有效地体现了设计的意图和特点

2. 教师提问启发学生思考（20分钟）

在学生执行任务的过程中，教师要带领学生思考以下问题。

• 你们组是如何分工合作的？

• 所有的可溶物都测试过了吗？它们的高浓度溶液能否使胡萝卜漂浮起来？

• 为什么有的可溶物溶液无法使胡萝卜漂浮起来？

• 在这个任务中，各种变量都可以怎样控制？

• 你能发现什么规律？试着用自己的话说出来。

四、总结与反思（20分钟）

学生完成任务后，教师组织学生讨论。

• 有没有考虑用某种组合方式来完成任务？比如使用两种或多种溶剂？

• 设计思维是否会受鱼和潜艇的禁锢？有没有考虑用最简单、最直接的方式完成任务？比如，把胡萝卜挖成船形？还有没有其他简洁的方式完成任务？

• 你们组在解决问题的过程中谁的贡献最大？为什么？

• 你们组成功地完成了任务，能详细介绍一下你们的设计原理吗？

• 你们组有没有从其他组借鉴一些做法？借鉴了什么？为什么？

• 你们组没有完成任务的原因是什么？如果让你们再做一次，会有哪些改变？

五、扩展挑战任务（可选）

使用同样的材料能否制作一个在水中悬浮的胡萝卜？

材料：胡萝卜、量勺、塑料杯、可溶物（盐、糖、面粉、小苏打）、水、刻刀、热熔胶枪、牙签。

附件 4-4-1：工作单

小组名：

组员：

我们组经过商议，计划采用控制_____（质量、体积、密度三选一）变量的方式，让_____（胡萝卜、水二选一）的_____（质量、体积、密度三选一）发生变化，进而完成挑战任务。

操作方法和现象记录如下。

步骤	操作方法	操作员	现象	记录员
1				
2				
3				
4				
5				
6				
7				

最终我们完成了挑战，图示如下。

五、设计游乐场
——想象并动手付诸实践

★ **课程背景与目标**

游乐场是儿童喜欢的活动场所。游乐场里通常有跷跷板、旋转木马、秋千、单杠、双杠、滑梯、玩具小屋等。大型游乐场还会建造过山车、摩天轮等娱乐设施。游乐场里的游戏能够帮助儿童发展协作能力,使身体强健,学习与人沟通的技巧,并且享受快乐。

本课程通过创设情境,让四年级学生构建自己心中的游乐场,在教师的引导下进行有逻辑、有方法、有目的的虚拟建设活动,不是作为游客而是作为建设者参与设计和建造。本课程融合了社会科学和自然科学的有关知识,作为设计者的学生要从地理、经济、每个游乐项目的装置原理以及游玩者感受到快乐的生理学原理等几个方面来规划自己的游乐场建设。本课程通过游乐场建设,培养学生对日常生活的关注意识,以及观察设计能力,重点关注工程设计和实际生活的联系。

考虑到学生的年龄和知识面,教师应当从游乐场的项目入手,其次是人员配置(社会学内容)以及项目装置的机械原理(物理学与生物学内容),最后逐步扩展让学生了解如何进行项目的设计,尤其是其中的工程设计部分该如何完成。

★ **课程领域**

工程、物理、生物、社会学。

★ 建议年级

四年级。

★ 建议时间

110分钟。

★ 课程任务

通过一系列的引导，引起学生对游乐场及其活动设施的兴趣，并发挥想象力进行游乐场的项目设计和模型建设。

★ 教学过程

一、导入（25分钟）

首先，教师询问学生有关游乐场游玩的经历，让学生列举出他们玩过的项目的名称、游玩感受和游玩项目概况。然后，教师归纳总结游乐场的常见游乐项目和必备设施。

• 游乐项目：左右摇摆类、失重超重类、自转类、倒立翻滚类、矢量运动综合类（如过山车）、秋千类、观赏类等。

• 后勤支持：餐饮摊位、长廊凉亭等休憩场所。

教师对常见游乐项目进行引导说明，可以先提问学生，然后补充说明。

• "深海旋涡"，基本机械结构为单摆加上以摆臂最下端为中心的双向旋转轮，让游玩者感受左右摇摆、自转、失重、超重。

• "飞鲨战队"，将摆臂安装在一个垂直于地面的固定杆的顶端，摆臂在不断上下摇摆的同时随之旋转，让游玩者感受旋转、倒立、翻滚。

• "海马骑士"，将两个平行的杠杆的中点固定在同一水平线上，两个杠杆的顶端上固定一个与地面平行的乘坐舱，乘坐舱随着两个杠杆的旋转而旋转，让游玩者感受上下摇摆和圆周运动。

• "沙滩勇士"，将两个与地面水平的舱体固定在与地面垂直的升降台的两端，通过迅速的升降和定格过程，让游玩者感受反复升降、短暂的超重与失重。

• "潜水鱼"，将舱体固定在升降机的顶端，而升降机则固定在围绕中心旋转的巨大悬臂的一端，让游玩者感受反复的升降起伏和旋转。

• "奇幻漂流"，将舱体中心点固定在一个与地面垂直的旋转轴上，旋转轴则固定在开口向上的巨大 U 形滑动轨道上，舱体在不断随轨道滑行的同时，以垂直地面的旋转轴为中心旋转，让游玩者体验 U 形冲浪摆动和自转运动。

然后，教师解释一些可能涉及的基本概念和名词。这些概念讲解不以准确的、专业的物理学、生物学定义为准，而是以学生能理解的感受、感觉为主。

- 失重：自由下落时感受到身体轻飘飘的状态，比如，从上往下跳水时在空中的状态，升降机开始下降时有失重现象。
- 超重：向上猛然加速或者向下猛然减速时觉得身体骤然变得很重的状态，比如，在电梯上行的一刹那的状态。
- 离心力：物体围绕着某个中心做旋转运动时所产生的离开中心的力。
- 肾上腺素：激素的一种。在人体受到很多刺激，尤其是感到危险的时候会分泌这种激素，使人感到亢奋。坐过山车时感受到的快乐感受与此有很大关系。

二、执行任务（50 分钟）

1. 出示任务和评价量规（10 分钟）

（1）任务：学生以小组为单位画出游乐场设计草图，进行简单说明，然后利用材料制作尽可能精巧的游乐项目模型，每组选做两个。

（2）材料：橡皮泥、黄铜扣、硬纸板、纸筒、毛茛、胶水、剪刀、米尺（卷尺）、吸管、线、胶带、手工棒、普通白纸、彩笔。

（3）评价量规：见表 4-5-1。

表 4-5-1　游乐项目模型制作评价量规

分数 项目	1 分	2 分	3 分
给项目命名	没有给出名称	名称较简单或缺乏吸引力，或与项目关系不大	名称与项目相关，有一定的吸引力
艺术性	照搬简单的机械结构，没有体现游乐场应有的美感和童心	有一定的设计感，但部分细节较粗糙	模型设计有一定的艺术性，考虑了儿童的兴趣
内部结构性	只是体现了游乐项目的大概的外貌，缺乏内部表现	体现了游乐项目的细节，但是无法进行或只能少量进行动态演示	体现了游乐项目的多个细节，且能够较为细致地表现项目装置是如何运转的

续表

项目 \ 分数	1分	2分	3分
规划逻辑性	简单地将项目拼凑在一起或堆放在一起，无法解释组合的原因和特点	有目的地组合已有项目，并增加了一些支持性设施，但是较为粗糙，有漏洞	有目的地组合已有项目，增加了许多支持性设施，结构规划安排较合理，漏洞较少
分工合作	分工不明确，每个成员不清楚自己的角色	有基本的分工，但是分工不系统，或执行分工不彻底，或出现没有承担任务的成员	有明确的分工且贯彻实施，每个成员都安排了相应的任务，并且每个人明确自己的任务，有组织地执行
展示说明	在展示中，小组对设计过程的描述缺乏逻辑，不能说明设计的特点和优势	小组对设计过程进行了部分展示，展示较具体，但是部分显得混乱和无意义	展示清晰明确，有效地体现了设计的意图和特点

2. 执行任务（20分钟）

正式执行制作任务，教师要求学生依照评价量规思考以下问题。

- 你们小组选择设计的项目要给游客什么样的感受？
- 基于以上考虑，你们决定设计什么样的项目？根据材料和时间的限制，你们决定如何做？
- 这些项目在外观上会不会有冲突而显得不协调？
- 你们的项目是利用什么样的物理装置来实现的？表现是否贴切？
- 在实际情况中，每个项目各能容纳多少游客？游客玩一次要多长时间？

3. 小组完成展示后的讨论（20分钟）

- 各个小组设计的项目是否能放在同一个游乐场中？如何摆放？
- 哪些项目会产生由于非常相似而无法放在一起的问题？是否有办法解决？
- 哪些项目可以作为游乐场的主打项目？选择的标准是什么？

三、总结和反思（25分钟）

全部小组完成对游乐项目的讨论后，教师再次组织学生讨论。

- 你们组是怎么讨论得出设计结果的？是否运用了一些计算？
- 刚才集体制作的游乐场是否有统一的主题？是否有足够的空间举办临时性的活动？例如，**邀请表演**。
- 各小组是如何表现各种机械装置的？选择材料的依据是什么？

- 对于没有采纳的设计，你们提出了哪些质疑使得你们决定不采纳？

四、拓展作业（10分钟）

- 学生自己动手，设计游乐项目的使用说明书。
- 学生自己动手，计算游乐场每个小时最多接待的游客数量。
- 学生计算和规划游乐场需要的工作人员数量，明确其技能、性别、年龄要求（例如，需要力量的地方就需要年轻的男员工，而销售和导游则可以用女员工）。

家庭作业：按照自己小组的设计，每个项目需要什么样的材料来制作？大概需要多少（千克）？或者需要多少可利用的现成的机械装置？每一项的价格大致多少？

六、神奇的植物
——科学实验的设计思路

★ **课程背景与目标**

四年级的学生已经知道植物朝着有阳光的方向生长,但对其中蕴含的科学道理不一定能解释清楚。我们可以直接告知学生,植物就是要向着有阳光的方向生长,但这种方式是不可取的。学生仅仅记住了事实,但错失了理解更重要的科学规律的机会。科学是观察事实,从事实中抽象出规律,再回到事实中进行证明的过程。通过这节课,学生自己设计实验方案、设置对照组、记录实验数据并尝试证明植物具有趋光性这一现象,体会如何完成一个科学实验,并对植物为何具有趋光性做出猜想和推断。

★ **课程领域**

生物、科学、工程。

★ **建议年级**

四年级。

★ **建议时间**

110分钟(除去植物生长时间)。

★ **课程任务**

学生分小组设计一组能够证明植物趋光性的实验。在实验过程中要运用严谨的科学实验流程,尝试从多个影响因素里分离出需要研究的因素,证明植物具有趋光性。本节课学生不但可以学到植物的向性运动，更重要的是能建立对科学实验的认识和批判性思维，这对学生今后面临复杂的现实问题时能够迅速抓住问题的关键点、提出解决方案并整理思路和做法很有助益。

★ 教学过程

一、导入（10分钟）

教师给学生播放一段视频，有一个植物暗盒，盒子里的植物生长一段时间以后，可以明显观察到会向着光源的方向弯曲。或者教师提前制作一个植物暗盒，让植物在里面生长一段时间。教师请学生观察，并用以下问题引导学生思考。

- 为什么盒子里的植物会向着有光的方向生长？
- 是否有其他因素造成了盒子里的植物向着一个方向生长，而非光照？
- 如果将盒子换一个方向摆放，实验结果是否会不一样？
- 如果趋光生长的假设是正确的，那么怎么解释有些植物沿着墙壁生长的特性呢？
- 如何解释室外的植物向上生长的特性？
- 植物都有哪些生长的特性？
- 请做出假设：为什么植物具有以上特性？

二、执行任务（75分钟）

1. 出示任务和评价量规（5分钟）

（1）任务：学生小组合作设计一组实验，证明植物是具有趋光性的。

（2）材料：硬纸板、剪刀、种子（萝卜、黄豆或小麦种子）、鞋盒、胶带、花盆和土壤（或者培养皿和棉花）、光源（LED台灯）。

（3）评价量规：见表4-6-1。

表4-6-1 植物生长实验评价量规

项目 \ 分数	1分	2分	3分
实验方案的设计	对实验方案的设计考虑不周	能够提出较为合理的实验方案，取得了较好的实验结果	合理假设，实验求证，对变量进行了控制

续表

项目＼分数	1分	2分	3分
成品制作效果	成品的制作工艺不太好，实验过程不够严谨	能够制作出较好的实验成品，能够完成实验	成品制作工艺精美，实验按照步骤进行
分工合作	没有分工合作	有基本的分工合作	分工合理，协作流畅
总结汇报	汇报不清晰	汇报较完整	对设计和制作过程讲解清晰、内容完整

2. 提出假设（10分钟）

教师组织各小组提出假设，进行讨论。

- 植物具有哪几种特性？
- 是什么原因使植物具有这几种特性？

教师可以将学生提出的所有假设写在黑板上。影响因素包括但不限于：光、重力、触摸、空气湿度、温度、风、声音、颜色、细菌、气压、土壤等。

经过小组讨论，教师再次出示这节课的主要任务是验证这样一个假设：植物会向着有光的方向生长，光是影响因素。在设计实验方案的时候，学生首先应当考虑：怎么能够证明植物朝某个方向生长不是受到了其他因素的影响而是光的影响？

3. 介绍对照组和实验组（10分钟）

教师出示图片（见图4-6-1），请学生思考右边的植物枯萎的原因。

图 4-6-1　两盆生长情况不同的植物

教师介绍：两盆最初同样的植物放在同样的位置上，接受同样的光照，唯一的不同是右边一盆植物没有浇水。教师向学生提问：为什么右边的植物枯萎了？并进一步追问，为什么不是其他因素造成了植物的枯萎？

学生会很快理解，在实验中，如果要判断一个因素是否起到了决定性的作用，最好的办法就是在其他条件都保持不变的情况下，仅仅改变需要观测的那个因素。用作参考的正常组就叫作对照组，参加实验的那一组（条件改变）叫作实验组。

4. 讨论实验方案（10 分钟）

教师向学生提问：我们来思考一下，在上面列举出的诸多影响因素里面，怎么设计不同的实验方案来进行判断？

判断水：一盆不浇水，一盆放在附近正常浇水，其他条件一样。

判断风：一盆放在电风扇旁边不断地吹风，另一盆无风，其他条件一样。

判断温度：一盆使用电暖气进行不间断加热，另一盆不加热，其他条件一样。

……

学生提出实验方案，教师补充，或者教师提出方案，学生评估，并预测会有什么现象发生。

5. 设计实验方案（25 分钟）

科学的实验方案应当遵循一定的流程。在一组设计良好的实验中，除需要验证的因素之外，其他会影响实验结果的因素都应该保持相同。

请学生分小组考虑：如何设计实验过程才能够分离"光照"这一因素，证明或者证伪之前提出的假设？

各小组展开讨论，并画出设计图纸，交给教师检查。种子的发芽和生长一般需要几周的时间，教师可以让学生查询种子的发芽和生长时间，安排好每天浇水和观察的时间，并设计好实验报告（见表 4-6-2）。

表 4-6-2 种子生长观察记录表

日期	浇水和观察时间	实验组现象	对照组现象	观察人员

除了文字记录，还可以鼓励学生定期拍照记录，最后将图片呈现在实验总结报告中。

6. 分析数据（15 分钟）

实验中得到的观察和测量结果称为实验数据。在实验告一段落时，应该对实验数据进行分析，看一看数据有没有什么规律，或者整理成图表，这样常常可以更清晰地看到数据的变化规律。

在所有的数据收集完成以后，教师引导学生进行深入的思考。教师可以用以下问题来引导学生思考。

- 这些数据有什么规律？
- 实验组和对照组的影响因素有什么异同？这些异同是怎样反映到实验数据当中的？
- 实验结果能不能证明先前提出的假设？
- 我们是否避免了其他所有因素的影响，而单单证明了光照对植物的影响？
- 如果实验数据不能够支持假设，是什么原因？实验还存在哪些缺陷？
- 怎么改进实验方案？

通常，学生会清楚地发现，对照组的设立会很好地排除其他因素的影响，从而清晰地体现出植物的趋光性这一特性。如果实验没有成功，请教师帮助学生分析是哪一个步骤出现了问题、如何改进。

对于植物为什么具有趋光性，教师也应当要求各个小组提出假设，并提出实验方案来验证这一假设。

数据分析完成以后，给各小组一段时间将实验的整个过程和数据整理为实验报告，用于展示和存档。

三、总结和展示（25 分钟）

教师应当给每个小组至少 5 分钟的时间在讲台上展示。展示内容应当包含实验设计思路、小组分工情况、整个实验过程、实验记录以及最后的实验数据分析。

教师和其他学生可以提出问题和建议，台上的学生应当做出回应。

参考资料：植物的向性运动

高等植物不能像动物一样自由移动整体的位置，但植物体的器官在空间可以产生移动，以适应环境的变化，这就是植物的运动。高等植物的运动主要有两种类型：向性运动和感性运动。植物的向性运动是指在刺激方向和诱导所产生运动的方向之间有固定关系的运动。根据外界因素的不同，向性运动主要分为向光性运动、向重力性运动、向触性运动、向化性运动和向水性运动等。向性运动大多是生长性运动，是不可逆的运动过程。

七、水乳交融与油水分离
——环境与人类活动的平衡

★ 课程背景与目标

地球是人类在宇宙中生存、发展的唯一家园。地球表层环境的演化、各种气体分子的存在以及四大圈层的相互作用为人类的生存奠定了基础,而人类的存在与发展也使地球表层环境发生了重大的变化。在人类改造环境的同时,环境其实也在改造着人类。当人类向自然界索取的物质日益增多、抛向自然环境的废弃物越来越多时,大自然的平衡就会遭到破坏,使环境问题日益突出。

石油是工业的血液,能提供能源,也是众多化学工业的原料。大量的石油存在于海平面之下的地壳中,人类在采集石油时若不注意,会造成海上石油泄漏,这是一种可以对海洋环境产生毁灭性破坏的事故。

本课程以一个简单的生活中常见的物理模型(油漂浮于水上)为蓝本,深入浅出地从微观(分子层面)以及宏观(生态层面)两面阐述这一现象的原因、造成的影响以及人类可以选择的干涉对策,培养学生对日常生活的关注意识,能关注科学知识和实际生活的联系,提高解决问题的能力。

★ 课程领域

工程、物理、化学、生物。

★ 建议年级

四年级。

★ 建议时间

145 分钟。

★ 课程任务

通过对不同物质相溶或不相溶的现象的探讨以及对实际情境的描绘，产生观察现象、学习科学的兴趣，并在教师的引导下培养综合看待问题和解决问题的思路。

★ 教学过程

一、导入（15分钟）

1. 简述物理和化学的概念，询问学生对溶解现象的认识（5分钟）

（1）物理是研究物质运动最一般规律和物质基本结构的学科；化学是研究物质的组成、结构、性质及变化规律的学科。

（2）一种物质以分子或离子等状态均匀地分散在另一种物质中就叫溶解。如把一勺糖放进一杯水中，就成为糖水。

2. 进一步向学生介绍有关背景知识（5分钟）

告知学生溶解是一种物理现象，但是该现象的微观原因和化学相关，引起学生对交叉学科的兴趣。让学生举例，什么东西可以溶解在水中，生活中还有哪些常见的溶解现象。

3. 创设情境，引入主题（5分钟）

教师创设情境。大家也许在电视上看到过，当出现石油泄漏事故的时候，会造成很严重的环境破坏。询问学生背后的原因，并介绍石油的有关知识。石油是一种黏稠的、深褐色液体，聚集在岩石的空隙中，是具有不同结构的碳氢化合物的混合物。石油不能溶解于水中，所以当发生石油泄漏时，石油不能很快分散在无边无尽的大海中被自然降解，而是会很长时间聚集在一起。同时，油比水轻，所以会漂浮在水面上，挡住水下植物所必需的阳光，影响鱼的呼吸以及黏住前来捕鱼的水鸟的羽毛，从而造成大量海洋生物的死亡，破坏生态。今天的课程就是要想办法解决这些问题。

二、任务执行与反思（130分钟）

（一）第一个任务的执行与反思（65分钟）

1. 出示任务（10分钟）

（1）任务：每组派出学生和教师一起演示油与水的分层现象在分子层面的表现，以及分析在温度不同的情况下油和水的运动会变得不同的原因。各个小组听清预备知识，根据给定的材料在教师的指导和提示下进行模拟演示，并通过合理的讨论和推理得出结论。

（2）预备知识如下。

- 油分子比水分子大，但是比水分子轻。
- 水分子和油分子都会无规律地运动，并发生碰撞。
- 水分子像微弱的磁铁一样会偶尔互相吸引，而油分子之间、油分子和水分子之间不会互相吸引。
- 水吸热较快，油吸热较慢。吸收相同的热量，水分子会运动得更剧烈，而油分子则运动得不如水分子剧烈。

（3）材料：棉花球、报纸、玻璃球。

（4）本部分不设计评价量规，不进行评价。

2. 执行任务（20分钟）

（1）教师手拿两个油分子（以大的棉花球表示），学生每人手持两个水分子（以小的玻璃球表示）。教师拿起棉花球提问：在同学们的心中，油分子是一个圆鼓鼓的球吗？如果不是，那是什么样子的？

（2）教师要求学生用玻璃球表示水分子彼此吸引，两个玻璃球稳定在一定的位置上进行小幅度的不规则运动。然后，教师拿起棉花球提问：既然水分子会相互吸引，是水分子的相对位置更稳定还是油分子的相对位置更稳定？

（3）教师要求学生用玻璃球与教师一起演示。油分子很大、很轻且很难吸引水分子，水分子和水分子之间的吸引力很强，所以当油分子试图融入水分子中时，水分子会集体抗拒，形成比较稳定的网络，并利用这个网络把油分子托起，挤压到上面去，不让它靠近水分子。教师提问：哪些学生和教师的表演是有问题的？你们为什么这么想？

（4）当油与水的模拟分层稳定的时候，对其进行加热，其中油升温慢，水升温快，温度越高分子运动越剧烈，学生用玻璃球配合手拿棉花球的教师一起演示不同温度下水与油的分子运动（40℃、60℃、80℃、100℃）。然后教师提问：在这个环节，你认为哪些学生和教师的表演是有问题的？你们为什么这么想？

（5）教师提问：通过刚才的演示，想一想，假如下面的水已经沸腾，油分子是否还能被继续加热？这个时候水分子是否能够透过油层？通过这样的思考，想一想刚才同学们的演示是否正确。

（6）教师提问：在实际情况中，当油和水混合时，油分子和水分子如何运动？预想最后结果，并试着描述一下。

3. 总结和反思（25分钟）

在这一阶段的总结环节，教师组织学生讨论。

- 你们组是怎么得出结论的？是通过实际操作还是通过设想和推理得出的？
- 在你们的结论中，油分子与油分子、水分子与水分子，谁的"同物质亲和力"最强？根据这个结论，假如我们向一个平面上的不同位置滴一滴油和一滴水，哪个有可能会显得更圆？哪个有可能会显得更扁？
- 小组在讨论中出现了几种不同的意见？最后你们是如何统一的？
- 对于没有采纳的意见和看法，你们提出了哪些质疑使得你们决定不采纳？

4. 制造肥皂水并观察（10分钟）

学生以小组为单位制造肥皂水（在材料有限的情况下可以考虑让两个小组共同完成该步骤），并观察、对比、记录肥皂水和油滴在水面上的情形，观察水和油的状态是否符合预期，是否有分层现象。之后，要求学生思考如下问题。

- 什么因素会影响水对肥皂和油滴的溶解？
- 我们需要控制哪些条件来保证观察的准确以及结论的准确？或者说如何保证我们观察到的差异现象仅仅是因为水所溶解的物质不同？
- 你们的预测是什么？
- 有哪些数据是你们认为需要记录的？

在讨论之后，让学生进行观察，观察后，进一步讨论如果将肥皂水和油混合，是否会出现分层现象，最终双方是否会相互溶解。

(二)第二个任务的执行与反思(65分钟)

1. 出示任务和评价量规(10分钟)

(1)任务:学生根据提供的材料设计实验,寻找清理油污的办法,通过实验找出最佳的材料和办法,并说明清理过程以及相应的结论。

(2)材料:滤纸、棉花球、钢丝球、肥皂、报纸、纸巾、植物油、水、纸杯、小水盆、纱线、坐标纸。

(3)评价量规:见表4-7-1。

表4-7-1　清理油污实验评价量规

分数 项目	1分	2分	3分
文字及图画设计	缺少文字和图画设计	设计了文字和图画说明,但是一些说明较混乱,缺少条理,实验步骤表述较清楚	合理地设计了文字和图画说明,对设计结构的表述条理清晰,对每个步骤包括所要观察记录的内容都标注清楚
图表设计	没有图表或图和表格没有很好的承接关系,图表设计和数据不能很好地匹配	图和表格中的数据能较好地对应	图较好地表达了表格的内容,甚至进行了延伸,图中刻度设计清晰
材料利用	材料利用不充分,只是使用了少部分材料	材料利用较充分,个别材料使用错误	材料利用充分,并且成员理解每项材料使用的目的
分工合作	分工不明确,成员不清楚自己的角色	有基本的分工,但是分工不系统,或执行分工不彻底,或出现没有承担任务的成员	有明确的分工且贯彻实施,每个成员都安排了相应的任务,并且每个人明确自己的任务,有组织地执行
说明展示	在展示中,小组对设计和实验过程的描述缺乏逻辑,不能说明结果或无结果	小组对设计和实验过程进行了部分展示,展示较具体,但是部分显得混乱和无意义	展示清晰明确,有效地体现了实验的意图和特点,整体逻辑清晰

2. 提问启发学生思考(10分钟)

• 这次课程所使用的材料较多,每项材料应当如何运用?是否所有的材料都有用?

• 根据日常生活经验,你们觉得哪种材料吸收油脂的效果最好?为什么?

• 如何通过图表展示你们的预测和实验记录?在实验前是否能够设计图表基本格式?

提问后，给少量时间让各小组沟通准备。每个人都要写出自己的想法、实验设计，并画出表格，然后小组讨论使用哪种设计，并画出基本的图表框架。

3. 执行任务（20分钟）

正式执行制作任务，教师要求学生依照评价量规思考以下问题。

- 以哪种方法处理石油泄漏问题这些材料能够起到最大的作用？
- 我们需要的是吸油性最强的材料还是吸油性较强而吸水性差的材料？哪种比较合适？
- 通过你们设计的处理方法，泄漏的油有没有可能被再利用？
- 你们小组以什么作为处理油污性能的评价标准？如何进行相关操作以取得实验数据？
- 你们认为实验过程中应该注意哪些点？
- 结合真实情况下石油泄漏会波及大范围的面积，你觉得你们小组的计划是否可行？为什么？
- 小组的分工如何？

4. 总结和反思（25分钟）

在这一阶段的总结环节，教师组织学生讨论。

- 在刚才的实验中，哪种材料是使泄漏的石油回收再利用的关键？为什么？（钢丝球，因为钢丝球表面积大、造价低、吸油性强且吸水性差、磨损小。）
- 发挥想象，你觉得还有什么办法可以控制已经发生的石油泄漏？有什么办法可以继续利用这些石油？（鼓励学生课后收集资料回答该问题。）
- 如果发生大面积的石油泄漏，通过今天的实验，你会利用哪些材料来控制石油泄漏并回收利用石油？如何进行具体操作？这些操作会遇到困难吗？会不会导致其他意外的发生？

拓展思考：当发生石油泄漏时，直接点火燃烧是否是个好主意？

八、硬纸板自动机
——初探机械和艺术的交集

★ **课程背景与目标**

在现实生活中,科学和技术不断地与人类社会产生互动,并通过各种渠道影响人们的日常生活。在 18 世纪末,当以欧洲为代表的精密仪器制造技术进入鼎盛时期时,一些极富才华的工程师把想象力和创造力挥洒在艺术创作领域,他们制造出了机械娃娃、机械动物、音乐盒子……科技不仅作为一种提升效率的"工具"对人类产生作用,而且本身具有人文性,包含了艺术的特质。本课程通过让学生制作硬纸板自动机,在探究基本机械原理的同时,能够从另一个角度认识科技和人类的复杂关系。

★ **课程领域**

机械、工程、技术、物理、美术。

★ **建议年级**

四年级。

★ **建议时间**

150 分钟。

★ **课程任务**

学生通过观看视频等方式了解硬纸板自动机的概念和基本制作方法,然后提出创意完成一个硬纸板自动机的设计和制作。学生在设计过程中不但要运用机械传动的一些基本原理，还要为硬纸板自动机设计一个故事情境，寻求机械结构的功能性和硬纸板自动机所展示的故事情境的协调统一。在活动中，学生还将学习如何与他人进行交流、合作，分工协作完成故事情境部分、机械设计部分和制作部分等工作。

★ 教学过程

一、导入（20分钟）

（1）教师给学生呈现一些关于硬纸板自动机的资料（可以在搜索引擎中输入关键词"Cardboard Automata"搜索动态图片或者视频），同时出示一个自己制作的简单的硬纸板自动机模型（只能完成一个动作）。通过这些手段让学生了解什么是硬纸板自动机，以及怎样制作硬纸板自动机。

（2）在视频的选择方面教师需要注意，不同的机械传动方式、不同的模型运动形式的视频要尽量包括。例如，在模型运动形式上，要包括转动、上下运动、左右摆动、前后摆动、曲轴运动以及上面几种运动形式的组合运动。

（3）学生观看完资料后进行讨论，教师可用以下问题引导。

- 硬纸板自动机由哪几个部分组成？各自具有哪些用途？
- 为什么通过硬纸板自动机手柄的转动可以实现不同的运动形式？
- 图片或视频中呈现了哪几种运动形式？这些运动形式都是怎么实现的？
- 你还能想到其他的运动形式吗？
- 除了运动，你还能用硬纸板自动机实现别的什么表现形式吗？比如，能实现声音这种表现形式吗？

二、建构任务（30分钟）

（1）每个小组用硬纸板、剪刀、竹签、热熔胶枪设计两种不同的机械传动形式，并到讲台前展示说明设计出来的硬纸板自动机是如何实现传动的。

（2）在第一次的设计中，学生可能会对如何实现某一种运动形式无从下手，从而选择最简单的上下运动和旋转运动。为了帮助学生进一步拓展思路，教师此时应当组织全班回顾刚刚图片或视频中出现了哪些运动形式，然后记录在黑板上。当学生没有办法列举完整时，教师可以再呈现一次图片或视频，并把剩余的运动形式补充记录在黑板上。

（3）针对所列举的不同的运动形式，请每个小组利用5分钟时间讨论其中一种，弄清楚其中的原理，并准备好草图，制作简易结构，向其他组的成员解释。如果有的组不能完成，也可以向其他组咨询。讨论完成后，教师组织每个组上台讲解。如果有的小组在第一次的设计中使用了某种运动形式，就可以请该小组成员介绍此种运动形式，以节省一些时间。

三、执行任务（70分钟）

1. 出示任务和评价量规（10分钟）

（1）任务：学生以小组为单位制作一个硬纸板自动机，实现两种以上的运动形式，并且硬纸板自动机的模型能够在一个合理的故事情境下展示。

（2）材料：硬纸板、热熔胶枪、木质手工棒、普通白纸、细铁丝、裁纸刀、剪刀、胶水、胶带、水彩笔或蜡笔。

（3）评价量规：见表4-8-1。

表4-8-1 硬纸板自动机制作评价量规

项目\分数	1分	2分	3分
设计图	无设计图	有设计图但不完整	设计图内容完整，包括外部设计、内部构造、材料、制作步骤
制作工艺	制作粗糙，组件间有干扰	制作工艺一般，产品能运行，但不够顺畅	工艺良好，产品运行较顺畅
故事情境	有情境，但和模型无联系	情境和模型间有一般程度的联系	模型的动作能够较好地契合故事情境
装饰	模型上没有装饰	模型上有一些简单的装饰	装饰较精美，有艺术性
实现的运动形式	一种	两种	两种以上
总结展示	一人上台汇报，表述不完整	一人或两人上台汇报，表述内容较完整，表达能力较强	小组所有成员共同汇报，能详细说明过程，表达清晰

2. 初步设计（20分钟）

各小组独立设计。第一次设计的核心在于，首先思考要讲述什么样的故事或实现什么样的情境，然后再想办法让机械动作与故事情境相配合。设计的过程不应当是先让模型随机动起来，然后再牵强地编写一个故事情境，而是应该先有了想要达成的想法，再使用技术来实现想法。各小组首先应进行头脑风暴，提出一些想要实现的情境，然后选择一至两个进行进一步的设计。

教师可以用以下问题进行引导。

- 你们小组想要制作一个展示什么情境的硬纸板自动机？
- 这个情境中应该有哪些动作？
- 这些动作之间应该怎样配合？
- 你们对实现这些动作有疑问吗？

如果部分小组绘制了设计草图，教师也可以选取一些优秀合理的设计向全班展示，帮助有需要的小组开阔思路。

3. 制作（40分钟）

教师检查确认了设计图的小组可以开始制作。设计图需要包括外部形状、内部构造、关键部件的形状（如偏心轮、棘轮等）、所使用的材料和制作步骤。教师提醒各小组合理分工。

各小组进行硬纸板自动机的制作。教师提示学生安全使用热熔胶枪、裁纸刀、剪刀和木质手工棒。如果学生没有使用过裁纸刀，教师应当观察每一个学生使用的过程，并提醒安全注意事项。当有小组制作完成时，教师提示小组可以进行展示排练，并提醒小组安排好讲解和展示的人员。

四、展示和总结（30分钟）

给每个小组5分钟的时间进行展示。首先展示硬纸板自动机所展现的故事情境，形式不限。接下来需要介绍提出创意、设计及制作的过程，以及是否改进了设计和怎么改进的，遇到了哪些问题，采取了什么解决办法。其他小组可以提问。

所有小组展示完成后，教师就所有组设计的成品做出评价，提出各组在设计制作过程中以及成品的亮点。

第 5 章

五年级 STEM 课例

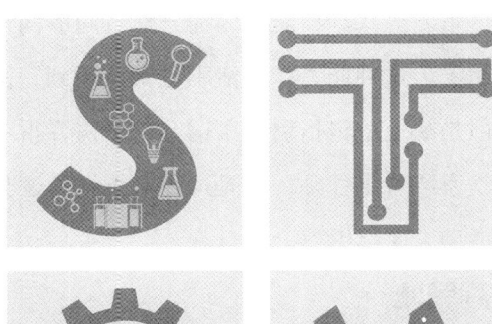

一、纸飞机
——工程技术文档写作

★ **课程背景与目标**

本课程的重点旨在让学生习得工程技术文档的写作能力。在 STEM 领域，这是一项十分重要的基础技能，因为合作者间的沟通和协作质量常有赖于指引文档是不是清晰明了。这种能力在生活中也常会用到，例如，一份好的菜谱能帮助人们做出好菜，但是缺乏逻辑指引的菜谱会把厨房弄得一团乱。虽然并不是每一个学生都会成为科学家或者工程师，但是这种系统性的逻辑思维不论是在设计、建造火箭，还是筹备活动方面都用得上。

★ **课程领域**

工程、技术、数学、物理、写作。

★ **建议年级**

五年级。

★ **建议时间**

基础课程：100 分钟（两课时）。

完整课程：190 分钟（三至四课时）。

★ **课程任务**

通过撰写纸飞机制作指引文档并交换文档进行制作，了解设计—实验—改进的工程设计循环，掌握与他人沟通的基本技能，感受如何清晰地描述自己的想法。

★ **教学过程**

一、导入（15 分钟）

给学生出示一份描述不清晰的纸飞机制作指引文档（见附件 5-1-1），要求每个学生分别按照指引折一架纸飞机。

学生可能会有很多问题，教师先不回答这些问题，在学生折好以后，要求学生互相比较折的纸飞机是不是各有差异。

抽问几个学生：为什么按照同一个指引来制作，出来的结果却存在差异？学生也许会说这份指引写得太差。接下来教师向学生宣布：今天每一个学生都要扮演一个优秀工程师的角色，按照工程师的工作方式来撰写一份工程技术文档。

教师向学生出示任务和评价量规（见附件 5-1-2）。学生将设计制作一架纸飞机，然后将纸飞机的制作方法写成技术文档，交给另一名学生来制作。通过比较自己制作的纸飞机和合作伙伴根据文档制作的纸飞机，可以清晰地看到技术文档的优劣对纸飞机制作产生的影响。

二、了解工程师与科学家的区别（可选，10 分钟）

把学生分为 4~6 人一组，要求他们分组讨论且达成共识：什么是工程师？他们平时负责处理哪些工作？

在学生回答后，教师给出这样一些例子：工程师通过设计制造一些工具来解决问题，他们需要遵循科学规律，例如，桥梁工程师设计建造大桥，计算机硬件工程师设计制造芯片。科学家是对真实自然及未知的环境、现象进行认识、探索的人。教师请学生对比思考工程师与科学家有何不同。

三、设计并制作原型机（15 分钟）

教师要求每个学生设计制作一架纸飞机。这架飞机叫作"原型机"。制作之前教师可以向学生展示两三种纸飞机的成品和飞机制作视频。学生可以从中获得一些设计制作的灵感。

如果班级人数较多，教师也可以要求学生先在纸上画出草图，然后再制作。在制作的过程中，学生可以随时进行测量和测试，并不断改进最初的设计。教师在巡视过程中可以用以下问题对学生进行引导。

- 为什么你设计的飞机头朝下栽？

- 为什么你设计的飞机左（右）偏？
- 纸飞机上哪个部分是可以动的？你是否见到过机翼和尾翼上的襟翼动作？

也许有部分学生不能意识到画图和数据记录有助于修改设计，教师要给这部分学生如下建议。

- 画图并做好标记。
- 对重要的数据进行测量，例如，长、宽、配重等。
- 在修改设计的过程中，记录每次做出的设计改动和产生的效果。

四、知识性讲解（可选，10 分钟）

如果学生对升力、重力、牵引力和阻力的概念不是特别理解，教师还需要对这部分内容进行讲解。

五、了解工程技术文档的写作要点（5 分钟）

教师再次出示导入环节展示的纸飞机制作指引文档，让学生进行讨论：这个指引文档究竟哪些地方出现了问题？可以运用圆形思维图来归纳。教师可以用以下问题来引导学生思考。

- 这份指引文档哪些地方是模糊不清的？
- 哪些地方可以改进？怎么改进？
- 哪些步骤缺少或者顺序错了？
- 一份飞机制作工程技术文档应当包含哪些内容？
- 哪些术语是你不熟悉的？

收集整理学生提出的指引文档中的问题，告知他们：这些问题的改进建议其实就是一份工程技术文档写作时要遵循的要点（见附件 5-1-3）。

六、撰写技术文档，试制飞机（30 分钟）

给学生 15 分钟，写出原型机的制作步骤。这里需要注意的是，不要给学生看太多制作纸飞机的文档模板，否则学生会进行过多的模仿而非使用自己的思路。让学生自主地在白纸上进行文档的撰写就可以。

接下来学生两两一组，互相交换技术文档，然后根据对方的技术文档制作试制机。注意，学生只可以根据技术文档进行制作，不能进行交流。如果有必要，教师也可以将所有的原型机签名后收上来，避免学生按照原型机直接模仿。

在学生撰写技术文档时,教师进行巡视,寻找一些写得好的文档,在全班展示。此举有助于学生理解什么是"清晰明了的指引"。但是此时并不需要文档的作者进行补充说明,因为后面有修改环节。在学生制作完成后,教师要求他们在技术文档上写出哪些部分是需要文档的作者进一步明晰的,并将根据此文档制作的飞机一起交还给文档作者。

七、改进技术文档,制作定型机(25 分钟)

学生应对文档中提出的问题认真细读,并做出反馈。反馈包括两部分:一部分是对技术文档中没有写清楚的地方做出改进;另一部分是对搭档做的纸飞机中出现的错误做好记录。接下来,学生在第一份技术文档的基础上再制作一份纸飞机制作指引文档,然后交给搭档。搭档根据新的文档重新制作纸飞机,即定型机。

八、评价异同点(可选,10 分钟)

搭档制作完成定型机后,将作品交给文档作者。文档作者取回自己的原型机,和最终制作完成的定型机放在一起,交由其他人评价(见附件 5-1-4,评价者可以是同学、教师等)。记录分数,然后取平均值。教师在黑板上记录每个人的分数。

九、试飞(可选,45 分钟)

原型机和定型机都应该参加最终的试飞,试飞数据可以填写在附件 5-1-5 中。学生可以在这一过程中感受技术文档写作的好坏对产品质量的影响。

在这一过程中,教师可以建议学生一组一组地进行飞机试飞,然后用胶带标记每一次试飞的结果,一组结束后统一进行测量。建议每架飞机飞 3~5 次,最后取平均值。如果人数太多、时间不足且场地不支持,每架飞机只能试飞 1~2 次,这样会对结果造成影响,工程中经常需要多次测量以消除误差。

教师引导学生分组讨论试飞的时候有哪些因素会影响最终的结果,然后大家确定一个合适的高度和角度,用胶带在墙上标记出来。当学生认为可以把握住合适的高度和角度后两两一组开始试飞。需要测量的数据包括飞行的距离和滞空的时间。原型机和定型机的试飞数据都要测,取平均值消除影响,且避免学生选取"最好的"数据。

十、数据分析(可选,15 分钟)

填写飞行参数记录表(见附件 5-1-6)。学生需要测量翼展面积,然后使用公式（见后参考资料）计算出相应的数据。在此过程中教师要帮助学生理解"升力""阻力""升阻比""升力系数""阻力系数"等术语。

十一、总结（10分钟）

教师将学生撰写的技术文档中优秀的指引标记出来，与所有学生分享。教师也可以把一些原型机和定型机差别较大的例子挑选出来，让学生分析指引文档哪里出现了问题。试飞的结果有可能是原型机飞得更好，也有可能是定型机飞得更好，教师要引导学生讨论为什么出现这种情况、哪些因素造成了影响，并让学生提出如何改进。学生还可以对自己在整个设计—实验—改进过程获取的经验和感受进行分享。最后，根据评价量规，教师适当设置一些奖项。

参考资料：

- 飞机重量（克）= 纸的数量 × 每张纸的重量（克）+ 别针数量 × 每个别针的重量（克）

- 飞行速度（米/秒）= $\dfrac{飞行距离（米）}{滞空时间（秒）}$

- 升阻比 = $\dfrac{飞行距离（米）}{起飞高度（米）}$

- 升力（牛）= 飞机重量（千克）× 重力加速度（牛/千克）

- 阻力（牛）= $\dfrac{升力（牛）}{升阻比}$

- 升力系数 = $\dfrac{升力 \times 2}{空气密度 \times 飞行速度的二次方 \times 翼展面积}$（地面空气密度约等于0.001275千克/立方米）

- 阻力系数 = $\dfrac{升力系数}{升阻比}$

附件 5-1-1：纸飞机制作文档

将A4纸对折；选两角向内对折；然后把三角再向内对折一次；将纸对折起来，将两侧斜边向外折；最后用区别针固定后部。

附件 5-1-2: 活动评价量规

项目＼分数	0分	2分	4分	6分	8分+
技术文档					
文档写作	不能指导制作				条理清晰，用词准确，非常直观，没有误区，适当使用图片和表格表达思想
与搭档的配合	与搭档不交流				能较为全面地评价搭档的第一份文档，并给出简明扼要的修改意见；能根据搭档的评价和教师的引导做出改进
现场讨论和展示					思路清晰；表达准确；回答问题简明扼要；有好的反思和对改进方案的思考
纸飞机制作					
定型机相似性					
飞行表现				可以飞	一般	较好
总得分					

注：在时间允许的情况下，教师可以与学生共同制定此量规。

附件 5-1-3: 技术文档写作建议

1. 遣词造句要简明扼要

- 对于平实的描述词和花哨的描述词，选择平实的那个。(例如，"沿长边折叠"比"沿 x 轴折叠"更合适。)

- 只有确认读者明白专有名词的意思时才能使用这个词。(例如，表述"折出 3 毫米襟翼"时要告诉读者"机翼尾部在水平方向上的副翼叫襟翼，它可以调整升力和阻力的大小"。)

2. 不要假设读者懂某个概念，而要假设他们不懂

- 如果使用的词语有歧义，要做出解释。

- 尽量不要使用术语，因为读者可能看不懂。

- 假设读者从来都没有做过类似的事。例如，在这个项目中要假设读者没有做过纸飞机。

3. 其他贴士

• 使用祈使句。

• 按照逻辑顺序一步步列出制作步骤。

• 用图形、表格辅助你的文字表述，还可以用各种颜色的笔进行标记以便于区分。

附件 5-1-4: 原型机和定型机相似性评价表

技术文档撰写者/原型机设计者：	技术文档使用者/定型机制造者：
分值：0~10 分　　　0= 十分不像；6= 基本相似；10= 一模一样	
得分：	评价者签名：
得分：	评价者签名：
得分：	评价者签名：
得分：	评价者签名：
得分：	评价者签名：
得分：	评价者签名：
得分：	评价者签名：
得分：	评价者签名：
得分：	评价者签名：
平均分：	

附件 5-1-5：飞行实验记录

设计者：　　　　制造者：

机型：

序号：

飞行距离：　　　滞空时间：

备注：

序号：

飞行距离： 滞空时间：

备注：

序号：

飞行距离： 滞空时间：

备注：

序号：

飞行距离： 滞空时间：

备注：

序号：

飞行距离： 滞空时间：

备注：

序号：

飞行距离： 滞空时间：

备注：

附件 5-1-6：飞行参数记录表

序号	数据						计算				结果	
	飞行距离（米）	翼展面积（平方米）	滞空时间（秒）	起飞高度（米）	纸张数量	别针数量	飞机重量（克）	飞行速度（米/秒）	升阻比	升力（牛）	阻力（牛）	升力系数	阻力系数
1												
2												
3												
4												
5												
6												
7												
8												
9												
10												

二、海上航行Ⅱ
——力的分解与应用

★ **课程背景与目标**

帆船行进分为三种情况：顺风下行进、横风下行进和逆风下行进。顺风的情况通常比较容易理解，即从船只后部吹过来的风给船帆一个作用力，推动船只前进。在横风和逆风的时候，就需要运用一些力的分解知识来进行具体分析。本课程通过探究实验，让学生了解并掌握力的分解知识，并将其灵活运用于帆船的设计中，根据风吹来的方向选择帆船和船帆的方向，使小船顺利前进。

★ **课程领域**

物理、工程、数学。

★ **建议年级**

五年级。

★ **建议时间**

120分钟。

★ **课程任务**

学生分为几个小组，首先通过实验探究如何对力进行分解；在掌握力的分解方法后，各小组设计帆船并制作；最后教师提供不同的风向，各小组通过分析后选择船帆角度，测试并记录小船航行的速度。

★ 教学过程

一、导入（10分钟）

教师首先播放一段视频或者拿出一个帆船模型，向学生讲解帆船行进的原理。

教师除了准备单桅帆船的模型外，还可以准备多桅帆船的模型，向学生提问并要求各小组讨论。

- 当风从后向前吹的时候，怎么调整船身和船帆的角度能使船可以行驶得最快？
- 当船上有不止一面帆的时候，怎么调整船身和船帆的角度？

学生很容易发现，除了调整船帆的角度，调整船身的角度也是很有必要的。对于双桅帆船，如果船身笔直向前，有一面帆是吹不到风的，直行向前反而不会造成速度最快。

教师向学生提问，请学生讨论。

- 当把双桅帆船船身侧过来时，船只不是直行向前，怎么解决这个问题？
- 在风力大小相同的情况下，船只是直行速度更快还是走 Z 字形速度更快？
- 为什么船只走 Z 字形反而速度更快？

二、任务执行与反思（90分钟）

1. 出示任务和评价量规（5分钟）

（1）任务：各小组首先制作一个可调节船帆方向的小船，然后教师使用电风扇（台扇）吹来的风模拟自然界中的风，三次风向各不同，各小组根据风向调节帆船角度。选出船只速度最快的组。

（2）材料：空牛奶盒子、黏土、手工棒、线、胶带、织物、剪刀、台扇、足够大的水容器、秒表。

（3）评价量规：见表 5-2-1。

表 5-2-1 船只制作评价量规

分数 项目	1分	2分	3分
船只设计方案	无设计方案	有简单的设计方案	设计方案较完整，材料标注较清晰

续表

分数 项目	1分	2分	3分
船只制作工艺	制作工艺差	制作基本能达成功能需求，工艺一般	结构结实，制作较精美，船帆可以改变角度
行驶速度	速度较慢	速度一般	速度较快
小组协作	无分工协作，由少数组员完成任务	有基本的分工，协作有时不顺畅	分工清晰，小组协作较顺畅
总结展示	一人上台汇报，表述不完整	一人或两人上台汇报，表述较完整，表达能力较强	小组成员共同汇报，能详细说明制作过程，表达能力强

2. 探究风向、帆船方向和船帆方向的关系（25分钟）

教师在黑板上画出船、风向和帆的示意图，并用箭头标出船和帆的受力情况。

（1）顺风情况下三者的关系。

顺风的情况是比较容易理解的。当风从船只后部吹过来的时候，船只头部向前，受力分析如图 5-2-1 所示。

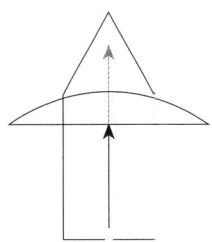

图 5-2-1　船只顺风航行受力分析图 1

当风的方向与船头有一定角度时，风给船帆施加的力会有一个分力使船向前行进，可用图 5-2-2 大致表示。

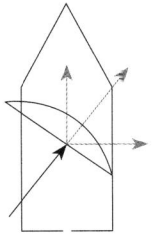

图 5-2-2　船只顺风航行受力分析图 2

（2）横风情况下三者的关系。

请学生拿出一个三角板和一个直尺，对横风下帆船行驶情况进行模拟。直尺代表船行进的方向，三角板的一条斜边代表船帆，一条直角边靠在直尺上。

当风从一侧吹来的时候，学生用笔推代表船帆的三角板的斜边，可以发现，代表船的直尺同样会向前行驶（见图5-2-3）。学生可以选择30°、45°和60°三种船帆角度，猜测哪种角度的船帆在横风情况下受力最大。

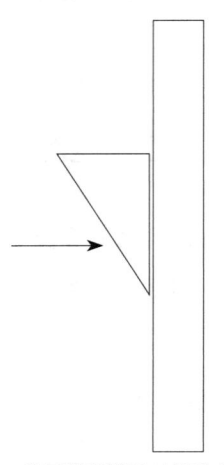

图 5-2-3　船只受到横风时的受力分析图

教师将三种情况画在黑板上，然后引导学生进行简单的受力分析。教师提问：代表前进方向的力的箭头在哪种情况下最长？学生会发现，在横风为90°的情况下，45°的船帆受力最大。

教师可以总结，在风向为正向的情况下，船帆的角度最合理的值应该是风向的角度除以二。

（3）逆风情况下三者的关系。

请学生考虑，当风是从逆向吹过来的时候，怎么才能使帆船向前行驶？给各小组实验的时间，教师在小组间巡视，并引导各个小组思考。

教师在黑板上画出受力分析图（见图5-2-4）。

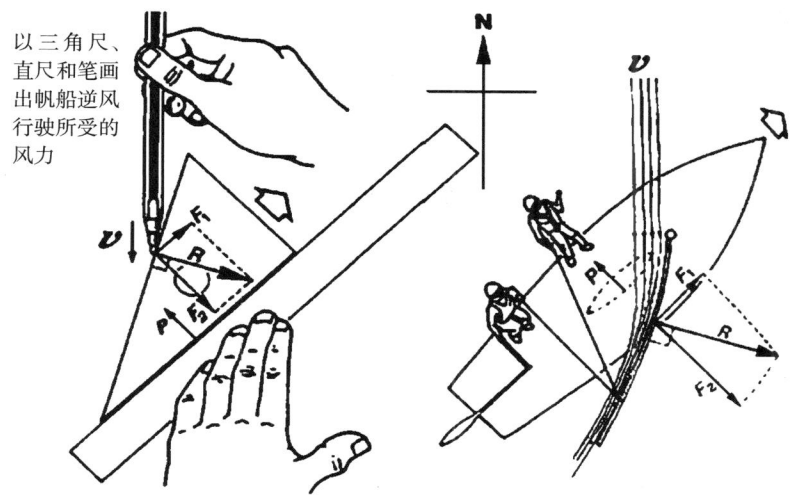

图 5-2-4　船只在逆风情况下的受力分析图

学生很快会发现，应使船只方向与风向之间有一定角度，当船帆的角度小于船只与风向的角度时，帆船还是可以斜向行驶的（见图 5-2-5）。

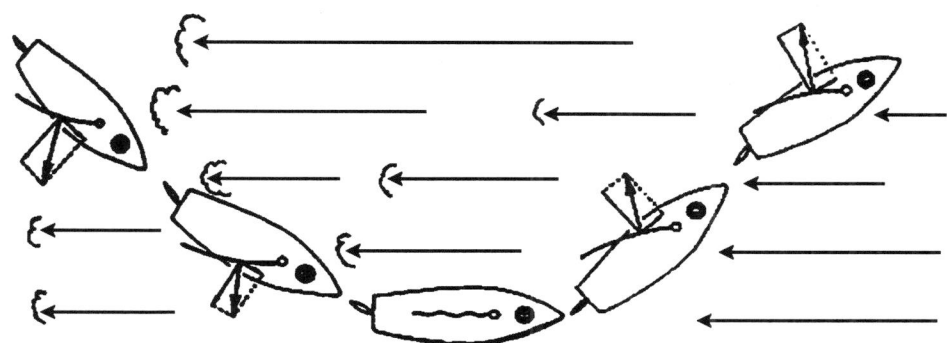

图 5-2-5　船只受逆风时的行驶路径

在实际运用中，小船可以通过 Z 字形的形式逆着风向行驶。教师可以播放一段视频，使学生巩固这一观点。

3. 设计帆船并制作（40 分钟）

教师向各个小组展示材料，要求各个小组进行设计。要求设计图完整、有材料使用标注和人员分工名单。完成设计的小组将设计图交给教师检查并领取材料进行制作。制作完成后，各个小组将组名标注在船身上，教师统一收集进行测试。

4. 帆船测试（20 分钟）

教师向全班宣布测试方案：风吹来的方向分别为 0°（正向）、30° 和 60°。每个小组按照顺序,一个角度测试完毕后再改变电风扇的角度进行下一轮测试。在几轮测试中间,各个小组可以改变船帆的角度。教师在黑板上制作此表(见表5-2-2),并记录每一组的成绩。

表 5-2-2　船只航行数据记录表

	第一组	第二组	第三组	第四组	第五组
风向:0°(正向)					
风向:30°					
风向:60°					
总耗时(秒)					
平均速度					

三、展示和总结(20分钟)

所有小组完成后,至少给每个小组5分钟的时间上讲台进行介绍,包括设计思路、问题和解决方案、具体的建造过程分工,并对帆船在生活中的实际应用进行汇报。教师将制作速度最快、质量最好、设计感优秀的作品进行展示,全班讨论这些设计中的优秀之处以及还可以改进的地方。

三、绘制校园地图
—— STEM project

★ **课程背景与目标**

地图与我们的日常生活紧密相关，一份清晰的地图可以给我们的生活带来便利。绘制地图通常是城市规划者和野外探险者的重要工作，如果能让学生亲手制作身边的地图会帮助他们更好地了解周围的环境，如绘制校园地图，这是一个很好的切入点。

从一般意义来说，地图要用简明的线条表达清晰的路线，但是学生制作的校园地图可以加入与众不同的特色。作为一个学习项目，它不仅综合了地图的创作，而且融入了创作者对学校的感情。根据自己学校的特色和学校的历史文化勾画出的一张实用而精美的地图，不再只是寻找目的地的工具，而更多地融入了艺术美感和艺术表现力，更兼具审美和收藏价值。

★ **课程领域**

工程、社会学、地理、数学。

★ **建议年级**

五年级。

★ **建议时间**

125分钟。

★ **课程任务**

通过学习地图的制作方法和地理测量的相关知识，尝试动手制作地图，更好地了解地图，懂得地图的运用，以及复杂的多地图的合成和利用。

★ **教学过程**

一、导入（25分钟）

（1）询问学生是否会看地图，让学生说出地图上的要素有哪些。地图要素是构成地图的基本内容，分为数学要素、地理要素和辅助要素。

- 数学要素：包括地图投影、比例尺以及方位标等。
- 地理要素：指地图内容，包括自然地理要素与社会经济要素。
- 辅助要素：指有利于读图、用图的内容，如图名、图号、图例、略图、插图、编绘说明等。

（2）以教室举例，询问学生假如绘制一张教室地图，有哪些内容作为地图上的细节是需要考虑的。

- 比例尺：以什么比例绘制地图。
- 方位指向：指出东南西北。
- 内容选择：包括动态筛选和体积筛选。想想哪些动态的东西是不会放在地图上的，例如，地上的扫帚；哪些非常小的东西是可以不放在地图上的，例如，生物课上用来做微型生态系统的玻璃器皿。
- 图示与标记：表示特定东西的标记。想想用什么符号来表示各种东西，尤其是具有一定面积但是在俯视的时候很难看到的东西，例如，垂直于地面的黑板。
- 高度标识：要考虑如何标识具有一定高度的物品，如吊扇。

（3）介绍专业测绘时会用到的器具，以它们的外观和功用作为介绍重点，如水准仪、经纬仪、米尺、秒表。

二、任务执行与反思（80分钟）

（一）第一个任务的执行与反思（40分钟）

1. 出示任务和评价量规（10分钟）

（1）任务：学生以小组为单位利用材料绘制出教室地图，并做简单说明。

（2）材料：铅笔、橡皮、彩笔、圆规、量角器、直尺、细线、卷尺。

（3）评价量规：见表5-3-1。

表 5-3-1 教室地图绘制评价量规

分数 项目	1分	2分	3分
准确性	没有按照比例进行地图测量和绘制	按照比例进行地图测量和绘制，但是存在比例错误	按照比例进行地图测量和绘制，没有明显的比例错误
艺术性	缺乏艺术性，不够美观	绘制时考虑了艺术元素，但艺术性一般	绘制的地图较美观，具有一定的艺术性
完整性	不够完整，教室中明显物件遗漏超过三件	遗漏教室中的明显物件一至两件	没有遗漏教室中的明显物件
分工合作	分工不明确，每个成员不清楚自己的角色	有基本的分工，但是分工不系统，或执行分工不彻底，或出现没有承担任务的成员	有明确的分工且贯彻实施，每个成员都安排了相应的任务，并且每个人明确自己的任务，有组织地执行
展示说明	在展示中，小组对设计过程的描述缺乏逻辑，不能说明自己绘制的地图的特点和优势	小组对设计过程进行了部分展示，展示较具体，但对自己小组所绘制的地图的特点解释有不明确之处	展示清晰明确，有效地体现了地图的设计特点，步骤表述清晰

2. 执行任务（20分钟）

正式执行制作任务，教师要求学生依照评价量规思考以下问题。

- 你们小组绘制的地图是如何确定比例尺的？
- 哪些物品可以放入地图中？哪些则不需要？是否要列出物品清单？
- 如何在地图上表示方向？
- 如何在地图上标记某些重要的内容，如书桌？
- 你们的地图所表示的物品都是放在地上的吗？如果不是，与其他物品重叠的物品如何表现？
- 是否有遗漏项目？
- 是否需要先画一个草图？
- 哪些要素需要用特殊的方式如辅助线等来指引说明？

3. 总结与反思（10分钟）

- 如果在绘制地图前需要画出草图，草图应当如何制作？
- 哪些物品是需要详细表现它们的位置的？你们是如何绘制这些物品的大小和位置的？

- 教室中哪些物品是需要放入地图中的？哪些则不需要？为什么？
- 地图上是否存在由某些物品组成的"区域"？这些区域是否应当进行标记？如何标记？

（二）第二个任务的执行与反思（40分钟）

1. 出示任务和评价量规（10分钟）

（1）任务：学生以小组为单位利用材料画出学校的地图，并做简单说明。

（2）材料：铅笔、橡皮、彩笔、圆规、量角器、直尺、细线、卷尺。

（3）评价量规：见表5-3-2。

表5-3-2　学校地图绘制评价量规

项目\分数	1分	2分	3分
准确性	没有按照比例进行地图测量和绘制	按照比例进行地图测量和绘制，但是存在比例错误	按照比例进行地图测量和绘制，没有明显的比例错误
艺术性	缺乏艺术性，不够美观	绘制时考虑了艺术元素，但艺术性一般	绘制的地图较美观，具有一定的艺术性
完整性	不够完整，教室中明显物件遗漏超过三件	遗漏教室中的明显物件一至两件	没有遗漏教室中的明显物件
分工合作	分工不明确，每个成员不清楚自己的角色	有基本的分工，但是分工不系统，或执行分工不彻底，或出现没有承担任务的成员	有明确的分工且贯彻实施，每个成员都安排了相应的任务，并且每个人明确自己的任务，有组织地执行
展示说明	在展示中，小组对设计过程的描述缺乏逻辑，不能说明自己绘制的地图的特点和优势	小组对设计过程进行了部分展示，展示较具体，但对自己小组所绘制的地图的特点解释有不明确之处	展示清晰明确，有效地体现了地图的设计特点，步骤表述清晰

2. 执行任务（20分钟）

正式执行制作任务，教师要求学生依照评价量规思考以下问题。

- 一般来说，教室长约10米，400米标准跑道的直道长约120米。根据这一点，应当选用多大的比例尺？
- 哪些物品是占比很小但是在校园活动中又非常必要而必须放入地图中的？
- 如何在地图上表示方向？
- 如何在地图上标记某些重要的内容，如绿化植物？

- 是否有遗漏项目？
- 是否需要先画一个草图？
- 地图上的哪些要素需要用特殊的方式如辅助线等来指引说明？

3. 总结与反思（10分钟）

- 校园地图和教室地图有什么区别？哪些要素是不同的？
- 校园地图和教室地图的比例如何换算？
- 哪些物品或区域是需要详细表现它们的位置的？你们是如何绘制它们的大小和位置的？
- 哪些内容是需要放入校园地图中的？哪些则不需要？为什么？
- 地图上是否存在由某些物品组成的"区域"？这些区域是否应当进行标记？如何标记？

三、课后拓展作业（20分钟）

为你们的校园地图分区，选取三个时间点，观察在不同的时间点上校园中各个区域的人数情况，做一份人员热点地图。试着用这份地图说一说在对应的时间点上人们都在忙着做什么，为什么会形成这样的热点地图。

四、桥梁悬臂
——像工程师一样思考

★ **课程背景与目标**

本课程通过让学生了解桥梁中的悬臂结构并动手搭建，习得工程领域中设计、执行、反思与修正的重要性，学会像工程师一样思考。在 STEM 领域，设计、执行、反思、修正是十分重要的思考和做事方式，因为在实际条件下，工程师会面临各种设计与实际不符的情况，需要不断修正才能达成目标。这种思考与做事方式在生活中也常会用到，例如，烹饪、骑自行车、做手工以及解一道物理题等。可能并不是每一个学生都想成为工程师，但是这种思维方式有助于学习、工作时精益求精。

★ **课程领域**

工程、物理、数学、写作。

★ **建议年级**

五年级。

★ **建议时间**

170 分钟。

★ **课程任务**

学习悬臂的结构及悬臂在生活中的应用。通过两次搭建制作，了解设计、执行、反思与修正的工程设计循环，学会像工程师一样思考，并锻炼与他人交流、合作的基本技能，感受如何通过不断的设计与改进来更好地达成目标。

★ 教学过程

一、导入（15分钟）

（1）给出塔吊图，让学生观察并思考。

- 塔吊为什么能够吊起重物？
- 吊起的重物有没有最大重量限制？
- 吊臂远端更能吊起重物还是近端？为什么？
- （选问）塔吊的原理和杠杆有什么相同点和不同点？

（2）给出悬臂的概念：悬臂是某些机器、机械等伸展在机身外部像手臂的部分。请一名学生到讲台前，将右臂侧平举，对照塔吊体会悬臂概念，探讨什么是梁、哪里固定、如何固定等问题。

（3）确保学生理解了悬臂的概念，向学生提问。

- 塔吊的结构原理是什么？
- 生活中哪些地方用到了悬臂结构？请阐述说明。
- 塔吊的悬臂为何有那么多三角形？它们起什么作用？

二、任务执行与反思（140分钟）

（一）第一个任务的执行与反思（60分钟）

1. 出示任务和评价量规（10分钟）

（1）任务：使用吸管和透明胶带制作一个悬臂结构，要求只能有一根吸管固定在桌面上，悬臂至少伸出桌边长30厘米，并能够在15厘米处悬挂10个钩码。

（2）材料（每组）：吸管20根、窄透明胶带1卷、钩码1盒、米尺1卷、剪刀1把。

（3）评价量规：见表5-4-1。

表5-4-1 悬臂制作评价量规1

分数 项目	1分	2分	3分
悬臂稳定性	各方向稳定性较差	垂直方向稳定	多方向均能达到稳定
承受重量	所挂钩码少于7个	能挂7~9个钩码	能挂10个及以上钩码
材料用量	用量最多	用量水平中等	用量最少

续表

项目 \ 分数	1分	2分	3分
总结展示	一人上台汇报，表述不完整	一人或两人上台汇报，表述较完整，表达能力较强	小组成员共同汇报，能详细说明制作过程，表达能力强

2. 第一次制作（25分钟）

各小组领取实验材料进行搭建。教师用以下问题启发学生思考。

• 吸管之间有哪些连接方式？（套接、插接、黏结。）

• 吸管的哪个部位受力最大？如何将受力分散？（吸管和桌边接触的位置受力最大；可以通过管道加粗、管内嵌套、设计三角形结构等方式将受力分散。）

• 由吸管搭建的悬臂结构受到哪些方面的力的作用？（重力、拉力、支持力等。）

• 参考实际生活中的例子，除了受到上述力的作用，悬臂还会受哪些方面的扰动？（还会受到垂直于悬臂的平面内多个方向的力的扰动。）

• 怎么克服这些方向的力的扰动？（可以通过多种方式强化悬臂结构来弱化或克服扰动。）

在学生搭建过程中，教师进行巡视，鼓励有需要的小组到完成较好的小组那里观摩学习。

3. 总结和反思（25分钟）

各小组完成制作后，教师就进行承重测试。测试完成后，各小组派代表结合以下问题进行汇报。

• 小组是怎么分工的？

• 小组制作的悬臂包含了哪些结构元素？

• 实验中出现了哪些问题？是怎么解决的？

• 怎样尽量少地使用吸管以节省材料？

• （选回答）画出悬臂结构在不同受力点下的受力图示。

（二）第二个任务的执行与反思（80分钟）

1. 出示任务和评价量规（15分钟）

（1）任务：使用尽量少的材料搭建一个长至少45厘米的悬臂，能够在25~30

厘米处悬挂 10 个钩码。吸管可以接触桌子的任何部分，但只能有一根吸管固定在桌面上。

（2）材料：吸管 50 根、大头针 50 个、宽透明胶带至少 10 厘米长、钩码 1 盒、米尺 1 卷、剪刀 1 把。

（3）评价量规：见表 5-4-2。

表 5-4-2　悬臂制作评价量规 2

项目 \ 分数	1 分	2 分	3 分
小组分工合作	无分工，有的成员没有任务	有基本的分工，合作偶有不畅	有分工，每个人都有明确的任务，合作效果良好
设计图	无设计图，凭空设计	有设计图，基本能够让人看懂	有较详细的三维设计图，图中标示清楚
悬臂稳定性	各方向稳定性均较差	垂直方向稳定	多方向稳定性较强
承受重量	所挂钩码少于 7 个	能挂 7~9 个钩码	能挂 10 个及以上钩码
材料用量	用量最多	用量水平中等	用量最少
总结展示	一人上台汇报，表述不完整	一人或两人上台汇报，表述较完整，表达能力较强	小组成员共同汇报，能详细说明制作过程，表达能力强

（4）各小组通过讨论改进原来的设计，填写工作单（见附件 5-4-1），凭工作单上画好的设计图在教师处领取材料。

2. 建造悬臂（45 分钟）

各小组进行搭建，教师使用以下问题启发学生思考，并提醒学生把搭建过程中遇到的问题记录下来。

- 你们图纸上的设计行得通吗？
- 是否应该在搭建过程中不断测试承重情况？
- 搭建过程中做了哪些改变和调整？
- 搭建过程中遇到的问题是如何解决的？
- 你从别的组搭建的悬臂中学到了什么？

在学生搭建过程中，教师进行巡视，鼓励有需要的小组到完成较好的小组那里观摩学习。

3. 测试和全班讨论（20分钟）

完成搭建的小组请教师进行承重测试。所有小组完成后，各小组进行汇报，汇报内容包括设计思路、问题和解决方案、具体的搭建过程角色分工，以及悬臂在生活中的实际应用。教师将承重较大的、设计较优秀的作品进行展示，全班讨论这些设计中的优秀之处以及可以改进的地方。

- 哪些组的悬臂好用？什么使悬臂承重更大或更小？
- 你认为哪个组的设计最好？为什么？
- 你认为你们搭建的悬臂一段时间后还能完好无损吗？

三、写作（15分钟）

下次再搭建悬臂你们会有哪些改变？试着通过写作说明一下。

附件 5-4-1：工作单

姓名 _____   日期 _____

1. 今天你们要以小组合作的形式用吸管和大头针搭建悬臂。你们搭建的悬臂要达到 45 厘米的跨度。请将组内分工写在下面。

2. 用你们自己的话解释什么是悬臂，并举例。

3. 小组讨论你们将怎样搭建悬臂，并将你们的想法在下面空白处画出来。

五、去火星
——探讨宇宙飞船安全着陆的方法

★ **课程背景与目标**

未来有人可能会去火星生活，你愿意去火星吗？2013年，荷兰非营利组织"火星一号"宣布计划，将在全球海选数人前往火星，甚至在那里定居，但一旦登陆火星就无法重返地球。这一组织在2周内收到了大约7.8万份移民火星的申请，其中以美国申请者数量最多。

如果说这个旧闻有些幻想色彩，那么从中国的航天计划来看，中国火星探测计划已经启动。国家航天局原局长许达哲2016年透露，中国将在2020年左右发射一颗火星探测卫星，实现环绕、着陆、巡视的任务。

在宏大的火星探索计划中，载人宇宙飞船着陆是一件艰巨的任务。试想，飞行器的运行速度高达29000千米/小时，当飞行器接近目标时，速度需要放缓，如果飞行器上有宇航员，还要考虑人的安全因素。这样的事情要如何完成呢？

本课程通过介绍有关力学知识，鼓励学生发挥想象，探讨宇宙飞船安全着陆的方法。

★ **课程领域**

航空技术、物理、社会学、数学。

★ **建议年级**

五年级。

★ 建议时间

80 分钟。

★ 课程任务

介绍与宇宙飞船航行和着陆相关的先行知识，检查学生对主要概念的理解情况。鼓励学生以小组为单位借助身边的材料制作简单的宇宙飞船着陆模型，借此说明和探讨在真正的宇宙飞船着陆火星时需要考虑的问题和解决途径，并感悟太空探索的困难和危险性。

★ 教学过程

一、导入（30 分钟）

1. 介绍火星（5 分钟）

火星（Mars）是太阳系八大行星之一，按离太阳由近而远的次序计为第四颗行星，属于类地行星，直径约为地球的一半，自转轴倾角、自转周期均与地球相近，公转周期约为地球公转周期的两倍。火星的体积只有地球的 15%，质量只有地球的 11%。火星的外表呈橘红色是因为表面有赤铁矿（氧化铁）。火星基本是沙漠行星，地表沙丘、砾石遍布。以二氧化碳为主的大气既稀薄又寒冷，沙尘悬浮其中，每年常有尘暴发生。火星两极皆有由水冰与干冰组成的极冠，会随着季节消长。2015 年 9 月 28 日，美国宇航局宣布在火星表面发现有液态水活动的"强有力"证据。

2. 引入课题（5 分钟）

教师要提醒学生关注宇宙飞船着陆会遇到的困难。着陆主要会遇到以下困难：

- 减速问题。
- 防止旋转问题（飞行姿态调整）。
- 耐摩擦高温问题。

3. 讲解概念（10 分钟）

教师列举一些需要掌握的必要概念并进行简单的讲解。这是各小组在完成后续任务中需要理解和应用的主要概念。

- 空气阻力：指空气对运动物体的阻碍力，是运动物体受到空气的弹力而产生的。火星上虽然空气稀薄，但是空气阻力不能忽略。
- 力的平衡：在力学系统里，平衡是指物体受到几个力的作用仍保持静止状态，或匀速直线运动状态，或绕轴匀速转动的状态。在宇宙飞船着陆时，要考虑着陆姿态和旋转状态。

· 重力：通常指物体由于地球的吸引而受到的力，在火星上火星的吸引产生的力为火星重力，是地球重力的五分之二。

· 减震：减弱震动幅度，降低震动带来的影响，一般用到的减震装置都是某种缓冲装置，具有一定的弹性构造。

· 减速运动：速度越来越小的运动。宇宙飞船在触及火星表面的刹那与火星的相对速度越小越好。

4. 出示图片（10分钟）

教师出示图片，让学生联系刚才讲授的概念进行思考，教师指出概念的重点。

（1）空气阻力的图片（见图5-5-1）。重点在于空气总的阻力方向与重力的方向相反，使下落速度变缓。

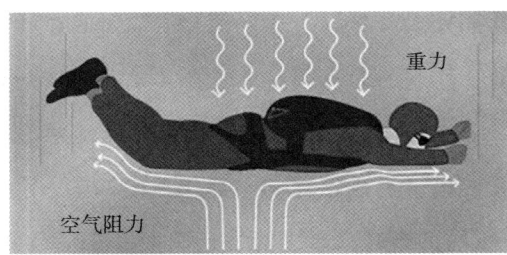

图5-5-1　空气阻力

（2）力的平衡图片（见图5-5-2）。重点在于力成对出现，大小相等，方向相反。

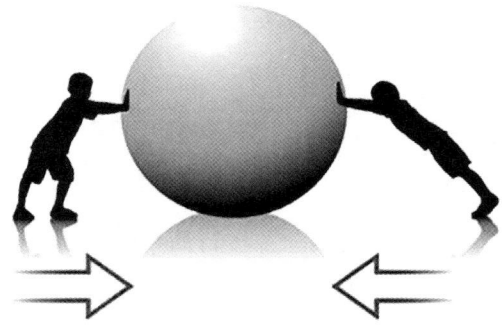

图5-5-2　力的平衡

（3）重力的图片（见图5-5-3）。重点在于如果没有重力，所有的物品会飘浮起来，就像宇航员在太空中一样。

图 5-5-3　重力作用

（4）牛顿第一定律的图片（见图 5-5-4）。牛顿第一定律是指任何物体都要保持匀速直线运动状态或静止状态，直到不平衡的外力迫使它改变运动状态为止。例如，在绝对光滑表面滚动的球。

图 5-5-4　牛顿第一定律

（5）减震器的图片（见图 5-5-5）。减震器是一种装置，用来吸收机械过程中或其他结构中产生的震动或脉冲。试想苹果从树上掉落，重力使它下落，苹果持续下落直到落地停止。大多数苹果在落地时会撞伤，因为没有外界因素（如减震器）减少或吸收它着陆的力。

图 5-5-5　减震器

二、执行任务（30 分钟）

1. 出示任务和评价量规（10 分钟）

（1）任务：假设我们已经选好宇宙飞船在火星的着陆点，我们的任务是设计一艘宇宙飞船，使它能安全着陆，保证着陆时宇航员的安全和宇宙飞船本身没有损伤。宇宙飞船模型用杯子表示，杯子内部的三个绒球玩具代表宇航员，观察模型的着陆现象。然后，用工程设计的思路，使用有限的材料制作和改进宇宙飞船，让宇宙飞船安全着陆，保证宇航员的安全。在测试过程中，尝试使用不同的方法改进着陆过程。要求：

- 用有限的材料制作、改进宇宙飞船，材料尽可能节约。
- 不允许用将宇航员密封在纸杯中的方式防止宇航员掉落。
- 纱线不能用于制作宇宙飞船模型，可用于测算高度。

（2）材料（每组）：纸杯 1 个、毛莨 5 根、手掌大小硬纸板 2 块、吸管 4 根、气球 1 个、皮筋 2 个、毛绒球 3 个、白纸 1 张、胶带足量、纱线足量（不允许用于制作）、剪刀、铅笔。

（3）评价量规：见表 5-5-1。

表 5-5-1　宇宙飞船制作评价量规

分数 项目	1 分	2 分	3 分
节约材料	材料使用最多	材料使用量中等	材料使用最少
对杯口的处理	通过封住杯口达到不让毛绒球掉出的目的	通过缩小杯口达到不让毛绒球掉出的目的	没有对杯口进行处理
纱线使用	使用纱线	—	没有使用纱线
宇航员安全	实际比赛中毛绒球掉出 2 个或以上	实际比赛中毛绒球掉出 1 个	实际比赛中没有毛绒球掉出

续表

分数 项目	1分	2分	3分
测试高度	1米以下	1米以上	高度在1米以上且实际比赛中选择高度最高的一组
分工合作	分工不明确，每个成员不清楚自己的角色	有基本的分工，但是分工不系统，或执行分工不彻底，或出现没有承担任务的成员	有明确的分工且贯彻实施，每个成员都安排了相应的任务，并且每个人明确自己的任务，有组织地执行
展示说明	在展示中，小组对设计过程的描述缺乏逻辑，不能说明自己小组设计的特点和优势	小组对设计过程进行了部分展示，展示较具体，但是部分显得混乱和无意义，对自己小组所展示的设计特点的解释有不明晰之处	展示清晰明确，有效地体现了设计的特点，步骤清晰

2. 执行任务（20分钟）

由于本课具有一定的难度，教师应注意引导和帮助。

（1）头脑风暴，设计和建造模型。教师适时提问。

• 当你起跳时，你会弯曲后背和膝盖用于承受部分力量，使落地更缓慢。这个事实对你们是否有启发？

• 为了让着陆缓慢，保护宇航员的安全，运用所给的材料，你能设计哪种类型的减震器？

• 你如何改进设计，才能保证宇宙飞船在空中下落且不翻倒？

（2）初步测试。教师适时提问。

• 列出设计模型使用的材料，计算总花费，想一想是否有不必要的花费。

• 将纱线拉直，标记测试的高度。宇宙飞船从指定高度下落，测试五次，然后在纸上记录数据。想一想，你们的目标高度是多少（即飞船着陆的最高高度）？

• 在有一定高度的地方释放你们设计的宇宙飞船的时候，如何保持宇宙飞船尽量与地面垂直？

（3）评估与重新设计。教师视情况提问。

• 哪些设计是有效的？哪部分需要重新设计或改善？

• 是否在下落过程中出现了翻倒现象？在释放宇宙飞船时你们是否检查了它水平与否？是否检查了杯子内部重力分布均匀与否？

• 是否考虑改变宇宙飞船底部的面积？

• 是否出现了宇航员（毛绒球玩具）飞出宇宙飞船（纸杯）的现象？是否该增加柔软的铺垫物或者改变减震器的数量？是否该减小弹簧（毛茛所做的弹簧）的弹力？如何实现？

（4）最终测试。教师提问。

• 你们小组最新的设计与以前的设计相比是否用到了新材料？你们是否放弃了部分材料？

• 你们小组的设计是否还能进行材料精简？

（5）正式比赛。比赛前要求各小组至少测试五次并记录数据，包括材料花费、高度和成功与否，并在之后的展示环节对所有人说明。

三、总结与反思（20分钟）

• 除了使用减震器，哪些组想到了使用降落伞？使用降落伞有什么难点？你们觉得在真正登陆火星的时候，使用降落伞好不好？为什么？

• 哪些材料是制作时的必要材料？为什么？

• 就你们的观察而言，哪个小组做得最好？为什么？

拓展思考：在真正驾驶宇宙飞船登陆火星时，需要使用火箭减速和变向，需要几个火箭？各安装在哪里？

六、设计热卖的音乐盒
——人人都是产品经理

★ **课程背景与目标**

在 STEM 领域，产品经理与工程师的思考方式和做事方式非常接近，他们都需要通过不断改进来更好地完成工作。虽然并不是每一个学生都会成为产品经理，但是产品经理职业背后的思维方式是学习、工作精益求精不可或缺的。本课程旨在让学生从产品经理的视角实践产品设计流程。在了解"热卖"概念后，通过调研产品需求、总结热卖要素，自行设计并制作音乐盒，以此了解产品设计过程，提高设计及制作能力，并在此过程中提高小组有效分工及合作能力。

★ **课程领域**

工程、经济、物理、数学、写作。

★ **建议年级**

五年级。

★ **建议时间**

165 分钟。

★ **课程任务**

了解共鸣的概念，知道提高音乐盒响度的方法，并利用所提供的材料进行构思和设计，以提高音乐盒响度。从不同的角度对音乐盒的外形进行设计，并将自己的音乐盒进行宣传推广，使之成为畅销热卖品。通过设计制作音乐盒，了解设计、执行、反思与修正的工程设计循环，像工程师一样思考，锻炼与他人沟通交流、分工协作的基本技能，感受如何通过不断的设计与改进来更好地达成目标。

★ **教学过程**

一、导入（15分钟）

（1）教师出示一些音乐盒图片，让学生观察并思考。

- 同学们知道这是什么吗？说一说你们喜欢哪个音乐盒。
- 你们有没有收到过音乐盒礼物？
- 你有音乐盒吗？它是什么样子的？

（2）教师引出热卖的概念，学生回答以下问题。

- 你能用自己的话说一下什么是热卖吗？
- 你能说一说热卖商品的近义词有哪些吗？（畅销商品、热销商品、抢手货、热门货、大卖商品、爆款商品、人气商品、脱销商品、火爆商品。）
- 你能说一说热卖商品的反义词有哪些吗？（积压商品、滞销商品、积存商品。）
- 你能用这些词造句吗？

（3）确保学生理解了热卖的概念，教师向学生提问。

- 说一说生活中有哪些商品是热卖商品。
- 说一说为什么有些商品热卖，而有些商品积压卖不动。
- 你买过什么特别热卖的商品吗？是哪些因素吸引你购买的？

二、任务执行与反思（150分钟）

（一）第一个任务的执行与反思（65分钟）

1. 导入（5分钟）

用分贝计测量音乐盒机芯的响度，可以多测几次取平均数。然后测量一个成品音乐盒的响度，多测几次取平均数。比较差异，让学生思考：为什么成品音乐盒的响度比机芯的响度高？你认为哪些因素提高了音乐盒的响度？

教师结合吉他和二胡的照片讲解共鸣的基本概念，让学生了解可以通过共鸣箱或轻薄坚韧的蒙皮来提高响度。

2. 出示任务和评价量规（10分钟）

（1）任务：以小组为单位用所给的材料想办法提高音乐盒机芯的响度。

（2）材料：音乐盒机芯1个、硬卡纸3张、彩纸3张、包装彩纸若干、吸管2个、纸杯2个、KT板4小张、彩笔4支、毛茛3根、彩色毛线10根、雪糕棍6根、细木棍6根、双面胶20条、方块胶15个、透明胶1卷、铝箔纸4张、胶棒1个、彩色玻璃珠若干、钻石贴若干。

（3）评价量规：见表5-6-1。

表5-6-1 音乐盒机芯响度提高设计评价量规

分数 项目	1分	2分	3分
小组分工合作	无分工，任务由少数组员完成	有基本的分工，但合作有时不顺畅	有分工，每个人都有明确的任务，合作效果良好
设计图	无设计图	有简单的设计图，能够让人看懂	有较详细的三维设计图，图中标示清楚
响度	响度最低，提高不明显	响度水平中等	响度最高，提高较明显
装置体积	体积最大	体积水平中等	体积最小
美观程度	不够美观，缺乏设计感，小组投票票数最少	设计水平一般	有一定的设计感，小组投票票数最多
总结展示	一人上台汇报，表述不完整	一人或两人上台汇报，表述较清晰，表达能力较强	所有组员共同汇报，能详细说明过程，表达能力强

3. 第一次制作（25分钟）

各小组领取实验材料进行制作。教师使用以下问题启发学生思考，并鼓励有需要的小组到完成得较好的小组那里观摩学习。

• 怎样才能更好地把机芯固定住？

• 你们是选择做一个共鸣箱还是做一个蒙皮？为什么？

4. 总结和反思（25分钟）

各小组完成后，教师进行响度测试。全部小组完成后，各小组结合以下问题进行汇报。

• 小组是怎么分工的？每个人有哪些贡献？

• 小组的装置包含了哪些设计元素使得响度增大？

- 制作过程中出现了哪些问题？是怎么解决的？

（二）第二个任务的执行与反思（85分钟）

1. 导入（5分钟）

在完成响度增大装置制作后，学生要设计音乐盒的外形，教师可以使用之前的音乐盒图片带领学生思考。

- 这些音乐盒的设计是否有主题？分别是什么主题？（生日主题、新年主题等。）
- 这些音乐盒适合什么时候送人？（各类节日，如教师节、纪念日、毕业等。）
- 这些音乐盒有哪些共性的设计元素？（外表精美、主题明晰、细节丰富、色彩和音乐与主题相匹配等。）

如果马上要过春节了，请学生在班内调查一下，其他同学会购买包含哪些设计元素的音乐盒？请他们列出购买的音乐盒必须要包括的元素。

2. 出示任务和评价量规（15分钟）

（1）任务：各小组通过讨论，使用剩余的材料，结合调查结果，设计并制作本组的热卖音乐盒。

（2）评价量规：见表5-6-2。

表 5-6-2　音乐盒制作评价量规

项目＼分数	1分	2分	3分
小组分工合作	无分工，任务由少数组员完成	有分工，但合作有时不顺畅	有分工，每个人都有明确的任务，合作效果良好
设计图	无设计图	有简单的设计图，能够让人看懂	有较详细的三维设计图，图中标示清楚
美观程度	不够美观，缺乏设计感，小组投票票数最少	设计水平一般	有一定的设计感，小组投票票数最多
设计促销海报（内含广告词）	海报设计不美观，广告词缺乏吸引力	海报设计较美观，广告词水平一般	海报设计美观，广告词具有一定的吸引力
总结展示	一人上台汇报，表述不完整	一人或两人上台汇报，表述较清晰，表达能力较强	所有组员共同汇报，能详细说明过程，表达能力强

3. 设计并制作（45分钟）

各小组进行音乐盒制作。教师使用以下问题启发学生思考，并鼓励有需要的小组到完成得较好的小组那里观摩学习。

- 你们图纸上的设计行得通吗？
- 音乐盒制作中做了哪些改变和调整？
- 你们是怎么进行外观美化的？你们设计了哪些元素？这些元素是怎么体现春节气息的？

此外，教师提醒学生把制作过程中遇到的问题记录下来。

4. 总结与讨论（20分钟）

完成制作的小组请教师进行测试。所有小组完成后，各小组上台展示作品并进行宣传推广，介绍内容包括设计思路、脍炙人口的广告词、具体的制作过程、小组分工等。全班讨论这些设计中的优秀之处以及可以改进的地方。

- 小组用了哪些方式来丰富主题？
- 你们小组的作品有哪些优点？你们从别的组学到了什么？试着写出来。

七、物竞天择 "噬"者生存
——从鸟喙的功能看进化之旅

★ **课程背景与目标**

"物竞天择，适者生存"八个字对于五年级的学生来说并不陌生。自然演化不变的道理就是竞争、淘汰，在无数的可能性中，面对环境和彼此的挑战之后，最强的与最好的被保留下来。

为了更深入了解这个重要的生物学理论，我们不仅要理解理论层面的概念，更要理解有一定深入性和探索性的内涵。动物的进化一定是要符合自然的要求的，无论是作为进食的嘴、吻与喙，作为观察工具的眼睛，还是提供保护色和具有保暖作用的皮毛，具有捕食和抓取功能的四肢，生物在自然淘汰的结果下最终选择了最适合自己生物本能的器官的外形与功能。

本课程通过让学生了解不同种类的鸟的喙的功能作用的进化，感受自然选择的含义，并动手制作鸟喙模型，体会鸟进食的原理。

★ **课程领域**

工程、数学、生物、物理。

★ **建议年级**

五年级。

★ **建议时间**

125 分钟。

★ 课程任务

能根据鸟喙的外形判定鸟的大概习性，同时思考其与生活中的哪种工具形状和功能相近，然后根据实验结果推论出各种形状的鸟喙吃哪些食物占优势；能说出各种形状的鸟喙的功能。在解决问题的过程中，积累科学探究的方法，感悟设计思想，培养分析数据、处理数据的能力。

★ 教学过程

一、导入（25分钟）

1. 简单介绍达尔文和进化论（10分钟）

查尔斯·罗伯特·达尔文（1809—1882）是英国生物学家、进化论的奠基人。他曾经历时5年进行环球航行，对动植物和地质结构等进行了大量的观察和研究。1859年，达尔文出版了《物种起源》一书，提出了生物进化论学说，这一学说摧毁了各种唯心的神造论以及物种不变论。

达尔文自己把《物种起源》称为"一部长篇争辩"，它论证了两个问题：第一，物种是可变的，生物是进化的。当时绝大部分读了《物种起源》的生物学家很快接受了这个事实，进化论从此取代神创论，成为生物学研究的基石。第二，自然选择是生物进化的动力。生物都有繁殖过盛的倾向，而生存空间和食物是有限的，生物必须"为生存而斗争"。同一种群的不同个体间存在着变异，那些具有能适应环境的有利变异的个体能存活下来，并繁殖后代，不具有有利变异的个体就被淘汰。如果自然条件的变化是有方向的，则在历史过程中，经过长期的自然选择，微小的变异得到积累就成为显著的变异，由此可能导致亚种和新种的形成。

2. 根据图片讨论鸟类特点（15分钟）

教师出示不同种类的鸟的图片（见图5-7-1至图5-7-5），让学生观察它们的不同，尤其是喙的部分，也就是坚硬的壳状嘴。

图 5-7-1　白头海雕

图 5-7-2　丹顶鹤

图 5-7-3　白鹈鹕

图 5-7-4　黄嘴栗啄木鸟

图 5-7-5　吉安红毛鸭

- 白头海雕食肉，以小型动物和其他鸟类为食，它的喙有什么特点？

- 丹顶鹤以小型鱼类和虾为食，它的喙有什么特点？
- 白鹈鹕以中型鱼类为食，它的喙有什么特点？
- 黄嘴栗啄木鸟以树干上的昆虫及幼虫为食，它的喙有什么特点？
- 吉安红毛鸭喜好杂食，它的喙有什么特点？

通过这部分的讨论，学生获得"鸟类的喙与其食性密切相关，短而直的喙——食虫鸟，强大末端有弯钩的喙——以鸟兽等为食，长而直的喙——以鱼虾为食，强直且尖锐的喙——以昆虫为食，扁的喙——以杂食性居多"的知识。此时不要求学生归纳和记忆，但是要求学生将鸟类名称和其食物性质一一对应，并说出原因。

二、出示任务和评价量规（10分钟）

（1）任务：学生观察教师提供的材料，并以小组为单位选择材料制作一个鸟喙，比一比在单位时间内哪个小组制作的鸟喙进食最多（制作的鸟喙必须可以动，而非仅仅是个模型，并且要设计食道以便吞下食物），并完成以下任务。

- 检验"鸟"在野外的生存情况。
- 计算制作的鸟喙"吃"进的"食物量"占"食物总量"的百分比。
- 在比赛完成后观察"吃进食物"总量最多的几个鸟喙的构造。

（2）材料：筷子、塑料勺子、塑料叉子、硬纸板、宽胶带、塑料瓶（统一用550毫升大小的饮料瓶）、剪刀、热熔胶枪、皮筋、毛莨、小木棒、塑料袋。

（3）评价量规：见表5-7-1。

表 5-7-1　鸟喙进食评价量规

项目 \ 分数	1分	2分	3分
模型的外观与实用性	外表美观，但实用性不够	不仅美观，且有一定的实用性	制作出有效模型，不仅美观而且实用
鸟喙进食量	进食量最少	进食量水平一般	进食量最多
数学知识的利用	只有1组百分数计算正确	准确分析数据表，有1~2组百分数计算错误	准确分析数据表，准确计算出百分数
依据数据得出结论	结合1组测试结果分析自制鸟喙的效果	结合2~3组测试结果分析自制鸟喙的效果	结合4组测试结果分析自制鸟喙的效果
联系模拟捕食与自然选择	在联系模拟捕食与自然选择时出现较大问题	在联系模拟捕食与自然选择时出现了小问题	能够准确联系模拟捕食与自然选择

续表

项目 \ 分数	1分	2分	3分
解释现实	研究一种动（植）物的进化，但不能很好地解释	研究并简单解释一种动（植）物的进化	全面研究并解释一种动（植）物的进化

出示任务后，要给学生足够的时间思考他们的设计方法，并进行小组讨论，然后将设计画出来并写出制作鸟喙所需的材料。学生在最后的展示环节要解释如何使用这些材料，并证明这些材料可以做出最好的鸟喙。

三、执行任务（45分钟）

由于本课具有一定的难度，每个学生允许选择一个问题向教师请教。教师应尽可能用提示性问题来回答，尤其要提示学生思考的出发点。在制作过程中，教师应鼓励学生模仿真正的鸟喙来完成制作。另外，材料一经选定，每人只允许进行一次材料添加或变更。

（1）头脑风暴，设计和制造鸟喙。教师适时提问。

• 如何模仿制作鸟喙？先考虑使用什么样的材料，然后思考需要用的材料数量。

• 怎么能让制作的鸟喙更好地吞食圆形食物？怎么能让制作的鸟喙更好地吞食长条形食物？

（2）小组间交流，让做好鸟喙的小组去其他组看一看。教师适时提问。

• 其他组同学的设计与你们的相比有什么优势和劣势？

• 其他组设计的鸟喙模仿的是什么鸟？它以哪种类型的食物为食？

（3）评估与改良。教师视情况提问。

• 哪些设计是有效的？哪部分需要重新设计或改善？

• 制作的鸟喙是否在咬合过程中出现了困难？是否在吞咽（令食物进入食道）过程中出现了困难？

（4）测试准备。教师出示以下要求。

• 给每个小组一个大小相同的纸杯，这就是鸟的"胃"，用于储存"食物"。"食物"必须在"胃"里才算进食成功。

- 测试分为四轮，每组在每轮有 15 秒钟时间去捕捉"食物"。教师计时，也可以由小组长来完成这个任务。
- 第一轮测试自由进行，没有比赛。每个学生在这个阶段要掌握鸟喙的使用方法。
- 第二轮测试组内两名同学之间进行比赛。
- 第三轮测试组内四人之间进行比赛。
- 第四轮测试会限制"食物"的供给，四人共同捕捉一批"食物"。

（5）第一轮测试。教师下发装有"食物"的容器，例如，一个碗（里面有 5 块软糖、5 块奶糖和 10 块水果糖），让学生数一数"食物"的数量（20 块），并记录在数据表中。学生将纸杯靠近身体拿好，闭上眼。开始计时后，学生才能睁开眼睛，要用自己制作的鸟喙尽可能多地捕捉"食物"。本组测试结束后，学生数一数自己制作的鸟喙捕到了多少"食物"，计算捕捉到的"食物"与总数的百分比，记录在数据表中。

（6）第二轮测试。在两名同学中间放一张纸，把两名同学制作的鸟喙在第一轮吃进的"食物"拿出来，放在纸上，各自数清，然后放回"食物"容器。再一次，学生将纸杯靠近身体拿好，闭上眼。开始计时后，学生要用自己制作的鸟喙尽可能多地捕捉"食物"。本组测试结束后，学生数一数自己制作的鸟喙捕到了多少"食物"，并计算捕捉到的"食物"与总数的百分比，记录在相同的数据表中。

（7）第三轮测试。同前，四名学生要用自己制作的鸟喙尽可能多地捕捉"食物"。本组测试结束后，学生数一数自己制作的鸟喙捕到了多少"食物"，并计算捕捉到的"食物"与总数的百分比，记录在相同的数据表中。

（8）第四轮测试。教师拿出一个"食物"容器，里面有 5 块软糖和 10 块水果糖，倒在白纸上，四人确认数量。再一次，学生将纸杯靠近身体拿好，闭上眼。开始计时后，学生要用自己制作的鸟喙争夺"食物"。本组测试结束后，学生数一数自己制作的鸟喙捕到了多少"食物"，并计算捕捉到的"食物"与总数的百分比，记录在相同的数据表中。

（9）正式比赛。限制"食物"供给，各小组内前几轮测试的优胜者竞争捕捉"食物"，"食物"数量由教师根据小组数量决定。

比赛结束后，教师带领学生观察班里设计较好的几个"鸟喙"的构造，并从形态以及坚固性等方面进行点评。

四、总结与反思（30分钟）

· 根据前面的测试与观察，不同的鸟喙适合吃什么样的食物？（要分析食物的特性，例如，大小、形状和软硬程度等。）

· 刚才制作中使用的哪些材料是必要材料？为什么？

· 根据前面的测试与观察，"食道"的制作起了什么作用？哪个小组在这个方面制作得最好？为什么？

· 观察镊子、尖嘴钳子、汤匙和起钉器，每种工具各像什么类型的鸟的喙？

五、课后作业（15分钟）

学生独立完成实验说明写作，需要学生用课堂中模拟捕食测试中的现象分析制作的鸟喙。

八、拯救企鹅
——热传导系列课

★ **课程背景与目标**

本节课是一个 STEM 项目。STEM 项目强调通过研究一个现实存在的问题，将复杂的问题分解成若干个单个主题，进而通过一系列 STEM 课程来一步步解决问题。在解决问题的过程中，学生的逻辑思维、创新思维和批判性思维都可以得到极大的锻炼，分析问题、解决问题的能力将得到进一步的提升。

本节课对热传递的概念进行了详细的介绍，学生不但可以掌握热传递的有关知识，还可以了解环境保护、人类活动对地球生态的影响等多方面的内容。

★ **课程领域**

生物、地理、数学、工程、材料、艺术、环境保护。

★ **建议年级**

五年级。

★ **建议时间**

拯救企鹅一：热绝缘材料，80 分钟。

拯救企鹅二：热传导、热辐射和热对流，70 分钟。

拯救企鹅三：材料测试，60 分钟。

拯救企鹅四：企鹅冰屋，120 分钟。

拓展课程：40 分钟。

★ 课程任务

第一节课,通过一系列实验,建立热量、热传导和热绝缘等重要概念;第二节课,通过三个实验了解热传递的三种方式:热传导、热辐射和热对流;第三节课,对各种材料进行性能测试,通过列表的形式掌握材料抵御热传递的阻隔性能,并运用于接下来的实验中;第四节课,学生扮演工程师的角色,对企鹅冰屋进行设计并制造,最后对冰屋进行性能测试考验。

★ 教学过程

拯救企鹅一:热绝缘材料(80分钟)

一、本小节材料

罐装饮料(提前一晚放在冰箱中冷藏)6罐、羊毛袜子1只、棉袜子1只、铝箔纸1张、厨房用纸1卷、气泡膜1份、数字温度计6支、袋子6个、海报纸若干、彩笔若干。

二、课前准备

(1)上课前1小时把6罐冷藏好的饮料从冰箱中拿出来,分别用羊毛袜子、棉袜子、铝箔纸、厨房用纸和气泡膜包好,还有1罐什么也不包。把6罐饮料用6个袋子装好。

(2)在黑板上画好一个表格,用来记录随着时间变化,6罐饮料的温度变化,也可以在电脑中做成Excel表格记录。

三、基础知识评估测验(5分钟)

将测验表(见附件5-8-1)发给学生,请每一个学生填写,教师检查学生的填写情况,以掌握学生的基础知识,并安排接下来的课程进度。

四、导入(10分钟)

教师出示有关图片或视频,让学生就企鹅的生存现状展开讨论。企鹅并不仅仅生活在南极,全南半球的沿海地区,甚至南非的海岸都有企鹅生活。随着环境温度的上升,南极冰川渐渐融化,留给企鹅的生存空间越来越小,我们需要立即采取措施保护企鹅。

教师引导学生讨论:保护企鹅,我们能够做些什么?特别是当我们坐在家里的时候，可以为企鹅做些什么？

五、出示课程任务（10分钟）

教师向学生出示课程任务：通过几节课的学习，我们需要设计并制作一个能够抵御炎热的企鹅小屋，并且制作一张有关拯救企鹅的海报（见图5-8-1）来展示我们学到的知识。

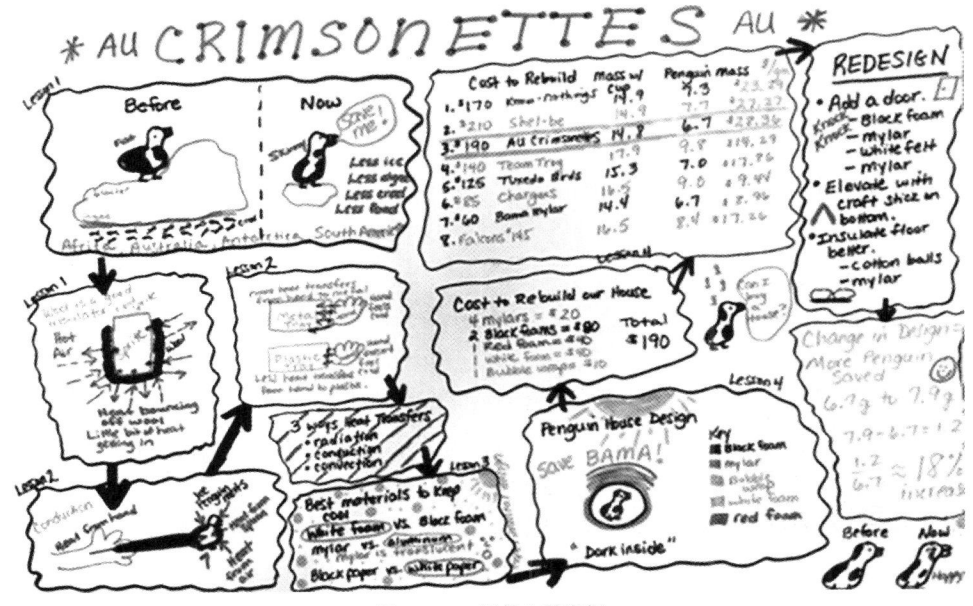

图 5-8-1　拯救企鹅海报

六、讨论："热"传递还是"冷"传递（10分钟）

教师给学生描述一个场景：今天中午我们要参加一个校外活动，不能在学校用餐，所以早上大家都带来了自己的午饭。有一名同学从家里带了一罐冰镇汽水，放在午餐袋子里。等到中午他想打开汽水喝的时候，发现汽水已经变成温温的了！这是怎么回事呢？

学生分组讨论，得出结论后向全班讲解。在讲解过程中，教师发现很多学生存在以下错误概念：使冷饮保持温度的办法是不让"冷"传导出去。但实际上，没有"冷"传递这一概念，而只有"热"传递。所以保持冷饮温度的正确方式应当是隔离外界的"热量"，不使之传导进来。在讨论中，教师可以及时纠正学生的错误理解。

在这个话题的讨论中，学生还可能存在另一个错误概念：温度产生变化的原因是"温度"从一个地方传到了另一个地方。教师需要及时告知学生："温度"并不是一种物质，它仅仅用来表示物体冷热的程度。温度变化的原因是"热量"从一个地方传到了另一个地方。热量是一种能量的形式，温度是表示物体冷热的一种尺度。

讨论完这个话题后，教师应当提示学生把热量和温度的概念作为海报的第一部分内容。

七、实验：保持饮料冰凉（30 分钟）

教师告诉学生已经设计了一个实验来寻找用什么材料能使冷饮保持冰凉，把准备好的 6 罐不同处理的饮料拿出来（见图 5-8-2）。

图 5-8-2 6 罐不同处理的饮料

首先让各小组做出预测：哪种材料保温效果最好？哪种最差？各小组不仅需要做出预测，还要说出原因，并将排名和详细的原因写下来（或者记录在小组海报上）。

接下来各小组展示小组讨论决定的排名预测以及原因。在展示过程中，教师会发现可能有部分学生对如下概念存在不正确的理解。

• "保持冷量"：学生可能会认为，保持冷的办法是不让"冷量"传递出去。教师应该提醒学生，实际上只有"热量"才会传递，并询问学生实际上是保持了什么不传递，正确答案是不让热量传递到罐子里。

• "羊毛产生热量"：学生可能会觉得，因为穿上羊毛袜子会变暖，所以羊毛会产生热。教师要向学生说明，羊毛袜子实际上是阻止了脚上的热量散发出去而有好的保温效果，羊毛袜子本身不会产生热量。教师进一步询问学生，羊毛袜子是怎么保持饮料的温度的？

- "铝箔保温效果最好"：学生可能会认为，铝箔保温效果最好，因为市面上常见的易拉罐就是用铝箔来装饮料。教师告知学生，要透过现象看本质，今天他们将有机会通过实验来亲自验证哪种材料的保温效果最好。

然后，教师把饮料拉环拉开，请几名学生协助，把温度计插入饮料内，测量温度，并记录数据（见表 5-8-1）。

表 5-8-1 饮料温度记录表

包裹材料 \ 温度	刚拿出冰箱的温度（℃）	常温放置 1 小时后的温度（℃）
羊毛袜子	4	5
厨房用纸	4	5.5
铝箔纸	4	5.7
气泡膜	4	5.9
棉袜子	4	6
—	4	7

各小组讨论预测和实际结果的差异。教师首先询问学生，如果需要了解一种材料的保温性能，用什么作为参照物比较好？答案是没有任何包裹的饮料。之所以引入参照物的概念，是因为在后面的保护企鹅课程中，学生会知道使用无保护的企鹅作为参照物，以评价他们制作的保护装置的性能。

教师可以用如下问题来引导学生讨论。

- 为什么羊毛袜子比棉袜子的隔热效果好？
- 能够阻挡热量传递的材料叫作绝热材料或热绝缘材料。分析一下，羊毛袜子和厨房用纸这两种材料有什么共同点，使二者都是良好的热绝缘材料。
- 为什么在冬天羊毛袜子比棉袜子保暖？
- 根据我们的实验结果，哪些材料可以称为热绝缘材料？实验中用到的材料在一定程度上都可以称为"热绝缘材料"，因为它们都在一定程度上阻隔了热量的传递。

最后，教师要求各小组完善他们的海报，将实验的结果、对热绝缘材料的理解记录在海报上。如果时间充裕的话，还可以测量第三次温度并记录，区别将更加明显，也更有助于学生区分材料之间的差异。如果课堂时间不够，教师可以每隔一个小时记录一次温度变化情况，把数据记录在表格内，在下次课时将数据提供给学生参考。

八、讨论和总结（15 分钟）

课程最后，教师组织全班就以下问题进行讨论。

- 热传递究竟是什么发生了传递？在一个物体变热、另一个物体变冷的过程中什么发生了转移？
- 还有什么材料能够阻隔热量的传递？
- 羊毛袜子和棉袜子，哪个是更好的热绝缘体？
- 你要打包一份冰激凌，用什么材料打包最好？
- 羊毛袜子是通过减缓什么来保温的？
- 是因为羊毛袜子保持了"冰冷"吗？
- 为什么实验中要使用一个不包裹材料的罐子？
- 为什么人们冬天穿羊毛衫，夏天穿棉布衣服？
- 这些实验结果有可能帮助到企鹅吗？

拯救企鹅二：热传导、热辐射和热对流（70 分钟）

一、本小节材料

纸板房子（预先做好）、冰块若干、电子温度计、木质托盘、金属托盘、金属勺子和塑料勺子、加热用灯泡。

二、课前准备

制作一个纸板房子（见图 5-8-3），房子墙壁使用硬纸板制作，屋顶可以是平顶，也可以是尖顶，将屋顶涂成黑色。楼房内制作出两到三个楼层，但是不用完全隔绝各个楼层，方便在各个楼层里安放电子温度计就可以。

图 5-8-3　纸板房子

三、导入（5分钟）

教师首先向学生提问：放在同一个环境的木质托盘和金属托盘哪个温度更低？学生有可能会根据日常生活的感受得出结论，误认为金属托盘的温度更低。教师将安装在托盘上的温度计展示给学生看，或请一名学生读出两个温度计的读数。

学生会发现，其实两个托盘的温度是一样的。教师组织全班学生讨论：为什么两个温度一样的托盘摸上去却感觉一个更凉？教师给学生解释：由于金属是优秀的热导体，所以在手摸到金属托盘的时候，手上的热量会更快地传导出去，因此摸上去感觉更冷。

四、实验验证热传导（15分钟）

教师给每组发一个金属勺子、一个塑料勺子，让学生感受一下哪个勺子更凉一些。经过上一个环节，部分学生可能会提出两个勺子温度一样，也有学生会认为金属勺子温度更低。

教师向学生宣布：接下来发给每组两个冰块，将冰块分别放在两个勺子里，请预测哪个勺子里的冰块融化得更快（见图 5-3-4）。

图 5-8-4　冰块在两个勺子里的融化情况

学生通过实验会发现，金属勺子里面的冰块融化得更快。教师组织全班学生讨论，用以下问题引导学生思考。

- 为什么金属勺子里的冰更快地融化了？
- 什么导致了冰块融化？
- 如果把两个勺子都换成托盘，情况会怎么样？
- 如果有一台强大的显微镜，你能不能看到热量是怎样离开你的手传到冰块上的？
- 人们曾经认为热量是一种"物质"，你认为呢？

请学生把该实验记录在小组海报上并请几名学生紧挨着站成一排，最左边是穿红色衣服的学生，最右边是穿蓝色衣服的学生。教师告知学生，红色衣服代表高温，学生通过摇动身体表示他的温度很高。如果其他学生被邻近的学生碰到了，也要开始摇动，摇动的幅度需要跟被碰到的学生力度类似。很快，一排学生都会摇动起来。

教师告诉学生，其实他们扮演的就是物质中的分子和原子。热量就是通过振动的方式，从一个原子传到另一个原子，这个实验模仿了固体材料中的热传导现象。

五、实验验证热辐射（15 分钟）

教师出示之前准备好的纸板房子，在房屋的天花板和地板上各安装一支温度计。使用加热灯泡，放在房子的正上方对其加热 30 秒，记录温度上升数据。由于房子的屋顶是黑色的，所以温度升高会比较快。

将房子降温到环境温度。用铝箔覆盖黑色屋顶。重复上面的实验，使用灯泡加热 30 秒，记录温度上升数据。基于上述实验，教师组织全班学生讨论。

- 是什么导致了屋顶温度升高？
- 你在户外穿黑色的衣服和白色的衣服，有没有感觉温度不同？
- 冬天的时候把屋顶漆成黑色好还是白色好？
- 为什么用铝箔覆盖后房顶的温度升高较慢？
- 如果换成白色的布或有颜色的布覆盖屋顶，会怎样？

找一名自告奋勇的学生，把手放在加热灯泡下面，然后用铝箔阻挡光线，问问学生有什么感觉。还可以用白色的布、黑色的布做对比。要求小组把观察到的现象记录在海报中。告诉学生，黑色的房顶吸收了光，而铝箔反射掉了大部分光。

请一名穿黑色衣服的学生和一名穿浅色衣服的学生扮演不同颜色的屋顶。教师扔给他们同样颜色的球，假装是光线的射入。他们根据自己的颜色扔出不同数量的球，表示反射率的不同。最后，穿黑色衣服的学生手里会有更多的球。教师引导学生进一步讨论。

- 为什么暗颜色的材料让温度升高得更快？
- 什么颜色的物体在太阳下不怕晒？
- 地球是怎么得到热量的？
- 太阳的热量是怎么到达地球的？
- 地球上哪些地方（东西）会把太阳的热辐射反射出去？

讨论完成后，教师进一步解释，热辐射也是一种热量转移的方式。

六、实验验证热对流（15 分钟）

使用之前的纸板房子，确保降温到环境温度，然后在房子的天花板和地板各安装一支温度计。请两名学生做志愿者，每隔 30 秒读出温度计的读数，另请一名学生记录。

使用加热灯泡从房顶上开始加热，房顶的温度会逐渐升高，房子内部的温度也会升高。教师提问：为什么房屋内部的温度升高了？（是由于灯光通过热辐射的形式照射在房顶上，然后房顶表面的热量通过热传递的方式传递到了房屋内部。）

接下来，教师让学生把房屋翻转过来，要求学生预测房屋翻转过来以后天花板和地板温度的情况。将房屋翻转过来以后，要求志愿者每 30 秒记录一次两个温度计的读数，直到两个温度计的读数相等。教师引导学生讨论如下问题。

• 把房屋翻转过来以后，温度发生了哪些变化？为什么把房屋翻转过来以后房顶变冷了、底楼变热了？

• 是什么原因导致了这样的现象？

教师告知学生，这种现象叫热对流。在这个实验中，由于冷空气比热空气重（密度更大），所以在房屋翻转过来以后，冷空气不断下沉，热空气上升，产生了热对流现象。两种空气对流时热量从高温处往低温处转移，最终温度达到了平衡。

学生可能会有以下误解，在讨论中需要帮助学生明晰。

热量上升误解：部分学生可能会把这种现象解释为"热量在上升"，但实际上热量会向四周传递。因为热空气密度较小，冷空气密度较大，所以是冷空气下沉把热空气挤到了上面。

冷传播误解：学生观察到冷空气在下降，有可能认为是冷空气里面的"冷量"转移到了热的物体上。实际上不是"冷量"从冷的物体转移到了热的物体，而是"热量"发生了转移。

七、总结（20分钟）

学生将有关概念抄写到海报上。教师进行总结，三种热量传递的方式分别是热传导、热辐射和热对流。要求学生在海报上描绘房屋的形状，并标记三种热传递方式。教师发给学生下面的小结卡片，要求学生使用文字或图画的方式填写。

小 结 卡

姓名：

用图画或者文字回答如下问题：

1. 为什么有太阳的时候会感觉暖和？
2. 煎肉的时候，肉是怎么加热的？
3. 为什么锅放在火炉上会变热？
4. 为什么热气或者烟会向上飘？
5. 为什么放在室外的一碗热汤很快就会变凉？
6. 为什么汽车停在太阳底下一会儿就晒热了？
7. 大太阳天的时候，为什么路面会变得很烫？

8. 为什么站在火炉旁可以取暖?

9. 一栋房子有两层,为什么楼上通常比楼下热?

10. 夏天的时候你愿意拿一把黑伞遮阳还是一把反光伞遮阳?

11. 为什么夏天的时候,柏油路面比水泥路面更烫?

拯救企鹅三:材料测试(60分钟)

一、材料

塑料箱或硬纸箱、棉花球、绘图纸(各种颜色)、黑色卡纸、气泡膜、羊毛毡、铝箔纸、麦拉膜。

二、课前准备

制作一个实验用加热盒(见图5-8-5)。使用塑料箱或者硬纸箱,箱子最好有一定深度,能避免外界因素的干扰。在箱子内部侧面覆盖铝箔纸,箱子底部涂成黑色或者用黑色卡纸覆盖。

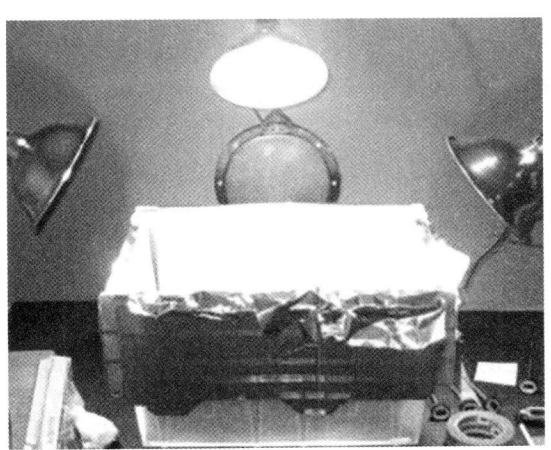

图5-8-5 加热盒

加热装置采用4盏60瓦以上的灯泡,可以使用金属台灯,台灯均匀地分布在加热盒四周。箱子制作完成以后打开台灯,确认盒子内部的热量可以均匀上升。

三、导入(10分钟)

教师带领学生回顾热传递的三种方式,取出上一节课制作的海报和小结卡,带领学生对之前的实验进行回顾,及时纠正学生错误的概念。

四、出示课程任务（10分钟）

教师出示这节课的任务：各小组要设计制作一个冰屋来保护企鹅。这节课需要每个学生作为一名材料工程师对各种材料（见图5-8-6）进行测试，看看哪些材料能够运用在冰屋的设计中。

图5-8-6　材料

出示课程任务后，教师应当向学生展示加热盒，引导学生识别，在加热盒中三种热量传递的形式都会发生。

- 热辐射：从台灯直射出的光线以及加热盒内壁反射的光线都会产生热辐射。
- 热传导：黑色的盒子底部会吸收大量热量，将热量传递给接触盒子底部的冰屋。
- 热对流：盒子附近的空气被加热，热空气会上升，与盒子上部的冷空气形成对流。

五、材料测试（40分钟）

在材料测试开始之前，教师向学生示范正确的材料测试方式：记录温度计显示的当下温度，将温度计包在材料里，然后放在箱子上，使用灯具加热一分钟，记录加热后温度计显示的温度。

教师宣布测试开始，并要求学生设计类似下面的表格（见表5-8-2），记录测试数据。

表 5-8-2　温度变化记录表

序号	材料	初始温度	加热 1 分钟后的温度

学生在测试的过程中可能会存在以下问题。

- 没有把温度计包裹在材料里面。
- 加热的时间不准确。
- 加热箱的温度还没有恢复到室温就做下一轮实验。
- 温度计中的温度没有恢复到室温就做下一轮实验。
- 温度计接触的是桌面而不是材料。

在学生进行了一种材料的测试以后，教师提示他们可以将两种或多种不同的材料相结合，尝试不同的组合方案。最后要求学生选出阻止热传递的最好的材料，并完善各组的海报。

拯救企鹅四：企鹅冰屋（120 分钟）

一、导入（10 分钟）

教师和学生讨论什么是工程师，以及工程师是怎样通过设计制造产品使这个世界变得更美好的。工程设计需要遵循一定的工程设计流程，教师把这个流程（见图 5-8-7）复印出来发给学生。

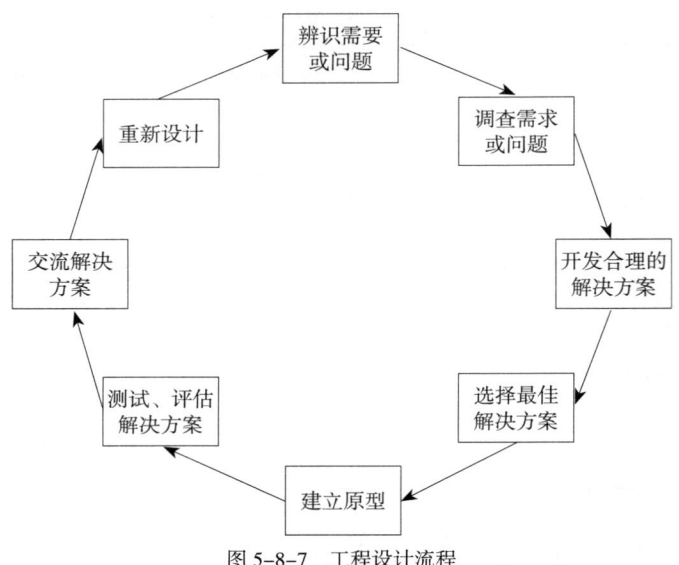

图 5-8-7　工程设计流程

各小组讨论：这个工作流程可以用在哪些地方？套用在实际生活中，这个工作流程里面的某一步具体代表了哪些工作？确保每一组学生都理解这个工程设计流程的步骤，并能用它来指导接下来的设计和制作工作。

二、出示任务（10 分钟）

本节课的任务是为企鹅设计一个冰屋，抵挡外界的高温。教师请学生注意，现实世界中的工程师的工作是受到各方面条件限制的，如时间、材料、场地、资金等，所以在建造企鹅冰屋的过程中，各小组也会有类似的限制条件。各小组将会得到 100 元代币来自由选择购买搭建冰屋所需的材料。材料价格见表 5-8-3。

表 5-8-3　材料价目单

材料	价格（元）
棉花球	10
木棒	20
绘图纸	5
气泡膜	40
羊毛毡	40
黑色卡纸	10
铝箔纸	5
麦拉膜	5

三、设计并建造（30 分钟）

各小组设计冰屋建造方案，确定建造材料后，使用代币在教师处购买材料进行搭建。在设计和建造的过程中，教师可用如下问题对学生进行引导。

- 灯光能不能射入冰屋？
- 热对流能否进入冰屋？
- 地板的热量会不会传导进入冰屋？
- 减缓热传导、热对流、热辐射的方法分别是什么？
- 你家在夏天采用了哪些方法防暑？这些方法可以怎么应用到冰屋设计中？
- 为什么选取这种颜色的材料？
- 你做了哪些测试来了解材料的性能？
- 你选择了一层还是两层材料？
- 空气是良好的热绝缘体，那怎么用空气来隔热？
- 气泡膜哪面朝内性能更好？

请各小组将材料的选取、冰屋的设计情况写到小组海报上。

四、加热测试（30 分钟）

打开加热箱四周的台灯，预热 20 分钟左右，确保加热箱内温度达到恒定。接下来给每组发一个塑料杯，每个小组选出代表来接收他们组的"企鹅"。每个小组要尽快将"企鹅"安置在冰屋内，然后教师将各小组的冰屋放在加热箱内加热 20 分钟。

教师应该在加热箱内放置一个"无家可归"的"企鹅"作为对照组。20 分钟后"无家可归"的"企鹅"可能会完全融化，或剩下很小的一部分。

设定 20 分钟的定时器，时间到以后指导学生快速把"企鹅"未融化部分放回塑料杯。注意，确保学生没有将冰"企鹅"融化成的水倒回塑料杯里面。

教师依次称量每个组剩下的"企鹅"质量，记录在黑板上（或 Excel 表格中）。如果学生担心排在后面称量"企鹅"会融化得更多，告诉他们就算冰在融化杯中物质的质量仍然代表剩下的"企鹅"的总质量。

要求每个小组在黑板上（或 Excel 表格中）填写该小组冰屋所花费的总成本。

五、回顾（10 分钟）

请学生在各组的海报上记录剩下的"企鹅"的质量、冰屋成本，引导学生对实验结果进行讨论。

• 剩余"企鹅"质量最大的冰屋，是哪些设计有效地防止了热传递？分别讨论三种热传递的方式是怎样被隔绝的。

• 讨论一下剩余"企鹅"质量最小的冰屋，看看有哪些可以改进的设计，为第二次设计提出改进的建议。

六、斜率和线性方程式（拓展，10分钟，可选）

上面得出的数据可以用来讨论斜率和线性方程式，教师可以让学生通过画图来讨论。

• 冰屋的建筑成本和剩下的"企鹅"冰块质量之间是否存在线性关系？

• 冰屋的建筑成本和冰屋的总质量之间是否存在线性关系？

• 能不能寻找到最优的冰屋质量和成本、剩下的"企鹅"冰块质量之间的关系？

七、设计迭代（拓展，30分钟，可选）

请各小组在前面总结的基础上进行第二次冰屋设计，实验流程与前面相同，并将实验结果记录在海报上。

八、总结（30分钟）

实验结束后，给每个小组至少5分钟的时间展示自己制作的海报，并对本组的设计和实验过程进行介绍。教师可以设置一些奖项，如：

• 企鹅卫士奖：冰块保留最多的一组。

• 最大进步奖：两次实验进步最大的一组。

• 最优设计奖：使用了最低的成本，保存住了至少一半的"企鹅"质量的一组。

• 最受欢迎奖：各小组互投最喜欢的设计，票数最多的一组。

教师组织全班讨论，可用以下问题进行引导。

• 解决问题的一般思路是什么？

• 平时我们可以做哪些事情来节约能源，从而减少对动物的影响？

• 工程师做了哪些事情来帮助人类和动物？

• 在这节课中，你学到了哪些科学知识？可以怎样运用在生活中？

• 在设计冰屋的过程中，你主要受到了哪些方面的限制？

- 为什么需要对之前的设计做出改进？
- 热传递有哪些特点？
- 热传递的三种方式是什么？
- 热绝缘体和热导体有什么区别？
- 为什么塑料托盘和金属托盘摸上去感觉不一样，但实际温度一样？
- 哪些材料可以更好地防止热辐射、热传导和热对流？
- 哪些材料组合起来隔热效果更好？

附件 5-8-1：热传导问卷

1. 你从厨房的台面上拿起一罐苏打水，苏打水罐下的台面感觉会比台面的其他部分要凉，下列哪个选项的解释你觉得是最佳解释？

   A. 寒冷从苏打水上传导到了台面上

   B. 罐子下面的台面没有剩余热量

   C. 某些热量从台面上转移到了苏打水上

   D. 罐子下面的热量可以转移到台面的其他部分

2. 你把在水里煮过的鸡蛋放在一碗冷水中冷却，下列哪个选项可以解释鸡蛋的冷却过程？

   A. 温度从鸡蛋上转移到了水中

   B. 寒冷从水中转移到了鸡蛋上

   C. 能量从水中转移到了鸡蛋上

   D. 能量从鸡蛋上转移到了水中

3. 为什么我们在寒冷的天气要穿毛衣？

   A. 以抵御外面的寒冷进入

   B. 以产生热量

   C. 以减少热量流失

   D. 以上所有

4. 艾米将她的毯子裹在了她的娃娃身上，但是艾米不懂得为什么它们不会变得暖和起来。为什么艾米的娃娃不会变得暖和起来？

A. 她所用的毯子可能是很差的绝热体

B. 她所用的毯子可能是很差的导热体

C. 制作娃娃的材料无法良好地保存热量

D. 以上均不是

5. 当在冰箱里的水变成冰的时候，_____。

A. 水吸收了来自冰箱内空气的能量

B. 水吸收了来自冰箱内空气的寒冷

C. 冰箱内的空气吸收了水的热量

D. 水既不会吸收能量也不会释放能量

6. 在一个温暖的晴天，你穿浅色衣服会感到更凉爽，是因为浅色衣服_____。

A. 反射更多辐射

B. 能防止出汗

C. 不像暗色衣服那么沉重

D. 能让更多的空气流入

7. 如果你将一个金属勺和一个木勺同时放进盛有沸水的壶中，金属勺会变得摸起来更烫。为什么？

A. 金属比木头更容易传导热量

B. 木头比金属更容易传导热量

C. 因为金属更吸热

D. 木头不如金属坚固

8. 在一个大晴天，楼上房间经常比楼下房间热。为什么？

A. 冷空气比热空气密度小

B. 热空气上升，冷空气下降

C. 上层房间更靠近太阳

D. 热量上浮

9. 你的午餐盒里有一罐你想保持冰凉的苏打水，哪一件材料会在保持冰凉方面起到最好的效果？为什么？

A. 用铝箔裹住苏打水，因为金属容易导热

B. 用一片纸巾裹住苏打水，因为纸可以吸湿

C. 用蜡纸裹住苏打水，因为蜡纸可以保湿

D. 用羊毛衫裹住苏打水，因为羊毛不透气

10. 当你手持金属晾衣架在篝火晚会上烤棉花糖的时候，晾衣架可能会变得烫得没法拿。为什么晾衣架会变得特别烫？

A. 热量顺着晾衣架辐射

B. 热量在接近火焰的地方被积攒起来，直到没法再储存了，然后就会顺着晾衣架移动

C. 当金属原子变热的时候会携带更多能量开始振动，然后它们会撞击附近的原子，使得附近的原子也开始振动

D. 因为金属在火焰中熔化，与火的反应剧烈，很容易变热

11. 一个铝盘和一个塑料盘被整夜放在冰箱中，当你第二天早晨从冰箱中拿出它们的时候，_____。

A. 两个盘子有着相同的温度

B. 塑料盘有着更高的温度

C. 塑料盘有着更低的温度

D. 二者温度无法判断

12. 当置于阳光下直射，哪件物品会吸收更多的辐射？

A. 白色毛衣

B. 雪球

C. 锡箔纸

D. 黑色毛衣

第 6 章

六年级 STEM 课例

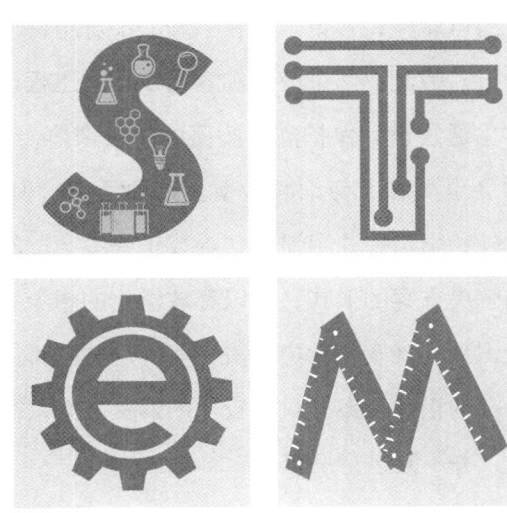

一、保护鸡蛋
——工程设计中的冗余与容错

★ **课程背景与目标**

在工程学中,冗余是指额外设计或复制关键的部件、系统的主要功能,意图提高系统的可靠性;容错是指在系统的部分组件出现问题的时候,整个系统仍然能够正常运行。因此,冗余设计和容错设计是工程设计中十分重要的组成部分。本课旨在让学生通过设计保护高空坠落的鸡蛋来体会工程设计中的冗余思维与容错思维,进而学会全面思考与细心做事。这项活动看似简单,但其实对学生来说有一定难度。此外,学生往往习惯了"寻找正确答案"的思维模式,通过创意活动这种没有唯一的解决方案的形式,可以释放学生的想象力、创造力和发散性思维能力,帮助学生认识到在现实生活中解决真实问题的思维方式和在学校中有什么不同——往往没有唯一的正确答案,只有较优的解决方案,需要跳出固有框架思考,发散思维寻找方法,并不断进行反思。

★ **课程领域**

艺术、语文、生物、物理、工程。

★ **建议年级**

六年级。

★ **建议时间**

基础课程:115 分钟。

延伸课程：20 分钟。

★ **课程任务**

学生通过多媒体手段回顾生活中的各类高空坠落现象，思考高空坠落对坠落物会带来哪些伤害，并思考现实生活中是如何防止这些伤害发生的。在此基础上，对于高空坠落的鸡蛋，学生进行想象，通过小组合作，设计缓冲方式与结构，保证鸡蛋完好。学生在活动中学习如何与他人进行交流合作，共同完成从自由畅想到创意制作这一过程。

★ **教学过程**

一、导入（15 分钟）

播放高空坠物的视频，包括高空抛物、跳伞兵打开降落伞下降、建筑工地防护措施、飞船返回陆地、蹦床运动等视频。通过视频，教师提出以下问题让学生思考。

- 高空坠落会给坠落物带来哪些伤害？
- 1 千克的水从万米高空洒下，会伤人吗？
- 一只老鹰、一只兔子和一只蚂蚁从高空坠落，分别会发生什么？
- 视频中有哪些减缓坠落的方法？试着总结一下。
- 你能用你自己的话说明这些减缓坠落的方法分别是什么原理吗？
- 你从 100 米高空掉到水里，假设水足够深，你会受伤吗？

通过以上问题，学生会在脑海中构建起保护高空坠物的方法。

二、执行任务（100 分钟）

1. 出示任务和评价量规（5 分钟）

（1）任务：以小组为单位制作一个地面缓冲装置，使鸡蛋从 1.5 米高的高度落下不会碎。学生先进行方案的设计，然后凭设计方案领取制作材料。

（2）材料：生鸡蛋、细绳、吸管、厚纸巾或报纸、黏土或橡皮泥、保鲜膜、筷子、中号塑料袋、橡皮筋、气泡膜、胶带、剪刀。

（3）评价量规：见表 6-1-1。

表 6-1-1　地面缓冲装置设计评价量规

分数 项目	1分	2分	3分
完成时间	20~25分钟	18~20分钟	18分钟以内
鸡蛋落地后情况	碎了	有破损	无破损
保护装置的总质量	质量最大	质量居中	质量最小
设计方案	无方案	有方案，但不够细致	方案细致，有设计图，有说明
制作工艺和美观程度	制作工艺较粗糙，不美观	制作工艺水平一般，考虑了美观设计	制作工艺良好，较美观
总结展示	一人上台汇报，表述不完整	一人或两人上台汇报，表述较完整，表达能力较强	所有组员共同汇报，能详细说明过程，表达能力强

2. 设计和制作（25分钟）

学生自由使用材料，制作一个缓冲装置。在制作过程中，教师询问学生以下问题，启发学生思考。

- 缓冲装置软一点好还是硬一点好？你认为缓冲到什么程度是合适的？
- 如果你的缓冲装置做成了"蹦床"，会有哪些问题出现？如何避免？
- 如果你的缓冲装置中间凸、四周凹，会有哪些问题出现？
- 鸟是怎么解决巢穴问题的？是如何考虑缓冲因素的？

各小组制作好以后示意教师，依次使用鸡蛋进行三次实验，记录实验结果，三次实验高度均为 1.5 米。

3. 修正设计（20分钟）

各小组根据实验结果进行总结，汇总在第一轮实验中发现的一些问题（或不成功之处），并通过讨论得出解决方案。

汇总的问题（或不成功之处）可能包含如下内容。

- 鸡蛋从缓冲装置中掉下来损坏了。
- 缓冲装置太软，结果鸡蛋还是损坏了。
- 缓冲装置太小，鸡蛋没有落到指定位置，而是落在了地上。
- 鸡蛋没有掉到缓冲装置的中心，而是掉偏了，影响了结果。

教师也可根据学生表现，引导学生进一步讨论：鸡蛋在落地的时候受到了哪几方面的冲击力？针对这些冲击力怎么设计保护装置？

这些问题（或不成功之处）都是系统设计的冗余和容错不够造成的，因此学生要深入思考如何对自己设计的缓冲装置进行改进。

此时教师出示下一步实验任务：允许在鸡蛋上制作保护装置，但下落的高度提高至3米（可考虑户外）。

各小组完善鸡蛋保护装置的设计方案，改进地面缓冲装置的设计方案，形成详细的装置设计图，并交由教师检查，领取制作材料。

评价量规见表6-1-2。

表6-1-2 鸡蛋保护装置及地面缓冲装置设计评价量规

项目 \ 分数	1分	2分	3分
小组分工与合作	无明确的人员分工	有分工，但执行较混乱	分工明确，执行有效率
完成时间	20~25分钟	18~20分钟	18分钟以内
鸡蛋落地后情况	碎了	有破损	无破损
保护装置的总质量	质量最大	质量居中	质量最小
设计方案的改进	方案未改进，缺乏指导性	方案有改进，但不明显，不够细致	改进后的方案较细致，有设计图，有说明
制作工艺和美观程度	制作工艺较粗糙，不美观	制作工艺水平一般，考虑了美观设计	制作工艺良好，较美观
更高的坠落高度（h）而不损坏	$h=3$米	3米$< h \leq 3.5$米	3.5米$< h \leq 4$米
总结展示	一人上台汇报，表述不完整	一人或两人上台汇报，表述较完整，表达能力较强	所有组员共同汇报，能详细说明过程，表达能力强

4. 制作（35分钟）

学生自由使用材料进行制作。在制作过程中，教师询问学生以下问题，启发学生思考。

• 鸡蛋上面可以使用哪些缓冲装置？

• 修正后，你的地面缓冲结构是否有冗余设计？你设计了什么来保证效果？

• 你设计的结构容错率如何？如果鸡蛋没有对准，而是掉在外面，能否保证鸡蛋仍然完好？

- 桁架是空心的，为什么也很坚固？
- 膨化食品包装时为什么要充满气体？

各小组制作好以后示意教师，并使用鸡蛋进行三次实验，记录实验结果。

5. 测试（15 分钟）

测试三次。装置总质量也需要称量，最轻的装置得分最高。

测量结束后，各小组进行展示。展示需要介绍设计思路、设计和制作中遇到的问题以及解决方案，还可以对装置的应用场景做出设想。

之后学生总结，汇总在第二轮实验中发现的一些问题，并通过讨论得出解决方案。

三、延伸（20 分钟）

可以让学生围绕以下问题进行头脑风暴。

- 能否设计一个便于移动和快速铺设的缓冲装置，以减少轻生者高空坠落造成的伤害？说出你的想法，尽可能详细。
- 这个结构可以增加哪些冗余设计和容错设计？

二、方寸之间，稳如泰山
——运动与平衡

★ **课程背景与目标**

"世界是物质的，物质是运动的，运动是有规律的，规律是可以被人发现的。"这些内容是学生熟知的世界观。这是科学意义上的，更是哲学意义上的。

现实生活中的运动更加具体。常见的匀速运动、反复运动、静止都发生在一定的平衡状态下；而各种加速运动、减速运动都发生在平衡被打破的情形下。大到天上的繁星，小到地上的沙尘，我们周边的万物都在"建立平衡—失去平衡—再次建立平衡"的循环中更迭着。平衡的建立与打破需要考虑物体的受力。地球上的所有物体都会受到重力的作用，重力的方向指向地心。重力为我们带来稳定，有时也给我们的生活带来困扰。本节课就是要从重力和与它相反的平衡力之间的关系说起，探索物质克服重力、保持平衡的方法。

★ **课程领域**

工程、物理、数学。

★ **建议年级**

六年级。

★ **建议时间**

130分钟。

★ 课程任务

本节课旨在让学生通过对重力和重心的学习，探讨重心位置、支撑位置和物体达成平衡（不会倾覆、翻转或掉落，不考虑水平方向的运动）之间的关系，并通过调查和实验获取新知识，用新知识解决生活中的实际问题。本节课不以竞争性的表现性任务为主体，而是以现象观察为先导，通过"观察—思考—总结—再观察"的循环让学生在引导下进行规律的归纳和总结。

★ 教学过程

一、导入（25分钟）

首先，介绍重心的概念，以及对称物体（几何对称和密度对称）重心的特点。

（1）什么是重心？重心是指一个物体的重量表现所在的平均位置。从严格意义上说，重心是重力场中，物体处于任何方向时将其看作一个质点，而重力的合力都通过的那一点。

（2）轴对称物体（几何对称）悬挂起来可以用一条垂直的线表明物体的对称性，而当该物体的密度分布也左右对称的时候，这条垂直的线将通过物体的重心。当我们找到它的另一条通过重心的直线的时候，就可以用这条直线与之前提到的垂直线相交，找到重心。

然后，教师列举一些实际生活中的例子，通过重力平衡来完成的艺术品或工艺品（尤其是在视觉上直观看来并不平衡的物体），例如，斜木板制作的酒架（见图6-2-1）以及利用鸟嘴稳定在手指上的平衡鸟（见图6-2-2）等。然后询问学生，这些物体是如何"摆脱"地球引力达到平衡的？

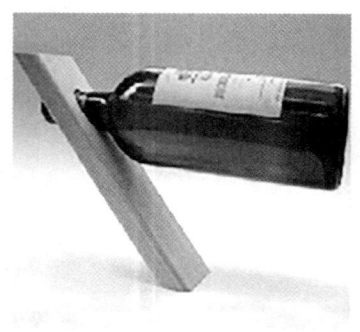 

图6-2-1 酒架　　　　　　图6-2-2 平衡鸟

接下来，教师介绍通常条件下达成平衡的规律和特点。在通常条件下，物体的支撑点形成一个统一的支撑面（如三脚架），有如下规律：当物体的重心在竖直方向的投影落在物体的支撑面内或支撑点上，物体将处于平衡状态（垂直方向的平衡，不考虑水平方向的各种运动和受力）。

最后，教师展示更多的图片，例如，做瑜伽的人、表演平衡杂技的人、骑自行车的人等，让学生寻找图片中人和物体的重心的大致位置，并说一说他们为了保持平衡状态做了哪些努力。

二、任务执行与反思（100分钟）

（一）第一个任务的执行与反思（50分钟）

1. 出示第一个任务（5分钟）

（1）任务：学生以小组为单位用所给的材料做出一些探索"平衡"的活动，归纳规律，回答问题。

（2）材料：圆形橡胶（塑料、海绵）片、三角形橡胶（塑料、海绵）片、两个晾衣木夹。[注意：使用的橡胶（塑料、海绵）片要有几毫米的厚度，以便于学生尝试用侧面将这些材料立起来。]

（3）该任务属于前置性的探索性任务，而非表现性任务，不做评价量规。

2. 执行任务（25分钟）

正式执行探索性任务，教师要求学生依照要求和提示，考虑以下内容。

（1）尝试将扁平状的圆形橡胶（塑料、海绵）片放在一根手指（支撑面、基底）上，并使之保持平衡。

- 记录重心位置。思考：应当如何描述重心位置？
- 感受物体的稳定性。思考：橡胶（塑料、海绵）片的稳定性如何？如何描述？

（2）将橡胶（塑料、海绵）片的任意边作为支撑面或者基底来保持平衡。

- 观察重心。思考：重心位置变化了吗？
- 感受物体的稳定性。思考：橡胶（塑料、海绵）片的稳定性如何？如何描述？

（3）用晾衣木夹夹在物体的下方位置来降低物体的重心，并且以"角"（如将某个角的顶点卡在某个浅凹槽中）或"边"（如物体的侧面）为支撑面来尝试保持平衡。

- 记录重心位置。思考：重心在哪里？是否发生了变化？
- 观察物体的稳定性。思考：夹子如何影响物体的稳定性？

3. 发现和讨论（20分钟）

（1）假设一些物体可能随机受到各个方向的大小不同的力的作用，其保持固定与平衡的因素有哪些（如圆凳、交通用锥形路障、一级方程式赛车）？有什么特点？尝试归纳一下。

- 支撑面的大小——支撑面越大越稳定。
- 重心的位置——重心越低越稳定。

（2）思考重心与支撑面的位置关系对平衡的影响，以起重机为例。

- 重心位置怎样影响起重机？
- 分析一下，图6-2-3中哪个起重机稳定性和平衡性好？哪个起重机相对不稳定？

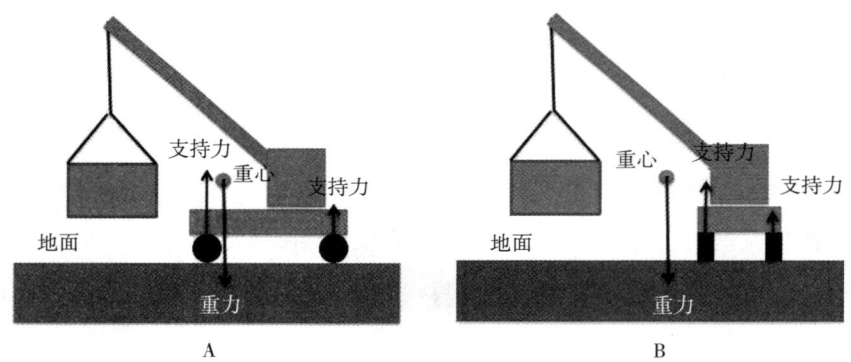

图6-2-3　起重机

（3）分析和模拟图6-2-2中的平衡鸟模型，为什么平衡鸟能"叼住"手指而保持平衡？

理解：平衡点的概念，即物体在这一点上（或这一位置上）能够保持平衡。

猜想：平衡鸟的重心在嘴尖上还是嘴尖下？

模拟：将一根长方形积木的一端放置在桌子边缘，使其另一端伸出桌外。然后将一个拱形积木的一端自然地搭在伸出桌外的长方形积木上，拱形积木的另一端夹上一个木夹子，使整个装置保持平衡。讨论一下从中我们能获得哪些信息。

- 重心高的物体不稳定并且易翻倒。

- 为了增加稳定性，重心要尽可能低。
- 如果重心足够低，甚至低于支撑面，支撑面就可以小一些（平衡鸟的例子）。

（二）第二个任务的执行与反思（50分钟）

1. 出示第二个任务和评价量规（10分钟）

（1）任务：用工程设计的方式解决问题"怎样使铅笔用顶端（尖端）做支撑点保持平衡"。

（2）按照以下步骤完成设计。

①仔细审题，关注所给材料。

②想一个可行的方法，并与小组同学讨论。

③设计方案并且画出设计图，要求既实用也能表现一定的艺术性。

④实现你们的设计。

⑤做实验并进行测试。

⑥思考改进方案的办法。

（注意：可重复第四步到第六步来改进实验设计。）

（3）材料：削尖的铅笔、直尺、卷尺、铁丝、钩码。

（4）评价量规：见表6-2-1。

表6-2-1　用铅笔尖端做支撑点保持平衡实验评价量规

分数 项目	1分	2分	3分
平衡性	用铅笔尖端做支撑点无法达成平衡	用铅笔尖端做支撑点可以短暂达成平衡，但是平衡很容易被破坏	用铅笔尖端做支撑点可以达成平衡，且平衡很难被破坏
艺术性	设计图没有艺术性	设计图考虑了艺术元素，有一定的艺术性	设计图体现了较好的艺术性
小组分工合作	分工不明确，任务由少数成员完成	有基本的分工，但是分工不系统，或执行分工不彻底，或出现没有承担任务的成员	有明确的分工且贯彻实施，每个成员都安排了相应的任务，并且每个人明确自己的任务，有组织地执行
展示说明	在展示中，小组对设计过程的描述缺乏逻辑，不能说明自己设计的特点和优势	小组对设计过程进行了部分展示，展示较具体，但是部分显得混乱和无意义，对自己小组所展示的设计特点的解释有不明确之处	展示清晰明确，有效地体现了设计的特点，步骤清晰

2. 执行任务（20分钟）

正式执行制作任务，教师要求学生依照评价量规思考以下问题。

- 整个平衡装置的重心大概在哪里？
- 支撑面或支撑点在哪里？
- 有什么办法可以使铅笔的重心下移？
- 怎样利用铁丝？
- 配重的位置如何影响铅笔的平衡？

3. 总结与反思（20分钟）

- 你们小组所考虑的平衡是多角度、多方向的吗？
- 你们是如何理解设计的艺术性的？

拓展思考：①你设计的作品能动起来吗？这样的运动是否会增加作品的艺术性？②观赏一下动态雕塑大师亚历山大·考尔德（Alexander Calder）的动态雕塑作品或静态雕塑作品，思考它们的重心大概在哪里。看完后你有什么感受？受到了什么启发？③聊一聊重心、平衡在体育运动中的重要性（例如，体操运动、棒球运动、篮球运动、足球运动）。④什么是战斗机的"眼镜蛇机动"？这种动作难在哪里？然后，聊一聊重量的分布以及保持平衡是如何影响飞机的安全的。

三、课后拓展作业（5分钟）

用一支旧铅笔、铁丝和小铃铛做一个用笔尖能站住的风铃。

三、风力使者
——我是小创客

★ **课程背景与目标**

"创客"一词来源于英文单词"maker",是指出于兴趣与爱好,努力把自己的创意转化为现实产品的人。创客们作为热衷于创意、设计、制造的设计制造群体,他们有意愿、活力、热情和能力,在创新时代为自己,同时也为全人类创建一种更美好的生活。创客运动最重要的标志是掌握了自生产工具。

在美国,有专门的书籍介绍能人巧匠们如何对身边事物进行个性化的改造,如从猎奇求变的"乒乓球手套"到精巧实用的"野外电池打火器",从简单的遥控汽车到遥控吸尘器,或简单,或复杂,或可靠实用,或仅仅是博人一笑的DIY,无所不在的创意丰富了年轻人的生活。

本节课就是通过"风力使者"这一主题介绍创客的理念,通过对生活中所用到的一个小物件的改装,使学生了解创意的思维方式,并将该方式越来越多地运用到生活中,解决实际的生活问题,也为生活带去更多的色彩。

★ **课程领域**

工程、社会学、数学。

★ **建议年级**

六年级。

★ 建议时间

125 分钟。

★ 课程任务

通过对能源利用知识的学习，结合身边的事物，在创客精神鼓励下，根据给定的条件设计利用风力驱动的创新产品，培养合作能力和创新意识。

★ 教学过程

一、导入（25 分钟）

引入能源危机和新能源的概念。

• 能源危机：指因为能源供应短缺或是价格上涨而影响经济，通常包括石油、电力或其他自然资源的短缺。能源危机通常会造成经济衰退。也就是说，石油、电的供应不足将导致各种商品难以生产和运输，导致大量的缺衣少食、难以供暖、交通不便等问题。

• 新能源：又称非常规能源，是指传统能源之外新开发利用的能源，如太阳能、地热能、风能、海洋能、生物质能和核能等。新能源能在一定程度上代替传统的不可再生能源，促进社会的可持续发展。

开发和利用新能源就是一种创造性的活动，这和本节课提出的创客理念是一致的。通过强调新能源的重要性，引出创客的概念和创客理念的来源，鼓励学生都成为创客中的一员。

创客理念来源于美国麻省理工学院微观装配实验室的实验课题，此课题以创新为理念，以客户为中心，以个人设计、个人制造为核心内容，参与实验课题的学生即创客。创客特指具有创新理念、自主创业的人。具有创新理念也是本节课对学生的要求。

二、任务执行与反思（100 分钟）

（一）第一个任务的执行与反思（50 分钟）

1. 出示任务和评价量规（10 分钟）

（1）任务：学生以小组为单位，利用所给材料，制作一个利用风力驱动的能打井水的辘轳（要求能拉动 5 个 10 克的钩码）。先画出设计草图，进行简单说明，然后动手制作。

（2）材料：小卡子、热熔胶枪、木棒、大头针、纸杯、黏土、硬纸板、普通线绳、尺子、剪刀、胶带、台扇、钩码。

（3）评价量规：见表6-3-1。

表6-3-1 辘轳制作评价量规

分数 项目	1分	2分	3分
实用性	无法实现辘轳的功能	可以实现辘轳的功能，但是操作起来不顺畅，或作品易损	可以实现辘轳的功能，且操作起来顺畅，便于操作
艺术性	制作不美观，缺乏艺术性	制作时考虑了艺术元素，艺术水平一般	较美观，具有一定的艺术水平
适应性	在辘轳旋转轴方向不变的情况下，当风从一面吹来时可以使用，风向变化就不能使用	在辘轳旋转轴方向不变的情况下，经过改装后，风从两个方向吹来时都可以使用辘轳	在辘轳旋转轴方向不变的情况下，经过改装后，风从四个方向吹来都可以使用辘轳
分工合作	分工不明确，任务由少数组员完成	有基本的分工，但是分工不系统，或执行分工不彻底，或出现没有承担任务的成员	有明确的分工且贯彻实施，每个成员都安排了相应的任务，并且每个人明确自己的任务，有组织地执行
展示说明	在展示中，小组对设计过程的描述缺乏逻辑，不能说明自己小组创意的特点和优势	小组对设计过程进行了部分展示，展示较具体，但是部分显得混乱和无意义，对自己小组所展示的创意特点的解释有不明确之处	展示清晰明确，有效地体现了创意的设计特点，步骤清晰

2.任务的执行（20分钟）

正式执行制作任务，教师要求学生依照评价量规思考以下问题。

- 总体设计是怎样的？你们有什么思路？
- 整个装置分为几部分？是完整的一个整体吗？还是每个部分各有分工？
- 如何运用风力？如何在风向变化的时候进行改装？
- 有没有什么传动装置可以使得在一个平面上旋转的力转化为在与这个平面垂直的另一个平面上旋转的力？或者说，能否用一个平面上的某个装置的转动带动另一个平面上某个装置的转动？
- 如何进行各部分的固定？
- 为了达成目的，线绳要如何固定？

- 固定线绳的滚轮是什么样子的？要怎么来制作这个滚轮？

3. 总结与反思（20分钟）

- 制作的装置在风力较小的时候是否还能用？试一试。
- 如果要设置一个"刹车装置"，在需要辘轳停下来的时候就能令它停下来，你觉得你的设计可以怎样改进？

（二）第二个任务的执行与反思（50分钟）

1. 出示任务和评价量规（10分钟）

（1）任务：学生以小组为单位，利用所给的材料改造文具转笔刀，制作一个利用风力驱动的转笔刀。画出设计草图，进行简单说明，然后动手制作。

（2）材料：转笔刀、小卡子、热熔胶枪、木棒、大头针、纸杯、黏土、硬纸板、普通线绳、尺子、剪刀、胶带、台扇。

（3）评价量规：见表6-3-2。

表6-3-2 转笔刀改造评价量规

分数 项目	1分	2分	3分
实用性	使用电扇的最大风级依然无法实现削铅笔的功能	使用电扇的最大或中等风级可以实现削铅笔的功能，但是转动不顺畅，或作品易损	使用电扇的中等甚至最小风级就可以实现削铅笔的功能，且转动顺畅，便于操作
艺术性	制作不美观，缺乏艺术性	制作时考虑了艺术元素，艺术水平一般	较美观，具有一定的艺术水平
固定性	未做固定处理，只能手持	考虑了风力转笔刀的固定性，但是仅做了简单处理（例如，只是用胶带粘了几下）	考虑了风力转笔刀的固定性，且按照设计进行了实用性和耐用性的处理，固定性良好
分工合作	分工不明确，任务由少数组员完成	有基本的分工，但是分工不系统，或执行分工不彻底，或出现没有承担任务的成员	有明确的分工且贯彻实施，每个成员都安排了相应的任务，并且每个人明确自己的任务，有组织地执行
展示说明	在展示中，小组对设计过程的描述缺乏逻辑，不能说明自己小组创意的特点和优势	小组对设计过程进行了部分展示，展示较具体，但是部分显得混乱和无意义，对自己小组所展示的创意特点的解释有不明确之处	展示清晰明确，有效地体现了创意的设计特点，步骤清晰

2. 任务的执行（20 分钟）

正式执行制作任务，教师要求学生依照评价量规思考以下问题。

- 通过上一个任务的完成，大家在机械制作方面受到了哪些启发？
- 这个风力转笔刀总体设计是怎样的？你们有什么思路？
- 整个装置分为几部分？是完整的一个整体吗？还是每个部分各有分工？
- 如何运用风力？运用风力的部分是应该固定在铅笔上还是转笔刀上？
- 风扇要开多大才能产生足够的力推动铅笔转动？
- 如何进行各部分的固定？对转笔刀是否需要进行固定？对铅笔是否需要进行固定？
- 为了达成目的，是否需要考虑对铅笔进行一些加工？或者叫作"预处理"？
- 齿轮组合之类的传动装置，除了可以改变运动的方向和所在平面，是否还可以改变传动时力的大小？

教师提示学生一边做，一边在设计图上增加细节，尤其是关于各部件的固定，看看有什么规律，又有什么新想法。

根据过往学生进行相同题目的创客活动时遇到的问题和解决方案，本案例提供一些制作技巧。

- 用硬纸板剪出扇叶时，要尽可能做成全等梯形，与轴倾斜角约 60°。
- 扇叶分布要对称。
- 扇叶越大，扇叶与轴的固定越需要用多种方式，以保证其不会滑脱。
- 如果扇叶被固定在转笔刀上，必须保证转笔刀小巧，且旋转中心与转笔刀笔孔中心在同一直线上。当转笔刀本身形状不规则时，最好利用黏土来进行配重处理。同时，要考虑如何将铅笔固定在桌子或其他重物上。
- 要对圆形铅笔和六棱铅笔进行实测，以寻找可能出现的问题。
- 扇叶做得太大容易脱落，所以大小要适当。同时，太大的扇叶在微风吹动的时候很难产生很大的力，需要使用传动装置增加力。以大小齿轮咬合时为例，用风扇带动小齿轮再由小齿轮带动咬合的大齿轮可以增加旋转的力。本项也是在"实用性"上评分获得高分的重点内容。

教师可以在学生遇到较大阻力的时候进行提示和点拨。但是提示和点拨不宜过多，以保持学生积极的思维，摆脱对教师的依赖，激发学生自身的潜能。

3. 总结与反思（20分钟）

教师提问启发学生思考。

- 风力转笔刀用来削新铅笔好，还是削已经削过的铅笔好？
- 为什么风吹时扇叶会转，并且能够把铅笔推进转笔刀中？
- 大小齿轮咬合传动的方式和杠杆有没有类似之处？有哪些类似之处？
- 生活中还有哪些东西可以利用风能来改造？例如，是不是能利用风能来打开坚果？

四、海上航行 Ⅲ
——创客初探

★ **课程背景与目标**

本节课通过对船只驱动方法的讨论，启发学生以小组为单位制作电机驱动小船。本课的重点在于，让学生解决一个开放性问题。该流程更加贴近现实，即在实现想法的过程中不断解决新问题、学习新的知识、尝试使用新的技术手段解决原来解决不了的问题。这个过程对学生的创造性、批判性思维能力、沟通和协作能力、解决现实问题的能力都会有极大的提升，具有很大的现实意义。

★ **课程领域**

工程、物理、技术。

★ **建议年级**

六年级。

★ **建议时间**

130 分钟。3D 打印相关课程和创客技术相关课程可选。

★ **课程任务**

学生以小组为单位使用一个 5 伏直流电机作为驱动方式，制造一艘小船。在制造的过程中学习使用各种工具，如 3D 打印机、智能硬件等。

★ 教学过程

一、导入（10分钟）

教师引导学生讨论：你能想到几种驱动船只前进的方法？

把学生分成小组，让各小组进行讨论，尽可能多地列举驱动船只前进的办法。可以采用比赛的方式，请各小组按照顺序轮流说，教师把说过的办法列在黑板上。不能提出更新答案的小组出局，看哪一组留到最后。

举例如下：

- 划桨，摇橹。
- 带水轮的，用脚蹬。
- 用长竹竿撑船。
- 用纤绳拉。
- 人站在船后往前推。
- 把钟表的发条安装在螺旋桨上，拧紧发条，使桨转起来。
- 在岸上装一个滑轮，绳子穿过滑轮，一头系在船头，人在岸上拉另一头。
- 站在船尾，用力向后跳，脚的反作用力会把船向前推动。
- 给螺旋桨安装发动机，人站在船上手摇发动机发电，驱动螺旋桨转动。
- 趴在船上，用手向后划水。
- 在水中边游边推船前进。
- 把船上的东西一件一件向一个方向投出去，船会向相反的方向运动。

教师将驱动方式进行分类，总结如下。

- 直接做功类：指利用外界直接向船体施加的作用力驱动船只前进，如大风吹动船只前进、水波推动船只前进等。
- 反作用力类：指在船上制造一个向水的作用力，利用反作用力推动船只前进，如向后划桨、撑船，利用螺旋桨等。
- 冲量转化类：指利用船体向后分离一个有质量和速度的物体，使船身获得一个相反方向的冲量，驱动船只前进，如向后抛东西等。

教师可以向学生出示一些图片（见图6-4-1），请学生识别并归类。

| 直接做功类 | 反作用力类 | 冲量转化类 |

图 6-4-1　常见的驱动方式

二、任务执行（90 分钟）

1. 出示任务和评价量规（10 分钟）

（1）任务：各小组选择材料，制作一个使用 5 伏电机驱动的小船，以达到向前行驶的要求。

（2）材料。材料分为基础材料和自选材料。

① 基础材料：直流电机（额定电压 5 伏）、电池、电池盒、导线、手工棒、硬纸板、矿泉水瓶、胶带或胶水、热熔胶枪、泡沫塑料。

② 自选材料：学生从生活中随意选择材料和加工方式。

（3）评价量规：见表 6-4-1。

表 6-4-1　电机驱动小船制作评价量规

分数 项目	1 分	2 分	3 分
速度	小船行驶速度最慢	小船行驶速度居中	小船行驶速度最快
方向控制	小船不能沿直线行驶	小船基本可以沿直线行驶	小船可以沿直线行驶
实际应用	仅有基本的船只功能	在保证船只基本功能的前提下能够提出船只的应用方式，但船上的部件不能实际使用	在保证船只基本功能的前提下能够提出合理的船只应用方式，船只上有达成某种应用方式的部件，并在总结汇报时进行阐述
设计图	没有设计图	有设计图，但标注不够清晰	有设计图，设计合理，标注清楚
分工合作	没有分工合作	有简单的分工合作	分工合理，协作流畅
展示汇报	对设计和制作过程展示不清晰，内容不完整	对设计和制作过程展示较清晰、完整	对设计和制作过程展示清晰、思路开阔

2. 信息收集（课余时间完成）

在信息收集阶段，教师应当组织学生运用各种信息收集手段对现实中船只的功能、结构特点、船体、使用方式、行驶区域等信息进行收集，教师也可以提供资料供学生参考。

教师可以从以下视角让学生进行船只分类。

- 按照船只活动的水域进行分类。
- 按照船只的用途进行分类。
- 按照船只运载的物品类型进行分类。
- 按照船只的动力来源进行分类。

请设想你的分类方式，并按照这个方式进行具体的调研。各小组调研后提交详细的调研报告，作为汇报展示的一部分。

3. 头脑风暴和设计方案（40分钟）

请各小组进行头脑风暴，确定要制作的船只外形、驱动方式、功能实现方式，并画出设计图。这一阶段教师应该对学生进行指导，帮助学生完善设计方案、评估可行性和制作难度，帮助学生解决结构设计、电路设计、驱动和控制设计等方面的问题。

基本的船只设计方案如图 6-4-2 所示。

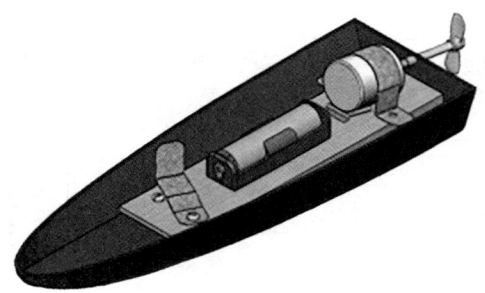

图 6-4-2　基本的船只设计方案

如果学生采用了桨直接入水的驱动方式，怎样设计传动结构才能让桨入水的同时马达不进水，这是设计上的一个难点。常见的解决方案有两种：一是采用连杆斜插入水的形式，保证马达在吃水线以上，但这样会造成小船驱动效率上的损失（见图 6-4-3）；另一种是采用皮带或齿轮等传动方式，改变动力方向（见图 6-4-4）。

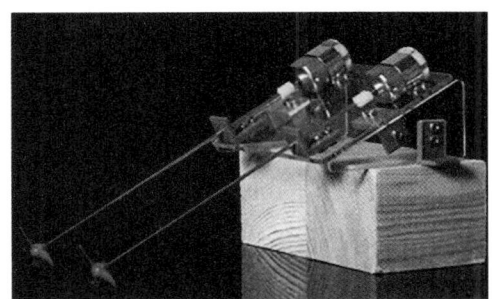

图 6-4-3　连杆斜插入水

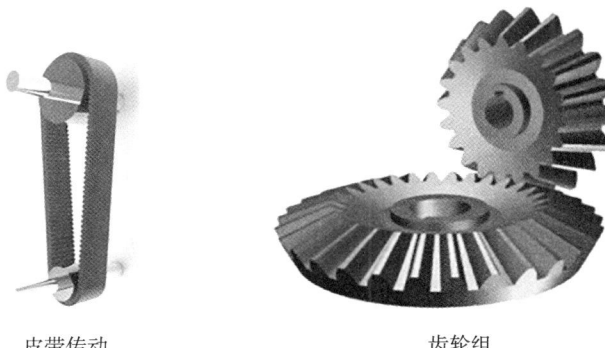

皮带传动　　　　　　　　　齿轮组

图 6-4-4　皮带或齿轮传动改变动力方向

船体可以使用泡沫塑料或者饮料瓶进行制作（见图 6-4-5）。

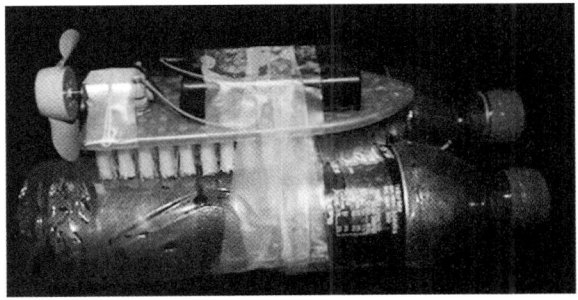

图 6-4-5　用饮料瓶制作的船体

建议开设了创客类课程、有创客实验室的学校结合创客类课程来完成本课任务。特别是在驱动部分的设计上，可以结合二维码中所述的明轮和螺旋桨的知识，使用 3D 打印机完成螺旋桨部分结构的设计和制作。没有条件的话可以将塑料片制成合适的形状，按照一定的角度粘在轴上。

4. 制作阶段（40分钟）

各小组按照设计方案进行制作。

三、展示汇报（30分钟）

展示汇报包括口头展示（要展示调研报告）和实地实验两部分。

实地实验时，可以寻找一个湖面或者水池，对船只行驶的速度和稳定性进行测试和记录。

给每个小组至少10分钟的展示时间，各小组要详细介绍各阶段工作和调研情况，展示船只设计思路、制作过程和船只功能。

五、接骨手术
—— STEM+X，我是医生

★ **课程背景与目标**

　　STEM 是一个不断扩展的跨学科概念。随着 STEM 概念领域的不断拓宽，代表数学的"M"被赋予了新的学科概念"Medical"，这一拓展也得到了多数人的认可和支持。STEM 关注的是人和科学技术、人类社会和技术世界之间的关系，而医学技术、生物工程技术首先关注的就是人类身体本身。生物材料科学是一个飞速发展的领域，是医学和材料工程学的结合。

　　本节课通过让学生完成一个接骨手术，吸引学生学习的兴趣，并在项目学习过程中提升学生进行科学探索的能力、设计复杂问题解决方案的能力、知识迁移的能力，并加深对系统和部分之间的理解。

★ **课程领域**

　　医学、工程、科技、生物。

★ **建议年级**

　　六年级。

★ **建议时间**

　　基础课程 120 分钟，3D 打印课程需要一定量的课余时间。

★ **课程任务**

　　教师出示问题情境：某同学在运动时跌倒，造成股骨头骨折。各小组需要根据骨折的情况进行评估，然后运用外科移植技术和生物材料科学知识设计一个修复股骨的手术方案。各小组将通过网络检索、资料包和教师讲解来了解尽量多的关于骨折修复和生物材料科学方面的知识，然后通过一系列的会诊来确定手术方案并进行手术。手术结束后，各小组将通过5~10分钟的展示介绍小组解决问题的步骤和分工协作过程，并回答其他同学提出的问题。

★ 教学过程

一、准备工作

（1）教师要准备以下材料：手术用腿骨、多种修复材料包、缝合用针线、美工刀、手钻、电动螺丝刀（或螺丝刀）及配套耗材、3D打印机及耗材。

（2）教师需要提前为每个小组准备一截实验用的假腿，假腿的制作步骤（见图6-5-1至图6-5-4）如下。

- 准备一块边长约35厘米的正方形厚泡沫垫。
- 在泡沫垫上铺两层保鲜膜，两层保鲜膜中间包好番茄酱以模拟血液。

图6-5-1

- 在泡沫垫子上喷一层填缝泡沫。

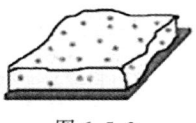

图6-5-2

- 使用一些软管横放在泡沫上，模拟血管。
- 等第一层填缝泡沫稍干，再喷一层。
- 将一段长约35厘米的木棍折断，模拟折断的骨头。注意多准备一份折断的骨头，用于制定手术方案前供学生研究。

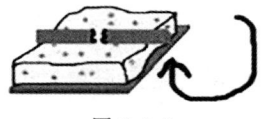

图6-5-3

- 在填缝泡沫完全干透以前，把垫子包裹成桶状。

图 6-5-4

- 用接缝用工业管道胶带粘牢。

教师再为每个小组准备一只同样的假腿,注意断骨的位置要和展示用断骨相同,便于学生制定手术方案。

二、导入(10 分钟)

教师给学生展示 PPT 或视频,讲解常见的生物材料和生物医学装置。在现代医学中,生物材料的运用极其广泛,如隐形眼镜、心脏起搏器、人工关节等。教师可以用以下问题引导学生讨论。

- 这些生物材料是用什么原料制作的?
- 为什么要使用这种材料?
- 你认为这种材料能用多久?
- 这种材料是不是适合医学治疗手段的最好材料?
- 你认为适合某种医学治疗手段的最好材料需要具有什么特性?

在讨论进行一段时间后,教师出示课程任务和评价量规。

三、任务执行与反思(80 分钟)

1. 出示任务和评价量规(5 分钟)

(1)任务:某名同学在运动时不慎摔伤,造成股骨头骨折。学生以小组为单位,成立主治医学小组,通过一系列的探索,为他制定治疗方案,并为他进行手术。手术后各小组将这个医学案例向全班同学展示,并接受其他小组的提问。

(2)评价量规:见表 6-5-1。

表 6-5-1 股骨头骨折治疗方案评价量规

分数 项目	1 分	2 分	3 分
植入材料、连接方式的选择	在植入材料、连接方式的选择上探究不足	能够考虑到材料的耐用性、连接的稳固性等方面的问题	根据实际情况选择了合适的手术材料,考虑到了植入和取出所需的各种条件和可预见的问题,对于材料和连接方式的选择都有详细的考虑

续表

分数 项目	1分	2分	3分
手术方案设计	对手术方案的考虑不够细致，小组成员分工不够明确	能够考虑到手术的大部分环节，小组成员有基本的分工	对手术方案考虑仔细，对实际手术过程进行了了解并运用于方案设计中，明确规定了主刀、助手、缝合等角色
手术执行过程	不能完成手术	基本完成手术	速度快，完成情况优秀
总结展示	一人上台汇报，表述不完整	一人或两人上台汇报，表述较清晰，表达能力较强	小组成员共同汇报，能详细说明过程，表达能力强

2. 研究相关领域的知识（25分钟＋课余时间）

在这一阶段，教师可以将准备好的资料发给学生阅读，除此之外还应该让学生在课余通过网络和图书馆进行信息检索。这一阶段组内成员应当分工检索信息。教师可以引导各小组首先讨论完成这个手术方案需要了解哪些方面的知识，然后分工进行资料检索和收集，最后统一整理资料，形成资料库并在各小组间交换学习，确保组内每名成员都掌握了有关知识，为下一步设计实验方案提供讨论的基础。

教师可以给学生提供的基本资料如下。

• 骨头的基础知识：包括骨头是怎样生长的，断裂的骨头是否能够长好，以及需要多长的时间修复。

• 外科手术的基础知识：外科手术的流程，包括消毒、麻醉、组织切开、缝合等。各小组需要根据实际的外科手术流程来制定实验手术流程。

• 修复手术的基础知识：通常修复断裂的骨头需要评估实际情况以选择石膏或植入钛合金。在此次课中学生可能不能使用钛合金来进行骨接合，所以需要学生选择替代材料并制作模型，分析选择的材料和钛合金之间的异同。

各小组要注意把所有收集到的资料归档，用于最终的展示汇报。

3. 讨论手术方案，形成书面的方案报告（20分钟）

给各小组足够的时间进行头脑风暴，确定手术方案，形成书面报告。一个典型的手术方案应该如图6-5-5所示。

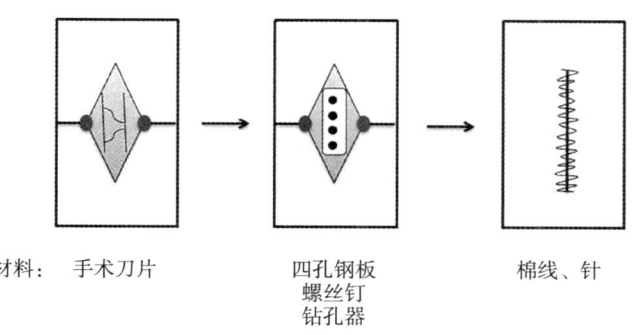

图 6-5-5　手术方案示例

在小组讨论过程中，教师应当在全班巡视并用以下问题引导学生思考。

- 手术时应该先做什么再做什么？怎么规划整个手术流程？
- 在手术流程的每个阶段会用到什么材料和工具？会用到哪些操作？谁来负责材料和工具？谁来负责操作的准确执行？
- 手术时间多长？每个环节需要用多少时间？这个长度的时间是否合适？
- 如何设计骨接合方案？
- 打算使用什么样的接合材料？这种材料的特性如何？
- 打算怎样进行接合？这样的接合是否符合骨折修复的每一项要求？
- 怎么进行缝合？
- 手术完成以后能够达成什么样的效果？你们采取了哪些措施来确保达成这一效果？
- 如何评估你们的手术情况？

教师提示学生记录手术过程的每一个环节，便于后续展示汇报。

学生形成方案后，交给教师检查并进行下一环节。

4. 制作模型，准备手术材料（课余时间 +3D 打印课程时间）

各小组根据实验方案准备材料。教师可以提供一些基础的实验材料，但不建议学生全部使用教师提供的材料库中的材料。

有条件的学校可以运用 3D 打印技术进行修复材料的制作（现代医学中已经使用了 3D 打印技术进行生物材料的制作）。使用了这种技术的小组在展示时也应当提供相关的技术资料和分析报告。

5. 进行手术（30 分钟）

教师向每组提供美工刀、塑料针、尼龙缝合线、纱布或者纸巾、塑胶手套和消毒用酒精棉等手术材料和工具。

使用美工刀有一定的危险性，在使用美工刀以前请确保学生会安全地使用美工刀。教师需要评估小组内由谁来使用美工刀。在实验现场，最好能够请其他老师来对每一组进行监督，以确保安全。

该手术的大致流程如下：切开、找到断点、安装植入材料、缝合（见图 6-5-6）。

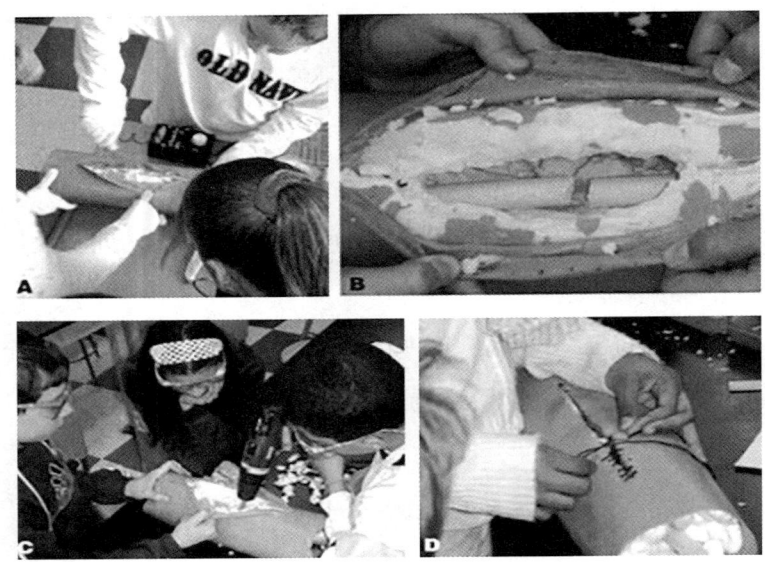

图 6-5-6　大致的手术流程

四、展示和交流（30 分钟）

所有小组的手术完成以后，给每个小组至少 10 分钟的时间进行展示和交流。每个小组应该制作一个 PPT 或者海报，展示资料检索、手术方案确定、手术实施、分工和协作等方面的情况，其他同学可以提问。教师根据展示情况进行评估和打分。

六、小工具与大问题
——精确量具的设计、制作和标定

★ **课程背景与目标**

人类酿造葡萄酒的历史悠久。在葡萄酒的酿制过程中，人们需要实时监测糖度和酒精度的变化，以确保口感。那有什么直观的方式解决这个问题呢？这个直观方式就是监测和控制液体的密度。啤酒的酿制也是同理。

本节课通过实验，让学生掌握监测和控制液体密度的方法，尝试在动态中研究液体密度，并准确记录实验数据，在此基础上掌握定量规律并利用规律制造精准的量具。

★ **课程领域**

物理、数学、生物。

★ **建议年级**

六年级。

★ **建议时间**

110分钟。

★ **课程任务**

学生首先了解盐溶液比纯水的密度大的事实，了解密度的概念，通过读表了解不同物质的密度，进而通过实验测定密度。然后通过测定了解油和水的密度关系。最后，各小组制定一个测量液体密度的装置，以方便快捷地测出油和不同浓度盐水的密度。学生用有趣又精确的方式研究密度与浮力,并尝试在动态中测量液体密度,准确记录实验数据,在此基础上掌握定量规律并利用规律制造精准的量具。

★ **教学过程**

一、导入环节(10 分钟)

(1)讲述死海的故事。约两千年前,罗马统帅狄杜进兵耶路撒冷,攻到死海岸边,他下令处决俘虏来的奴隶。奴隶们被投入死海,但并没有沉到水里淹死,而是被波浪送回岸边。狄杜勃然大怒,再次下令将奴隶们扔进海里,但是奴隶们依旧安然无恙。狄杜大惊失色,以为奴隶们受神灵保佑,屡淹不死,只好下令将他们全部释放。

请思考:为什么奴隶们被扔进海里不会淹死?真的有神灵保佑吗?你能解释吗?

故事总结:人在死海里淹不死是因为死海中海水的密度比人的密度大,所以人沉不下去,自然淹不死。

(2)教师出示表 6-6-1,提问学生是否能看懂。教师初步讲解后,请各组学生讨论:如果有一个水银湖,湖上能建起亭台楼阁吗?人可以在上面行走吗?

表 6-6-1 常见物质密度

物质名称	密度(千克/立方米)	物质名称	密度(千克/立方米)
铁	7860	银	10500
铝	2700	金	19300
铜	8900	锌	7140
铅	11300	玻璃	2600
汞(水银)	13600	硅	2350

二、密度背后的科学与数学(30 分钟)

1. 公式与计算方法(10 分钟)

密度 = $\dfrac{质量}{体积}$。密度的国际单位是千克/立方米,这个单位意味着 1 立方米的不同物质具有大小不同的质量,即物质的密实程度不同。同时,这个公式表明:

- 同体积的不同液体,质量越大,密度越大。
- 同质量的不同液体,体积越小,密度越大。

附件 6-6-1 的表 6-6-3 中列出了一些常见液体的密度。

2. 实验（20 分钟）

教师给出工作单（见附件 6-6-2），让学生以小组为单位测定并记录几种液体的密度数据。

配制三种不同浓度的食盐水，浓度要有显著差异。学生需要了解质量与体积的测定方法，记录不同浓度食盐水的质量与体积数据，并计算食盐水的浓度，填入工作单中。

三、教师出示任务，学生设计并制作（50 分钟）

（1）任务：学生以小组为单位设计并制作一种简易的便携式装置来测量不同浓度食盐水的密度，并与给定的密度进行比较，量具最好带有数字标定。

（2）材料：空塑料瓶、黏土、纸杯、透明长吸管、细绳、毛茛、热熔胶枪、食盐、水、量筒、天平、纸条。

（3）在设计前教师启发学生思考以下问题。

- 简易和便携意味着什么？
- 结果直观是什么意思？
- 河水是淡水，海水可以看作咸水，二者的密度存在差异，如果一艘万吨巨轮从河中进入大海，那么这艘巨轮是沉下去一点还是浮起来一点呢？（教师可以提示学生借助浮力的知识进行思考。）

（4）评价量规：见表 6-6-2。

表 6-6-2　密度测量简易工具制作评价量规

项目\分数	1 分	2 分	3 分
工作单完成情况	工作单书写简单，有遗漏	工作单填写完整	工作单填写详细，内容充实，有充分思考
装置设计原理表述	表述含混不清	能够进行基本的口头表述	能清楚地进行口头和文字表述
设计图	仅有草图	有较为准确的示意图	有明确标记了数字的设计图
任务完成情况	未全部完成任务	完成任务	完成任务且速度最快
组内分工合作	没有分工，由少数组员完成所有工作	所有组员都有参与，但分工不是很明确	分工合理，合作顺畅
测量的准确度	准确度最低的两组	其余组	准确度最高的两组

续表

项目 \ 分数	1分	2分	3分
展示	只展示成品	展示成品并配上简单的原理说明	展示成品并配上详细的原理说明

注意：本设计有一定难度，教师可以让小组间适当互相参考，教师也可以给予原理上的指导。

四、总结和反思（20分钟）

学生展示后进行总结和反思。在总结过程中，教师启发学生思考以下问题。

- 你们组在解决问题过程中谁的贡献最大？为什么？
- 你们组成功地完成了任务，能详细介绍一下你们的设计原理吗？
- 你们组有没有从其他组借鉴一些做法？借鉴了什么？为什么？
- 你们组设计的装置可以如何修改或优化？
- 你们组没有完成任务的原因是什么？如果让你们再做一次，会有哪些改变？
- 你们设计制作的量具能够帮助完成咸鸭蛋腌制这个工作吗？
- 在葡萄酒的酿制过程中需要实时了解糖度和酒精度的变化，以确保口感，你计划用什么直观的方式解决这个问题？

附件 6-6-1：工作单

小组名：

成员及分工：

表 6-6-3　常见液体的密度

物质名称	密度（千克/立方米）	物质名称	密度（千克/立方米）
汽油	700	蜂蜜	1400
酒精	790	汞（水银）	13600
橄榄油	920	牛奶	1030
海水	1030	人的血液	1054
水（0℃）	999.8	水（40℃）	992.2
水（4℃）	1000	水（60℃）	983.2
水（18℃）	998.6	水（100℃）	958.3

请各组同学讨论一下，这些数据代表了什么？请同学们根据表中的数据计算一下，向一个空矿泉水瓶（550毫升，等于0.00055立方米）中分别装入上述液体，质量为多少？选择四种液体计算一下，填入表6-6-4中。

表6-6-4　四种液体质量记录表

选择的液体	计算过程	结果

附件6-6-2：20℃不同浓度食盐水溶液的密度

请根据表6-6-5中数据配制三种浓度的食盐水，浓度要有显著差异。请各小组测定不同浓度食盐水的质量与体积，并计算食盐水的密度，填入表6-6-6中。

表6-6-5　20℃食盐水溶液的密度、浓度表

密度（克/立方厘米）	食盐水溶液浓度	
	体积浓度（%）	每升水中的食盐质量（克/升）
1.005	1	10.1
1.013	2	20.3
1.02	3	30.6
1.027	4	41.1
1.034	5	51.7
1.041	6	62.5
1.043	7	73.4
1.056	8	84.5
1.063	9	95.6
1.071	10	107.1
1.078	11	118
1.086	12	130

续表

密度（克/立方厘米）	食盐水溶液浓度	
	体积浓度（%）	每升水中的食盐质量（克/升）
1.093	13	142
1.101	14	154
1.109	15	166
1.116	16	179
1.124	17	191
1.132	18	204
1.14	19	217
1.148	20	230
1.156	21	243
1.164	22	256
1.172	23	270
1.18	24	283
1.189	25	297
1.197	26	311

表 6-6-6　不同浓度食盐水质量、体积、密度记录表

浓度	质量	体积	密度

画出你们小组设计的装置结构图：

七、信息的加密与传递
——密码学初步

★ **课程背景与目标**

本课程旨在让学生了解密码，进而习得基于密码的不同信息传递方式。在 STEM 领域，信息传递的基础源于各种方式模拟、编译和反编译现实中的语言，运用数学手段指导这个过程，然后通过技术手段完成。懂得基于密码的信息传递的基本原理是在信息社会掌握信息技术的基础。

★ **课程领域**

工程、数学、密码学、写作。

★ **建议年级**

六年级。

★ **建议时间**

密码学（一）120 分钟，密码学（二）125 分钟，密码学（三）130 分钟。

★ **课程任务**

学习密码学的基本知识，熟悉并使用摩斯密码；能基于摩斯密码的原理创造自己的密码语言；学习旗语的使用，可以自行创造旗语并实现较有效率的信息传递。

★ **教学过程**

密码学（一）

一、导入（15 分钟）

（1）简述现代战争中信息传递的有关知识，让学生理解并思考以下问题。

· 现代战争和古代战争的区别有哪些？

· 信息在现代战争中的作用是什么？信息在日常生活中又起到什么关键作用？

· 如果敌人毁坏了我方的现代信息通信系统，我方要用什么方式传递信息？

（2）给出信息传递和密码的概念：信息传递是通过各种手段传递双方都能达成共识的有意义内容的过程。密码则是在信息传递中用于达成共识并做到保密的一种信息处理手段，用好密码的重点在于编译和反编译。

（3）确保学生理解了密码的概念，然后向学生提问：

· 语言是不是密码？为什么？

· 你认为现实生活中哪些地方用到了密码？

二、任务执行与反思（105 分钟）

（一）第一个任务的执行与反思（45 分钟）

1. 出示任务和评价量规（10 分钟）

（1）任务：仔细研究摩斯密码表，试着传递一次纯英文的密文信息，要求每个小组设置一名观察者。

（2）材料：笔、纸。

（3）评价量规：见表 6-7-1。

表 6-7-1　密文传递评价量规

分数 项目	1 分	2 分	3 分
正确率	无法准确理解翻译后的明文，没有达成信息的有效传递	可以理解翻译后的明文，但是有错误字母，只能依靠猜测判断原来的明文内容	完全正确，加密前后明文一致，信息传递顺利达成
速度	超时完成，用时比标准用时①多出一半以上	超时完成，但用时不超过标准用时一半	与成人传递相应信息的速度大致相同

---

① 标准用时即多位教师完成该任务的平均时长。

续表

项目＼分数	1分	2分	3分
分工合作	分工不明确，加密和解密的成员混同而无法分辨，甚至存在作弊嫌疑	有基本的分工，加密和解密的成员不同，但是执行分工不彻底，或出现没有承担任务的成员	有明确的分工且贯彻实施，每个成员都安排了相应的任务，并且每个人明确自己的任务，有组织地执行

注：出示任务和评价量规后给少量时间让各小组进行沟通准备。

2. 执行任务（10分钟）

正式执行密文传递任务，教师计时，并要求学生依照评价量规思考以下问题。

• 信息内容分为几类？（大写字母、小写字母、空格。）

• 信息如何加密、传递、解密？人员如何分工？（需要以下角色：给内容分类的规划者、明文向密文翻译的工作者、密文传递者、密文向明文翻译的工作者、加密和解密的审查者、观察记录者。）

3. 总结和反思（25分钟）

教师给每个完成任务的小组分别计时，并检查比对初始的明文和通过加密解密得出的明文有无区别。全部小组完成后，教师组织学生讨论。

• 你们组是怎么分工的？

• 你们组的加密和解密是否出现了问题？为什么会出现这样的问题？

• 你们是否预先考虑了英文信息的不同类别的内容？

• 观察者观察到了什么？

拓展问题：如何画出思考和执行任务的流程图？

（二）第二个任务的执行与反思（60分钟）

1. 出示任务和评价量规（15分钟）

（1）任务：仔细研究摩斯密码表，试着传递一次信息，要求每个小组设置一名观察者。该任务并不说明明文包含哪些内容。各小组通过讨论，改进原来的分工和设计。

（2）评价量规：见表6-7-2。

表 6-7-2　信息传递评价量规

分数 项目	1分	2分	3分
正确率	无法准确理解翻译后的明文，没有达成信息的有效传递	可以理解翻译后的明文，但是有错误字母，只能依靠猜测判断原来的明文内容	完全正确，加密前后明文一致，信息传递顺利达成
速度	超时完成，用时比标准用时多出一半以上	超时完成，但用时不超过标准用时一半	与成人传递相应信息的速度大致相同
分工合作	分工不明确，加密和解密的成员混同而无法分辨，甚至存在作弊嫌疑	有基本的分工，加密和解密的成员不同，但是执行分工不彻底，或出现没有承担任务的成员	有明确的分工且贯彻实施，每个成员都安排了相应的任务，并且每个人明确自己的任务，有组织地执行
分工和设计改进	无改进，未解决上一个任务执行过程中出现的问题	有简单改进，但问题解决不彻底	有改进，分工和设计方案更优

2. 执行任务（25 分钟）

正式执行信息传递任务，教师计时，并要求学生依照评价量规思考以下问题。

• 信息内容分为几类？（汉字、阿拉伯数字、大写字母、小写字母、空格、标点符号。）

• 信息如何加密、传递、解密？人员如何分工？（需要以下角色：给内容分类的规划者、明文向密文翻译的工作者、密文传递者、密文向明文翻译的工作者、加密和解密的审查者、观察记录者。）

3. 总结和反思（20 分钟）

所有的小组完成后，教师组织学生总结和反思。在时间允许的条件下，教师应该让尽可能多的小组发言。发言内容可基于以下问题展开。

• 这一次信息传递你们是怎么分工的？

• 相比第一次，你们做了哪些改进？

• 你们是否预料到了明文内容的复杂性？如果是，你们是如何应对的？

• 你们认为还可以在哪些方面做出改进以使得任务的完成效率更高？

• 你们小组的分工是否比刚才发言小组做得好？如果是，好在哪里？如果不是，可以改进的地方是什么？

· 你们认为整个信息传递过程中最容易出错的是哪个环节？如何避免？

如果还有剩余时间，教师可以请各小组的观察者做小组观察报告。

密码学（二）

一、导入（15分钟）

（1）简述旗语和旗语的由来，让学生理解并思考以下问题。

· 旗语的特点是什么？

· 旗语是否适合传递摩斯密码？

（2）头脑风暴：如果用旗语传递密码，应当怎样设计旗语？有什么优势可以利用？有什么劣势应当规避？

二、任务执行与反思（95分钟）

（一）第一个任务的执行与反思（45分钟）

1. 出示任务和评价量规（10分钟）

（1）任务：仔细研究摩斯密码表，试着用旗语传递一次纯英文的密文信息，要求每个小组设置一名观察者。

（2）材料：笔、纸、彩旗。

（3）评价量规：见表6-7-3。

表6-7-3　用旗语传递密文评价量规

项目＼分数	1分	2分	3分
正确率	无法准确理解翻译后的明文，没有达成信息的有效传递	可以理解翻译后的明文，但是有错误字母，只能依靠猜测判断原来的明文内容	完全正确，加密前后明文一致，信息传递顺利达成
速度	超时完成，用时比标准用时多出一半以上	超时完成，但用时不超过标准用时一半	与成人传递相应信息的速度大致相同
分工合作	分工不明确，加密和解密的成员混同而无法分辨，甚至存在作弊嫌疑	有基本的分工，加密和解密的成员不同，但是执行分工不彻底，或出现没有承担任务的成员	有明确的分工且贯彻实施，每个成员都安排了相应的任务，并且每个人明确自己的任务，有组织地执行

注：出示任务和评价量规后给少量时间让各小组进行沟通准备。

2. 执行任务（10分钟）

正式执行用旗语传递密文任务，教师计时，并要求学生依照评价量规思考以下问题。

- 信息内容分为几类？（大写字母、小写字母、空格。）
- 使用旗语时，信息如何加密、传递、解密？人员如何分工？（需要以下角色：给内容分类的规划者、明文向密文翻译的工作者、打旗人、将旗语转化为有声语言的工作者、将有声语言转化为文字信息的工作者、加密和解密的审查者、观察记录者。）

3. 总结和反思（25分钟）

教师给每个完成任务的小组分别计时，并检查比对初始的明文和通过加密解密得出的明文是否有区别。全部小组完成后，教师组织学生讨论。

- 你们组是怎么分工的？
- 你们组的加密和解密是否出现了问题？为什么会出现这样的问题？
- 你们是否预先考虑了旗语的特点？
- 空格是如何用旗语表达的？
- 观察者观察到了什么？

拓展问题：如何画出思考和执行任务的流程图？

（二）第二个任务的执行与反思（50分钟）

1. 出示任务和评价量规（25分钟）

（1）任务：自创旗语，并用该旗语试着传递一次信息。要求每个小组设置一名观察者。该任务并不说明明文包含哪些内容。各小组通过讨论，改进原来的分工和设计。

（2）评价量规：见表6-7-4。

表6-7-4 改进后的旗语传递信息评价量规

项目 \ 分数	1分	2分	3分
正确率	无法准确理解翻译后的明文，没有达成信息的有效传递	可以理解翻译后的明文，但是有错误字母，只能依靠猜测判断原来的明文内容	完全正确，加密前后明文一致，信息传递顺利达成
速度	用时最多的两组	用时排名居中	用时最少的两组

项目 \ 分数	1分	2分	3分
分工合作	分工不明确,加密和解密的成员混同而无法分辨,甚至存在作弊嫌疑	有基本的分工,加密和解密的成员不同,但是执行分工不彻底,或出现没有承担任务的成员	有明确的分工且贯彻实施,每个成员都安排了相应的任务,并且每个人明确自己的任务,有组织地执行
旗语编码效率	沿用摩斯密码或仿照摩斯密码的二进制方式编码,导致效率低下	有所创新,但是编码效率不高,或者旗语动作单一	积极创新,采用新颖、系统、实用的信息传递方式,旗语动作定义准确且数量多
旗语动作区分度	含混不清,有三个或以上旗语动作雷同,难以辨认,造成编译障碍	有两个旗语动作雷同,导致彼此混淆	动作区分度高,没有混淆和编译障碍

2. 执行任务(25分钟)

正式执行用旗语传递密文任务,教师计时,并要求学生依照评价量规思考以下问题。

• 信息内容分为几类?(汉字、阿拉伯数字、大写字母、小写字母、空格、标点。)

• 如何区分汉语拼音和英文字母组合(无意义音节)?

• 如何使旗语的动作不会发生混淆?什么样的动作会导致接收者误解信息?如何避免?

• 如何用更简单、更少的动作组合传达更多样化的信息?

拓展思考:用旗子在空中画出汉字传递信息可行不可行?

三、写作(15分钟)

如果要教给别人你们所创造的旗语,你们会写出什么样的说明书?试着通过写作来说明一下。

密码学(三)

一、导入(15分钟)

(1)简述密码中明文和密文属于同一类型的密码,让学生理解并思考以下问题。

• 如果要求明文和密文都使用英文字母,如何做到加密?有几种方式?(前后缀式、插入式、扩充式、空间颠倒式、字母错位式。）

- 如果要求以英文为明文，以数字为密文，你能想到哪些加密方法？

（2）介绍斯巴达人在军事中用到的密码棒，让学生讨论以下问题。

- 密码棒的优点是什么？缺点是什么？

二、任务执行与反思（115 分钟）

（一）第一个任务的执行与反思（45 分钟）

1. 出示任务和评价量规（10 分钟）

（1）任务：自定义一种明文和密文属于相同类型的密码，试着传递一次密文信息，要求每个小组设置一名观察者。

（2）材料：笔、纸。

（3）评价量规：见表 6-7-5。

表 6-7-5　自定义密文传递方式评价量规

分数 项目	1 分	2 分	3 分
正确率	无法准确理解翻译后的明文，没有达成信息的有效传递	可以理解翻译后的明文，但是有错误字母，只能依靠猜测判断原来的明文内容	完全正确，加密前后明文一致，信息传递顺利达成
速度	用时最多的两组	速度排名居中	用时最少的两组
分工合作	分工不明确，加密和解密的成员混同而无法分辨，甚至存在作弊嫌疑	有基本的分工，加密和解密的成员不同，但是执行分工不彻底，或出现没有承担任务的成员	有明确的分工且贯彻实施，每个成员都安排了相应的任务，并且每个人明确自己的任务，有组织地执行
密码复杂度与安全性	密码编排简单，极易破解	密码编排较复杂，但是从密文中可以判断出规律明显，安全性一般	较难找到密码的规律，密码的安全性较高
密码新颖性	全部采用之前讨论过的密码编排方式	在原来讨论过的编码方式上进行了少量加工，但是变化不大	有较大创新，自定义了之前从未讨论过的编码方式

注：出示任务和评价量规后给少量时间让各小组沟通准备。

2. 执行任务（10 分钟）

正式执行密文传递任务，教师计时，并要求学生依照评价量规思考以下问题。

- 密码的可操作性如何？是否出现了编码方式过难导致小组成员难以掌握、出错频繁的问题?

- 有什么工作可以提前做好以避免错误出现?

3. 总结和反思（25分钟）

教师给每个完成任务的小组分别计时，并检查比对初始的明文和通过加密解密得出的明文有无区别。全部小组完成后，教师组织学生讨论。

- 你们组是怎么分工的?
- 你们组的加密和解密是否出现了问题？为什么会出现这样的问题?
- 你们是否设计了难以掌握的编码方式？或者编码方式是否有漏洞?
- 观察者观察到了什么?

拓展问题：如何画出思考和执行任务的流程图?

（二）第二个任务的执行与反思（70分钟）

1. 出示任务和评价量规（25分钟）

（1）任务：制作密码本及其说明书（要求给密码命名并署名），之后交换小组的一半成员，学习新加入小组的密码，并试着传递一次信息。要求每个小组设置一名观察者。

教师通过评价各个小组的学习情况和密码传递情况，来评价原来各个小组的密码说明书写作情况。

（2）评价量规：见表6-7-6。

表6-7-6 密码本及其说明书制作评价量规

分数 项目	1分	2分	3分
正确率	无法准确理解翻译后的明文，没有达成信息的有效传递	可以理解翻译后的明文，但是有错误字母，只能依靠猜测判断原来的明文内容	完全正确，加密前后明文一致，信息传递顺利达成
速度	超时完成，用时比标准用时多出一半以上	超时完成，但用时不超过标准用时一半	与成人传递相应信息的速度大致相同

2. 执行任务（25分钟）

正式执行密码本及其说明书制作任务，每组观察者记录每次任务的用时和正确率，并在任务结束后交给教师。

3. 全班讨论（20 分钟）

所有小组完成后，教师组织学生讨论。在时间允许的条件下，教师应该让尽可能多的小组发言。发言内容可基于以下问题。

- 小组设计的密码复杂性如何？
- 小组设计的密码新颖性如何？
- 小组设计的密码保密性如何？
- 小组设计的密码综合安全性如何？你为什么这么看？
- 综合各个小组最终的结果，你认为在整个信息传递过程中最容易出错的是哪个环节？如何避免？
- 各小组的观察者对小组表现有何看法？

八、星星有多远
——苍穹上的几何

★ **课程背景与目标**

科学规律通常是在理想环境下抽象总结出来的,简单易懂,但是当我们在现实生活中应用科学规律时,往往会遇到实验条件、实验误差、资源和限制等方面的问题。本节课讨论的视差法就是一种测量遥远物体距离常用的方法。它运用三角形的相似性来测量不能直接测量的距离。本节课通过探究实验使学生明白视差法的原理,然后要求学生自主设计实验来测量地球到月球的距离。当需要测量的距离越远,视差法的误差就越大,学生需要在实验中发现这一问题,并对误差的成因和解决办法提出建议。从原理到应用的过程能够提升学生发现问题、分析问题、解决问题的能力,提升学生的系统性思维。

★ **课程领域**

天文、物理、技术、工程、几何。

★ **建议年级**

六年级。

★ **建议时间**

90分钟。

★ **课程任务**

学生掌握视差法的原理,并用此原理来测量地球到月球之间的距离。课程开始时，学生需要通过一系列实验来学习视差法，并从中总结出相似三角形的性质，然后设计实验方案测量地球与月球之间的距离。在实验的基础上，学生分析视差法能够测量的最远距离，并形成小组实验总结报告。

★ **教学过程**

一、导入（10分钟）

教师引导学生向前伸出一个大拇指，依次闭上左眼和右眼，分别通过右眼和左眼去看教室里的某个物体。

学生会发现，左眼和右眼看到的物体位置是不一样的。教师用以下问题引导学生，让小组进行讨论并给出解释。

- 左眼和右眼看到的物体位置为什么不一样？
- 物体的位置移动了多少？
- 怎么测量物体移动的距离？（使用尺子代替拇指。）
- 除了直接用尺子，能不能用别的方法测出你和物体之间的距离？

接下来，教师在黑板上画出图形（见图6-8-1）进行讲解。

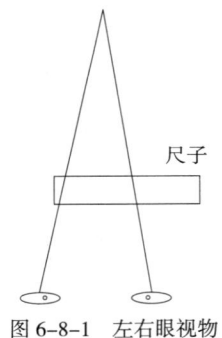

图6-8-1 左右眼视物

由于两只眼睛之间存在距离差，在越过拇指看物体的时候，就会存在一个视差角。请学生将两眼之间的距离、眼睛与伸出的拇指之间的距离、拇指移动的距离（视觉效果）和物体与眼睛的距离分别测量出来，从中不难发现一个规律：

$$\frac{物体与眼睛间距离}{两眼距离} = \frac{物体与眼睛间距离 - 拇指与眼睛间距离}{拇指移动的距离}$$

二、执行任务（60分钟）

1. 出示任务和评价量规（10分钟）

（1）任务：教室中间放置一盏模拟月球的灯，各小组设计并制作一个装置，测量观测点到灯的距离。

（2）材料：胶带、回形针、尺子、纸、硬纸盒或卡纸、非定向光源（灯泡或者去掉灯罩的台灯）。

（3）评价量规：见表 6-8-1。

表 6-8-1　距离测量评价量规

分数 项目	1 分	2 分	3 分
测量方法	掌握一种相似三角形法进行测量	掌握两种相似三角形法进行测量	掌握三种相似三角形法进行测量
误差和对策	对误差产生原因不明，不能提出解决对策	能列举一种误差产生的原因，并有相应对策	能列举多种误差产生的原因并有相应对策
展示	展示不完整，讲解不够清晰	展示较完整，讲解较清晰	展示完整，包括设计思路、实验步骤、实验过程、问题和解决方案、分工协作等，讲解清晰
组内合作	分工不明确，由少数组员完成所有工作	所有组员都有参与，但分工不是很明确	分工合理，合作顺畅

2. 人眼如何判断距离（10 分钟）

用双眼观看空间物体时，形成立体视觉的因素称为双眼立体信息。人的两眼相距 58~72 毫米。因此，用双眼同时观看同一物体时，左、右两眼视线方位不同，物体在左、右两眼视网膜上所成的像亦稍有差异，这种差异称为双眼视差（见图 6-8-2）。

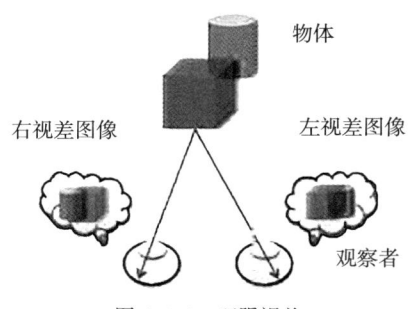

图 6-8-2　双眼视差

这种差异经过大脑加工，以"距离"的方式传送到我们的认识中，所以我们看东西是有"深度感"的，这也是 3D 电影等技术的原理。

请同学们闭上一只眼睛，感受一下没有距离感的图像和有距离感的立体视觉之间有什么区别。

3. 相似三角形法（15分钟）

将上面的实验总结成几何图形，可以发现这样的规律：只要是顶角相同、底边平行的三角形，总是符合这个规律。一般来说，顶角相同、底边平行的三角形存在三种情况，见图6-8-3。

图6-8-3　几种顶角相同、底边平行的三角形

请同学们讨论，教师用以下问题进行引导。

- 三种情况之间有什么异同？
- 在三种情况里面，三角形相应的边长之间的关系分别是怎么样的？
- 三种情况都可以运用在测距上吗？

请分别画出设计图，解释三种情况是如何测距的。

4. 模拟星球实验（25分钟）

将一盏灯放在教室的正中，请各小组设计实验方案来测量测量点到灯之间的距离。要求各小组画出设计图，然后到教师处领取材料。

（1）第一种情况，用双眼视差法可以计算出测量点到灯之间的距离（见图6-8-4）。

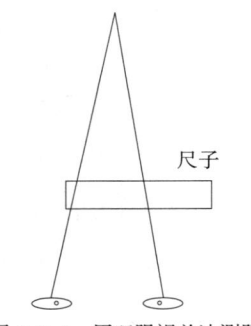

图6-8-4　用双眼视差法测距

（2）第二种情况，可以制作如下装置进行测量（见图 6-8-5）。

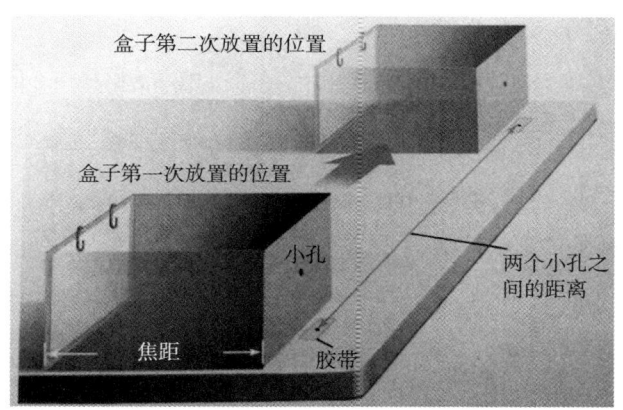

图 6-8-5　测距设备

改变盒子的位置，灯泡在盒子里留下的光斑位置也会发生改变。通过计算可以得到测量点到灯之间的距离。请各个小组将计算得到的距离记录下来（见表 6-8-2）。

表 6-8-2　测距记录表

	实验方案	测得距离
第一组		
第二组		
第三组		

教师将自己测量的距离与学生测得的数据相比较，看哪一组的实验结果最精确。教师引导学生讨论：

- 假设把灯放到操场上，这样的实验方法还能够测量吗？
- 这样的方法最远能够测多远的距离？
- 影响实验精确度的因素有哪些？
- 可以分别采取哪些手段来避免这样的干扰因素？请举例。

教师应该将各小组的讨论结果写在黑板上供同学们参考。

三、测量月球与地球之间的距离（拓展，课余时间做）

请各小组重新设计一个实验方案，测量地球到月球之间的距离。

有条件的情况下可以请学生晚上在家进行实验，如果条件不允许，在总结报告中提出方案设想并给出解释即可。

四、总结和展示（20分钟）

给每个小组至少 5 分钟的时间来展示，并讨论以下情况：

- 能否用地球在宇宙中移动的距离当作短边，测量地球与某星球之间的距离？
- 怎么才能更精确地测量距离？

请学生查阅相关资料，完善总结展示报告。

附录：认知的深度等级工具简介

为了将课程标准分析和标准化测试过程相联系，美国教育评价专家韦伯开发了一系列程序和标准。此标准能够检验课程内容是否符合课程标准，这就是认知深度模型。该模型划分出不同的认知深度等级，每个等级的任务要反映完成任务所需要的认知水平或知识深度。需要注意的是，这里提到的知识是指广泛涵盖所有形式的知识（如程序性知识和陈述性知识），附表1是认知深度模型的改编版。

附表1　认知深度模型改编版

认知深度等级	等级标题
1	回忆、记忆
2	技能、概念
3	策略思维
4	扩展思维、发散思维

认知的深度等级被分配到每个课程目标中，下列指导建议供开发者参考。

· 认知的深度等级应反映学生需要完成的最常见的任务。

· 认知的深度等级应反映学生反馈所体现的知识的复杂程度而不是困难程度。

· 如果一个问题的等级模糊不清，通常为较高等级。

· 认知的深度等级应根据问题的主要目标来评定。

· 问题中的主要动词不是评价等级的最准确依据。开发者必须考虑问题的复杂程度、学生的先备知识、学生年级和完成任务需要进行的思考过程。

一、等级1：回忆、记忆

此类别下的课程要求学生能够回忆并且重现所学的知识和技能。课程内容通常包括事实、术语、特性，也会包括一些简单的程序和公式，但不涉及知识的转换和延伸。关键词通常有：列出、识别、定义。不管学生是否知道答案，都不需要理解或是解决问题。

1. 可能使用的工具

附表2　可能使用的工具

小测验	清单	收集	书签	定义
作业本	解释	分类	搜索	事实
复制	展示说明	评论	工作表	词汇测验
提纲	着重标记	考试	背诵	博客
强调	标签	举例	社会交往	

2. 可能的行为

附表3　可能的行为

教师		学生	
指导	告知	响应	吸收
展示	考试	牢记	识别
提问	评价	存储	描述
论证	倾听	解释	翻译
比较	对比	重申	论证
检查		理解	

3. 关键词

重复、回忆、陈述、说明、识别、使用、引用、匹配、汇报、命名、阐述、标记、列出、认出、画、定义、计算、安排、背诵、记忆、制表、人物、事物、时间、地点、原因。

4. 教师有效提问举例

- 回忆故事结构中的元素和细节，如情节发展顺序、人物、场景。
- 进行基础数学运算。

- 在地图上确定位置。
- 用图表表示科学概念或关系。
- 测量长度，正确使用标点符号。
- 描述一个地点或一个人的特征。

5. 教师可能设计的教学活动
- 制作一个概念图来展现一个过程或是描述一个主题。
- 制作时间表。
- 列出有关的关键词。
- 制作一个图表来展示内容。
- 列举相关的例子。
- 用自己的语言表述。
- 剪切图形或是画出一幅图来进行有关证明。
- 在班内展示或解说。
- 用动画的形式来展现一系列的事件或是一个过程。
- 概括一个事件。
- 制作一个流程图来表达内容。
- 复述教材中的一段内容。
- 列提纲。
- 重现、重述、记忆、识别一个概念或术语。
- 使用基本的运算方法（如加法、减法等）。
- 逐字定位或检索信息。
- 识别基本特征。
- 使用标点符号并进行拼写。
- 使用基本测量工具（尺子）。
- 使用简单公式。
- 在地图、图、表格中定位信息。

二、等级2：技能、概念

等级2包括一些心理过程参与的活动，超出回忆与记忆。这一等级一般要求学生将人、地点、事件、概念与信息的格式转换进行对比，将物品分类，放在有意义的目录下，描述或者解释事物和问题，图示、原因以及效果，意义或者影响，关系，观点或者进程。等级2中的"描述或者解释"要求学生超越描述和信息回忆去阐释怎么样和为什么。学生应该主动利用前后的文本信息，而不仅是学习文本信息。

STEM课程在这一等级的元素包括工作中的应用技能和在实验室中进行实验的有关知识，学科内容通常包括一系列工作原理、类别和协议草案。在这一等级，要求学生在回复前转换、处理目标知识，心理过程通常包括总结、预估、组织、分类、推理。

1. 可能产出的作品

附表4　可能产出的作品

照片	展示	逆向工程	博客评论
插图	访谈	代码破解	博客反思
仿真（系统）	表演	链接	调试方法
雕塑	日记	配方	测量
示范	游记	思维图或思维导图	验证

2. 可能的行为

附表5　可能的行为

教师		学生	
展示	给予（帮助）	解决问题	呈现知识的应用
观察	评估	计算	汇编
组织	提问	阐释	建构
		补充	完成（任务）

3. 关键词

画图、分类、区分、因果、预估、比较、关联、推断、收集和展示、识别模式、组织、创建、修整、预测、解释、区别、使用文中的线索、观察、总结、展示。

4. 教师有效提问举例

- 识别并总结记叙文中的主要事件。
- 用上下文中的线索解释不认识的词。
- 解决多步骤的问题。
- 描述一个具体事件的因果。
- 识别事件或行为的模式。
- 通过给出的数据和条件解决问题。
- 整理、展示并解释数据。

5. 教师可能设计的教学活动

- 分类活动。
- 建构模型并呈现它的外观和工作原理。
- 在班上排演。
- 利用剪贴簿解释事件。
- 写博客。
- 制作一本有关学习的剪贴簿。
- 绘制一幅呈现地形地貌的地图。
- 制定一个主题的迷宫游戏。
- 撰写一个主题或多个主题的详情解释。
- 制作一个模型。
- 规定应用任务（例如，给实验教室中的行为操作制定一系列简单的规则和协定）。
- 解释有意义的概念和如何完成一个具体的任务。
- 在一系列概念与定理中寻找关联。
- 复杂的识别任务，包括辨别概念和不同的呈现过程。
- 复杂的计算任务，包括多步骤（过程）计算。
- 项目调研和撰写活动，包括定位、收集、组织、呈现信息（例如，撰写调研报告要符合写作要求）。

• 测量任务，包括在基础的展示中做一些简单的图表来汇总、组织数据。

三、等级3：策略思维

这个等级的认知能力要具备短期并且高效的思维能力过程，如分析与评估能力、解决现实生活中的问题并且预测问题可能带来的结果的能力。逻辑思维是这一等级能力中的关键要素。这一时期的任务期待是多学科知识与技能的结合，进而完成项目得出成果。该等级要求具有分析、解释、论据支撑、总结及创造能力。

1. 可能产出的作品

附表6 可能产出的作品

图表	调查	辩论	总结	博客
电子数据表	数据库	讨论小组	项目	出版物
清单	可动机械或类似装置	报告	电影	资料库
摘要	评估	动画		

2. 可能的行为

附表7 可能的行为

教师		学生	
洞察	指导	讨论	检测
观察	分析	辩论	提出问题
评估	分类	发现	计算
提供资源支撑	包容	争辩	辨别
提出问题	组织	深度思考	评判
		评估	比较
		决策	选择

3. 关键词

修改、评估、建构、比较、调查、区别、引用证据、总结、假设、规划、评论、表扬、引出有逻辑的争论、根据概念解释现象、用概念解释非常规问题。

4. 教师有效提问举例

• 用细节和例子支持想法。

- 根据特定的目的和观众使用适合的声音。
- 解决科学问题时，明确调查的问题并设计探究。
- 为复杂的情况构建科学模型。
- 将一个概念运用到其他内容中。

5. 教师可能设计的教学活动

- 用韦恩图清晰展示出两个话题的异同。
- 用调查问卷的方式收集信息。针对班级同学或社区成员展开调查，询问他们对某个特定话题的看法。
- 用流程图展示出各阶段。
- 给书中某个角色的行为归类。
- 针对某个领域的研究做一个专题报告。
- 做调查，收集信息以支持自己的观点。
- 给编辑写信，表达自己针对某个作品的评价。
- 准备并展开一场辩论。
- 写一篇劝说式论文。
- 建立讨论小组，进行头脑风暴。
- 准备一场展示自己观点的报告。
- 解释抽象的术语或概念。
- 创建任务，针对现实世界中的环境问题，将外界因素进行归类。
- 为适应观众或听众，需要时刻修改信息，并向他们清晰解释。
- 建立图表，将信息清晰归类，并在下方附上简单解释。
- 发现有价值的调研问题，并针对该问题展开调查，解决问题。

四、等级4：扩展思维、发散思维

此等级中学生应体现高级思维过程，如不断地整合、反思、评价和调整计划。学生应探究如何解决现实生活中的问题。通过长时间、持续的思考过程从而解决问题是本等级的关键。此等级关键思考过程包括整合、反思、实施和管理。

1. 可能产出的作品

附表8 可能产出的作品

电影	项目	新游戏	报刊	故事
计划	歌曲	新媒体产品		

2. 可能的行为

附表9 可能的行为

教师			学生	
协助	延伸	设计	规划	计划
反思	分析	冒险	调整	创造
评估		提议		

3. 关键词

设计、联系、整合、应用概念、批判、分析、创造、证明。

4. 教师有效提问举例

- 进行一个项目，提出问题、设计实验、实施实验、分析数据并汇报结果。
- 用数学模型阐述问题。
- 对多个来源的信息进行分析和整合。
- 描述并阐明不同文化中的共同话题是如何建立的。
- 设计一个数学模型来解决实际问题或分析抽象的情形。

5. 教师可能设计的教学活动

- 整合信息，解决书中出现的错误命名的问题。
- 需要多个认知技能完成的任务。
- 需要规划和检验假设的任务。
- 需要学生针对新信息做出战略性决定的任务。
- 需要同学合作完成的任务。
- 在没有教师的帮助下创建图表并议论说理或整理信息。
- 带有强烈说服情感的写作任务。
- 设计一种方法。

- 为一家餐厅设计健康食谱。
- 推销一个想法。
- 用节拍规则的小诗设计广告。
- 参与现实生活中的实习。

参考文献

[1] 巴克教育研究所.项目学习教师指南：21世纪的中学教学法[M].2版.任伟,译.左晓梅,校.北京：教育科学出版社,2008.

[2] 埃里克·布伦塞尔.在课堂中整合工程与科学[M].周雅明,王慧慧,译.赵中建,审校.上海：上海科技教育出版社,2015.

[3] 赵中建.美国STEM教育政策进展[M].上海：上海科技教育出版社,2015.

[4] 达西·哈兰德.STEM项目学生研究手册[M].中国科协青少年科技中心,译.北京：科学普及出版社,2013.

[5] 玛格丽特·赫尼,大卫·E.坎特.设计·制作·游戏：培养下一代STEM创新者[M].赵中建,张悦颖,主译.赵中建,审校.上海：上海科技教育出版社,2015.

[6] 罗伯特·M.卡普拉罗,玛丽·玛格丽特·卡普拉罗,詹姆斯·R.摩根.基于项目的STEM学习：一种整合科学、技术、工程和数学的学习方式[M].王雪华,屈梅,译.赵中建,审校.上海：上海科技教育出版社,2016.

[7] 核心素养研究课题组.中国学生发展核心素养[J].中国教育学刊,2016(10):1-3.

[8] 张燕军.21世纪美国中小学生STEM素质低下问题及其对策[J].外国中小学教育,2013（6）:59-64,26.

[9] 齐美玲,孙云帆.美国STEM课程的浅析[J].科教导刊（上旬刊）,2013（10）:201-202.

[10] 娜菲沙·麦哈木提.美国"项目引路"项目研究[D].上海：华东师范大学,2014.